LES OFFRANDES VÉGÉTALES
DANS
L'ANCIEN TESTAMENT

SUPPLEMENTS

TO

VETUS TESTAMENTUM

EDITED BY
THE BOARD OF THE QUARTERLY

J.A. EMERTON – PHYLLIS A. BIRD – W.L. HOLLADAY
A. VAN DER KOOIJ – A. LEMAIRE – R.E. MURPHY – B. OTZEN
R. SMEND – J.A. SOGGIN – J.C. VANDERKAM – M. WEINFELD
H.G.M. WILLIAMSON

VOLUME LVII

LES OFFRANDES VÉGÉTALES DANS L'ANCIEN TESTAMENT

DU TRIBUT D'HOMMAGE AU REPAS ESCHATOLOGIQUE

PAR

ALFRED MARX

E.J. BRILL
LEIDEN · NEW YORK · KÖLN
1994

The paper in this book meets the guidelines for permanence and durability of the Committee on Production Guidelines for Book Longevity of the Council on Library Resources.

Library of Congress Cataloging-in-Publication Data

Marx, Alfred.
Les offrandes végétales dans l'Ancien Testament : du tribute d'hommage au repas eschatologique / par Alfred Marx.
p. cm. — (Supplements to Vetus Testamentum, ISSN 0083-5889 ; v.57)
Includes bibliographical references and index.
ISBN 9004101365 (alk. paper)
1. Sacrifice—Biblical teaching. 2. Bible O.T.—Criticism, interpretation, etc. 3. Crops—Biblical teaching. 4. Grain–Biblical teaching. 5. Bread—Biblical teaching. 6. Olive oil–Biblical teaching. 7. Wine—Biblical teaching. I. Title. II. Series.
BS1199.S2M35 1994
221.6—dc20 94-22153
CIP

Die Deutsche Bibliothek – CIP-Einheitsaufnahme

Marx, Alfred:
Les offrandes végétales dans l'Ancien Testament : du tribut d'hommage au repas eschatologique / par Alfred Marx – Leiden ; New York ; Köln : Brill, 1994
(Supplements to Vetus testamentum ; Vol. 57)
ISBN 90-04-10136-5
NE: Vetus testamentum / Supplements

ISSN 0083-5889
ISBN 90 04 10136 5

PRINTED IN THE NETHERLANDS

TABLE DES MATIÈRES

INTRODUCTION

Le moins que l'on puisse dire est que l'offrande végétale n'a guère attiré l'attention des exégètes du sacrifice israélite. La place qui lui est faite dans les études consacrées au sacrifice est parfaitement insignifiante. Et la dernière monographie portant sur l'offrande végétale est celle publiée en 1848 (!) à Regensburg, par V. Thalhofer, *Die unblutigen Opfer des mosaischen Cultes : Ihre Liturgie, ihre symbolisch-typische und dogmatische Bedeutung.*

La plupart des auteurs qui traitent du sacrifice israélite ne consacrent que quelques pages à l'offrande végétale. G.B. Gray, dans son *Sacrifice in the Old Testament. Its Theory and Practice* (Oxford, 1925), s'intéresse surtout à l'étymologie de *minḥāh* (pp. 13-7) et ne parle un peu plus longuement de l'offrande végétale que dans le cadre d'un appendice où il passe en revue les différents produits végétaux utilisés comme offrande (pp. 398-402). Chez A. Wendel, *Das Opfer in der altisraelitischen Religion* (Leipzig, 1927), la référence à *minḥāh* sert essentiellement de prétexte à un examen des différents types de présents apportés à Yhwh, présents spontanés et occasionnels ou redevances obligatoires et régulières (pp. 137-77). Et lorsque Wendel parle d'offrandes végétales, il pense d'abord aux pains de proposition (pp. 38, 46). W.O.E. Oesterley, *Sacrifices in Ancient Israel. Their Origin, Purposes and Development* (London, 1937), se contente de donner la signification de *minḥāh* (p. 84) et ne fait que quelques furtives références à l'offrande végétale. R. de Vaux lui consacre à peine une page dans ses *Institutions de l'Ancien Testament* (Paris, t. 2, 1960, p. 300) et seulement une vingtaine de lignes dans *Les sacrifices de l'Ancien Testament* (Paris, 1964, pp. 30, 40). H. Ringgren, *Sacrifice in the Bible* (London, 1962), dans une présentation du sacrifice destinée à un public large, décrit brièvement le rituel de l'offrande végétale et s'intéresse principalement au terme *ʾazkārāh* qui, selon lui, donne une indication sur la fonction du sacrifice comme servant à rappeler à Dieu l'existence du fidèle et ses besoins (p. 16). En fait, il n'y a guère que R. Rendtorff, dans ses *Studien zur Geschichte des Opfers im Alten Israel* (Neukirchen-Vluyn, 1967), pour lui accorder la place qui lui revient (pp. 169-98). Si on y ajoute l'article *minḥāh* de H.-J. Fabry et M. Weinfeld dans le *TWAT* IV (Stuttgart, 1984, col. 987-1001), la brève étude de A. Charbel, "Offerta di prodotti vegetali nei sacrifice *šᵉlāmîm*", *Euntes Docete* 26

(1974), pp. 398-403 et les pages des commentaires du Lévitique et des Nombres relatives aux passages où il est question d'offrandes végétales, on aura quasiment dressé la liste complète des études sur l'offrande végétale[1].

Une telle situation n'aurait évidemment rien de bien surprenant si elle ne faisait que refléter la place assignée à l'offrande végétale dans le système sacrificiel d'Israël. Et, de fait, si on considère le nombre de références à ce type de sacrifice en dehors du Code sacerdotal et des visions d'Ez. xl-xlviii, le rôle de l'offrande végétale semble effectivement n'être que secondaire : alors que l'on dénombre plus de cent quarante références à l'holocauste et quelque cent trente références aux différentes variétés du sacrifice de communion, on ne compte qu'une quarantaine de références à l'offrande végétale. Mais si on passe au Code sacerdotal et à Ez. xl-xlviii, la situation est toute différente puisque, pour ce qui est du nombre de ses attestations, l'offrande végétale se situe sensiblement au même rang que le *ḥaṭṭāʾṭ* avec lequel elle partage la deuxième place, après l'holocauste et bien avant les sacrifices de communion ou le sacrifice de réparation.

On comprendrait aussi le peu d'intérêt pour l'offrande végétale si la réalité économique à laquelle cette offrande renvoie, à savoir l'agriculture, n'occupait qu'une place marginale dans la vie d'Israël. Or, tel n'est pas le cas. À supposer même que les ancêtres d'Israël aient été des éleveurs, dans l'Israël historique l'agriculture constituait l'activité économique principale et la première source de richesse de ce pays que le Deutéronome décrit comme un pays "de blé et d'orge, de vignes, de figuiers et de grenadiers, un pays d'huile d'olive et de miel" (Deut. viii 8). Et c'est encore l'agriculture qui fournissait l'essentiel des produits dont on se nourrissait. De sorte qu'en privilégiant l'étude du sacrifice animal, et en minimisant l'importance de l'offrande végétale, on présuppose une distorsion entre le culte et la réalité économique, distorsion dont il eut, pour le moins, fallu rendre compte.

Puisque l'offrande végétale ne peut être considérée comme quantité négligeable, ni par le nombre de ses attestations ni par l'importance économique de l'agriculture dont elle utilise les produits, d'où vient alors qu'on ait pu la considérer comme un simple appendice du sacrifice sanglant et faire du sacrifice animal le seul sacrifice véritable ?

---

[1] L'offrande des prémices a davantage reçu l'attention et a fait l'objet d'au moins deux monographies, celle d'O. Eissfeldt, *Erstlinge und Zehnten im Alten Testament* (Leipzig, 1917) et celle de S. Herner, *Vegetabilisches Erstlingsopfer im Pentateuch* (Lund, 1918).

On ne peut évidemment que spéculer sur les raisons d'une telle attitude.

Il est probable que, comme dans bien d'autres domaines, la curiosité pour l'exceptionnel ait conduit à se désintéresser de ce qui est habituel. Et on peut supposer que l'intérêt des exégètes du sacrifice ait été davantage aiguisé par les formes les plus spectaculaires du sacrifice, celles où une victime animale (ou même humaine) était mise à mort, où l'autel ruisselait du sang des hécatombes, où taureaux, veaux gras et agneaux donnaient lieu à de riches festins.

Il est fort probable, aussi, que ce manque d'intérêt pour l'offrande végétale provienne de l'idée que l'on se faisait des origines d'Israël, et d'une conception du culte qui considérait celui-ci comme l'élément conservateur de la religion. Et donc, parce que l'on imaginait les ancêtres d'Israël comme des bergers nomades, on considérait tout naturellement que les principaux sacrifices étaient nécessairement des sacrifices d'animaux. Et l'on voyait dans cette forme de sacrifice la marque distinctive du culte israélite par rapport au culte cananéen fondé sur l'agriculture.

Mais la raison principale de cette indifférence pour l'offrande végétale se trouve sans doute ailleurs. Et lorsque Elliger écrit : "Vermutlich hängt der Rückgang in der Schätzung des Speisopfers damit zusammen, dass man theologisch nur noch mit dem *blutigen* Opfer etwas anzufangen wusste"[2] il voit assurément juste, à condition toutefois d'appliquer ce jugement non à P, mais aux exégètes modernes du sacrifice...

De fait, lorsque l'on parcourt les principales interprétations que l'on a proposées pour le sacrifice israélite, force est de constater soit qu'elles n'ont nul besoin d'un sacrifice végétal, soit qu'elles sont totalement incompatibles avec l'existence d'un sacrifice végétal de plein droit.

L'interprétation du sacrifice comme un don fait à Dieu est bien mieux illustrée par l'holocauste, où le don est beaucoup plus important, tant en valeur – une pièce de bétail – que symboliquement – une vie – et où ce don lui est intégralement remis. Alors que dans le cas d'une offrande végétale la valeur du présent non seulement est bien inférieure, mais en plus Dieu ne reçoit qu'une partie de l'offrande, une simple poignée de farine imbibée d'huile ou une fraction de pain. Le motif de la communion est exprimé avec beaucoup

[2] *Leviticus* (Tübingen, 1966), p. 46.

plus de force par le sacrifice de communion, où la victime constitue la matière d'un repas sacrificiel réunissant à côté de Dieu les prêtres, l'offrant et ses invités. Alors que dans le cas d'une offrande végétale, seul Dieu et les prêtres se partagent la matière du sacrifice.

Mais ce qui a sans doute le plus contribué à la marginalisation de l'offrande végétale est le fait qu'on ne savait trop que faire de l'offrande végétale. En effet, les théories classiques du sacrifice israélite tendent toutes à faire de la matière du sacrifice le substitut ou le représentant de l'offrant. Et il est clair que ce rôle ne peut être joué que par un être vivant, semblable à l'offrant, et donc par un animal. Selon la théorie de la satisfaction vicaire, qui avait été la théorie dominante jusqu'au début du xixe s.[3] – et dont René Girard a proposé une variante moderne[4] – la victime sacrificielle doit subir substitutivement, à la place de l'offrant, la peine de mort qui aurait dû frapper celui-ci en raison de son péché. Et selon une théorie alternative, élaborée par Bähr[5] et récemment reprise par Gese et par Janowski[6], le sacrifice représente le don de l'offrant à Dieu par l'intermédiaire d'une victime à laquelle celui-ci s'est identifié. Dans l'un et l'autre cas, le sang joue un rôle essentiel puisqu'il contient l'âme, la vie, et représente ainsi l'âme, la vie de l'offrant, et qu'il est le moyen par lequel se fait le *kappér*. Il va de soi que ces théories, surtout là où elles entendent rendre compte de l'ensemble du culte sacrificiel, et non des seuls sacrifices expiatoires, n'ont que faire d'une offrande végétale.

On peut, certes, comprendre qu'on ait négligé une forme de sacrifice dont on estimait qu'elle exprimait bien imparfaitement les différents motifs du sacrifice et qu'on ait privilégié ceux des sacrifices qui traduisaient bien mieux ces motifs. Mais il est plus difficile d'admettre qu'au nom d'une théorie du sacrifice on ait délibérément écarté une variété de sacrifice. Car peut-on véritablement élaborer une théorie du sacrifice en faisant abstraction d'une variété qui, toutes sources confondues, est la deuxième par le nombre de ses attestations ? Au demeurant, peut-on ignorer entièrement celui des sacrifices qui est le plus en adéquation avec l'économie d'Israël et avec l'existence quotidienne de ses habitants ?

---

[3] Pour une présentation critique de cette théorie, voir A. Metzinger, *Die Substitutionstheorie und das alttestamentliche Opfer mit besonderer Berücksichtigung von Lev 17, 11* (Rom, 1940).

[4] Voir surtout *La violence et le sacré* (Paris, 1972).

[5] K. Chr. W. E. Bähr, *Symbolik des mosaischen Cultus* (Heidelberg, 1839).

[6] H. Gese, *Zur biblischen Theologie* (München, 1977), pp. 91-106 ; B. Janowski, *Sühne als Heilsgeschehen* (Neukirchen-Vluyn, 1982), pp. 190, 195-259.

Mais s'il semble souhaitable et même nécessaire d'intégrer l'offrande végétale à toute étude du sacrifice israélite, peut-on, comme nous envisageons de le faire, extraire artificiellement celle-ci de son contexte rituel et l'étudier indépendamment des autres sacrifices auxquels elle est liée ? Sans doute, on peut spéculer sur l'étymologie du terme par lequel elle est désignée, étudier son champ sémantique et notamment passer en revue les verbes qui expriment l'action d'apporter à Dieu une offrande végétale. On peut détailler les matières qui servent à ce type d'offrande, décrire les rites mis en œuvre. On peut faire l'inventaire des circonstances au cours desquelles elle est offerte. Mais une telle offrande végétale qui fonctionnerait en autarcie n'existe pas. Car même si dans certaines circonstances ou peut-être à certaines époques l'offrande végétale a pu être offerte seule, sans être accompagnée d'une autre forme de sacrifice, elle n'en fait pas moins partie d'un système sacrificiel auquel, implicitement, elle renvoie et dans lequel elle est imbriquée. Elle n'existe que parce qu'elle est associée, explicitement ou implicitement, à d'autres sacrifices. Car les différents sacrifices sont articulés les uns aux autres. Leur matière est fonction des autres sacrifices auxquels ils sont associés et de la nature des rituels dans le cadre desquels ils sont offerts. Leur signification dépend des sacrifices avec lesquels ils sont offerts, de leur position dans la séquence sacrificielle, de leur place dans le déroulement rituel. Ils ont, certes, chacun leur identité propre, qui les distingue des autres variétés de sacrifices. Mais, comme pour les mots d'une phrase, c'est le jeu rituel qui donne à chacun des sacrifices son sens. Une étude de l'offrande végétale n'est donc possible qu'à condition de prendre en compte tout ce tissu de relations.

Mais, en se fixant de telles règles, on se heurte immédiatement au problème des sources. Pour la période préexilique, les sources bibliques ne donnent aucune description systématique du culte sacrificiel et sont bien trop lacunaires pour permettre de reconstituer ce système sacrificiel : les renseignements relatifs au culte sont dispersés et n'apparaissent le plus souvent qu'au hasard d'une narration ou d'un oracle prophétique. Qui plus est, ces sources ne mentionnent qu'assez rarement l'offrande végétale. Dans ces conditions, il est évidemment très tentant de vouloir compléter le tableau en faisant appel à des données extérieures à la Bible, provenant de l'archéologie, de la pratique cultuelle des autres peuples du Proche-Orient ancien ou encore de la forme du culte israélite à une époque plus tardive. Et de fait, par le passé, on pensait pouvoir reconstituer la pratique sacrificielle de l'époque "nomade" grâce à la religion arabe préislamique. Et on avait cru qu'il était possible de parfaire la connaissance que l'on avait de la pratique sacrificielle d'Israël, antérieurement au Code sacerdotal, à l'aide des renseignements que l'on possédait sur le culte "cananéen". Mais une telle démarche n'était possible que parce que l'on était persuadé que des cultures analogues produisaient nécessairement des formes de culte analogues et que, partout, l'évolution du culte parcourait les mêmes étapes. Or, c'était là méconnaître la spécificité des différents systèmes cultuels, la diversité des pratiques sacrificielles, la coexistence, en Israël même, de formes de culte multiples. Quant à vouloir combler les lacunes du texte biblique grâce aux données de la tradition juive, on ne peut le faire qu'à condition de considérer que les formes du culte sont parfaitement immuables et qu'elles traversent les siècles, insensibles à toute évolution, imperméables à toute réforme. Ce n'est en définitive que pour l'époque postexilique que nous disposons de sources relativement complètes et homogènes : les visions d'Ez. xl-xlviii, qui toutefois s'intéressent presque uniquement au culte public et régulier, et surtout le Code sacerdotal[7]. Il faut donc se résigner : l'étude de l'offrande végétale se limitera dans une large mesure à une étude de la place qu'occupe cette offrande dans le système sacrificiel du Code sacerdotal. Ce ne serait là un handicap majeur que si Elliger avait raison, lorsqu'il dit que le Code sacerdotal ne sait que faire de l'offrande végétale. Mais en est-il véritablement ainsi ?

Après un premier chapitre consacré à l'examen du sens et des emplois de *minḥāh,* nous étudierons successivement, à partir de l'ensemble des données bibliques disponibles, la composition de l'offrande végétale, son rituel sacrificiel, les circonstances au cours desquelles elle est utilisée, en nous efforçant d'en donner une description aussi minutieuse et complète que possible. Combinant approche diachronique et approche synchronique, nous confronterons pas à pas les

[7] Pour l'homogénéité de P voir notamment E. Blum, *Studien zur Komposition des Pentateuch* (Berlin, New York, 1990) pp. 223-4 ; R. Rendtorff, *Leviticus* (Neukirchen-Vluyn, 1990), pp. 3-4. Une telle reconstitution serait beaucoup plus aléatoire si, comme le pensait Elliger, P était constitué d'une succession de strates – Elliger distinguait dans le Lévitique des couches Po1 et Po2, Pg 1 et Pg 2, Ph 1, Ph 2, Ph 3 et Ph 4 (voir Elliger, 1966, p. 25), Lev. ii, qui traite du rituel de l'offrande végétale, étant lui-même constitué de plusieurs couches : la Vorlage de Po1, des adjonctions sur la part des prêtres, des insertions sur d'autres formes de sacrifice, des glosses, plus trois appendices de provenance différente (Elliger, 1966, pp. 38-9).

données isolées à celles de P (et du Chroniste[8], qui lui est proche) et d'Ez. xl-xlviii afin de faire ressortir les constantes et les spécificités, et nous tenterons de montrer comment l'offrande végétale s'inscrit dans ces différents systèmes sacrificiels. Au terme de cette enquête nous nous interrogerons sur l'idéologie sous-jacente à l'offrande végétale et esquisserons les lignes d'un développement qui, de l'offrande végétale, conduira au repas sacré de pain et de vin.

[8] Cette désignation ne préjuge en rien la question de l'unité d'auteur des Chroniques, d'Esdras et de Néhémie et est purement fonctionnelle. Elle marque simplement l'identité théologique propre à cet ensemble.

CHAPITRE I

LES DIFFÉRENTS SENS DE *MINḤĀH*

Dans le cas de l'offrande végétale, la sémantique révèle d'emblée quels sont les enjeux. En effet, alors que l'holocauste et le sacrifice de communion sont désignés par un terme qui leur est spécifique, l'offrande végétale, elle, doit partager le terme qui la désigne avec d'autres réalités. Car le substantif *minḥāh* est appliqué non seulement à l'offrande végétale mais également au culte sacrificiel en général, tandis que dans ses emplois profanes il désigne le tribut.

Ce simple constat de la polysémie de *minḥāh* soulève un double problème. Le premier est celui de la délimitation précise de ces différents sens, en particulier là où *minḥāh* est utilisé dans son sens religieux et où il peut avoir aussi bien un sens générique qu'un sens spécifique. Mais surtout, cette juxtaposition de sens différents pose la question de la relation entre ces différents sens. Car, de prime abord, on ne peut manquer d'être surpris de ce qu'on ait pu appliquer à l'ensemble du culte sacrificiel un terme qui par ailleurs désigne une forme de sacrifice généralement considérée comme n'ayant qu'une importance secondaire. Et il est plus étonnant encore que ce sacrifice quantitativement si insignifiant porte le même nom que le tribut d'hommage par lequel les sujets expriment leur soumission à leur roi et les nations, leur allégeance. C'est à dénouer cet entrelacement insolite que va s'attacher ce premier chapitre[1].

A. *Les emplois profanes*

Sur les deux cent treize attestations dans l'Ancien Testament (dont les deux occurrences en araméen, Dan. ii 46 ; Esd. vii 17), auxquelles il faut ajouter Si. xlv 14, 19, *minḥāh* est employé trente-trois fois dans son sens profane. La quasi-totalité de ces occurrences se trouve dans des textes narratifs, les seules exceptions étant Os. x 6, où *minḥāh* apparaît dans le cadre d'un oracle de malheur, et Ps. xlv 13, lxxii 10, qui sont des psaumes royaux.

[1] Pour une étude des différents emplois de *minḥāh*, cf. H.-J. Fabry, M. Weinfeld (1984) ; G.A. Anderson, *Sacrifices and Offerings in Ancient Israel* (Atlanta, 1987), pp. 27-34. On renverra à ces deux études pour les données étymologiques et comparatives.

Un peu moins du quart des références se trouve dans des textes yahwistes et élohistes du Pentateuque – les seuls à utiliser *minḥāh* dans ce sens. Ces références sont en fait concentrées sur deux épisodes, l'histoire des retrouvailles de Jacob et d'Ésaü, à son retour de chez Laban, Gen. xxxii 4-xxxiii 17, et le récit de la seconde expédition commerciale en Égypte des fils de Jacob, Gen. xliii. Le premier de ces textes raconte comment Jacob, effrayé de ce qu'Ésaü marche au-devant de lui accompagné de quatre cents hommes, s'empresse de lui faire parvenir une *minḥāh* (Gen. xxxii 14, 19). Et il espère grâce à celle-ci apaiser, *kpr* pi *pānîm* (Gen. xxxii 21), celui dont il avait tout lieu d'appréhender la rencontre (voir Gen. xxvii 41) et obtenir ainsi de sa part un accueil favorable (*nāśā' pānîm*, Gen. xxxii 21, *māṣā' ḥén*, Gen. xxxiii 8, 10 ; *rāṣāh*, Gen. xxxiii 10). Le second récit rapporte que lorsque, poussés par la famine, les fils de Jacob durent retourner en Égypte pour y acheter du blé, leur père leur fit emmener, en plus de l'argent nécessaire à la transaction, une *minḥāh* pour Joseph, afin que celui-ci ne fasse pas subir à Benjamin le sort qu'avait subi Siméon lors de la précédente expédition (Gen. xliii 11-14). Dans l'un et l'autre cas la *minḥāh* a pour principale fonction d'écarter le danger potentiel résultant d'un conflit passé.

Dans ses autres occurrences, c'est quasiment toujours au roi qu'est destinée la *minḥāh*. Elle lui est apportée par ses sujets en geste d'hommage (2 Chr. xvii 5 ; voir aussi Ps. xlv 13), en particulier au moment de sa désignation au trône : refuser d'apporter ce présent équivaut à contester le choix qui a été fait et à refuser de faire acte d'allégeance (1 Sam. x 27). Elle lui est offerte comme tribut de guerre par ses soldats victorieux (Os. x 6). Elle lui est présentée "spontanément" par des nations qui veulent ainsi exprimer leur soumission (1 Rois v 1, x 25 // 2 Chr. ix 24 ; Ps. lxxii 10 ; 2 Chr. xvii 11, xxvi 8). Elle est imposée aux nations vaincues (Jug. iii 15, 17, 18[2] ; 2 Sam. viii 2, 6 // 1 Chr. xviii 2, 6 ; 2 Rois xvii 3 ; voir aussi 2 Rois xviii 14, xxiii 33 // 2 Chr. xxxvi 3, 2 Chr. xxvii 5) : le refus de payer le tribut est le signe même de la rébellion (2 Rois xvii 4 ; voir aussi 2 Rois iii 4-5). Le nombre des tributaires manifeste la puissance d'un roi et l'extension de sa domination. Il témoigne de l'étendue de sa renommée : que le roi de Babylone envoie une *minḥāh* à Ezéchiaz démontre combien est grand le prestige de ce roi dont la richesse et la puissance sont étalées sous les yeux des ambassadeurs babyloniens (2 Rois xx

---

[2] Sur ce récit voir Anderson (1987), pp. 57-75.

12-13 // Es. xxxix 1-2). L'importance considérable de la *minḥāh* que le roi d'Aram fait parvenir à Elisée – il faut pour la transporter quarante chameaux – donne toute la mesure du prestige de l'homme de Dieu (2 Rois viii 8-9 ; cf. 2 Rois v 5).

Quelques-uns de ces textes précisent en quoi consiste la *minḥāh* : objets en argent ou en or, vêtements, armes, aromates, chevaux, mulets (1 Rois x 25 //) ; produits du pays : résine, miel, gomme adragante, ladanum, pistaches, amandes (Gen. xliii 11); bétail : Jacob offre à son frère un imposant troupeau de deux cents chèvres, vingt boucs, deux cents brebis, vingt béliers, trente chamelles laitières avec leurs petits, quarante vaches, dix taureaux, vingt ânesses et dix ânes (Gen. xxxii 15-16) ; et on raconte que les Arabes apportèrent en *minḥāh* à Josaphat sept mille sept cents béliers et sept mille sept cents boucs (2 Chr. xvii 11 ; cf. 2 Rois iii 4). Et les soldats assyriens offriront en hommage à leur roi l'emblème du dieu vaincu (Os. x 6).

Il est curieux de constater que jamais il n'est question d'une *minḥāh* en espèces. Et là où il est question d'un tribut en argent imposé au vaincu, le terme de *minḥāh* n'est jamais utilisé (2 Rois xviii 14 ; 2 Chr. xxvii 5) mais est remplacé, le cas échéant, par celui d'*ʿonèš* (2 Rois xxiii 33). La distinction que fait 2 Chr. xvii 11a entre *minḥāh* et *kèsèp* est tout à fait significative à cet égard. Seuls les produits de l'activité humaine, tels que élevage, agriculture, artisanat peuvent apparemment servir à la *minḥāh*. La *minḥāh* ne peut donc pas être considérée comme un simple impôt. À sa valeur matérielle s'ajoute une valeur symbolique. Car en livrant à son suzerain le produit de son activité, le tributaire fait davantage que simplement céder une partie de ses richesses. À travers ce qu'il produit, il se livre en quelque sorte lui-même, et il livre au suzerain le pays dont les productions caractéristiques lui sont remises. C'est parce que la *minḥāh* représente le tributaire qu'elle peut avoir la fonction d'exprimer la soumission du tributaire à son suzerain.

C'est là ce qui fait la caractéristique distinctive de la *minḥāh* par rapport aux autres formes de prestations[3]. À la différence des autres prestations en nature, elle est toujours remise à un supérieur, et ce, unilatéralement. Contrairement au *meḥîr* (voir par exemple 2 Sam. xxiv 24 ; 1 Rois x 28) elle ne sert jamais à payer une marchandise ou un bien. Et, à la différence du *śākār* (voir par exemple Gen. xxx 32),

[3] Sur les différentes formes de prestations, voir E. Lipinski, "*nātan*", *TWAT* V (Stuttgart, 1986), cols. 693-712. Pour une étude du tribut dans le monde achéménide, voir P. Briant, *Rois, tributs et paysans* (Paris, 1982), en particulier les pp. 175-225.

elle ne rétribue pas un travail. Elle n'est pas, comme la *berākāh* (voir par exemple 2 Rois v 15), apportée en échange d'un service rendu. Elle ne constitue pas, comme le *koppèr* (voir par exemple 1 Sam. xii 3), un moyen de pression, un pot-de-vin grâce auquel on espère bénéficier d'une faveur. Elle n'est pas destinée, comme l'est le *šoḥad* (voir par exemple 1 Rois xv 19 ; 2 Rois xvi 8), à inciter son attributaire à intervenir en faveur du prestataire ou, comme le *mattān* (voir par exemple Prov. xxi 14), à le dissuader d'exercer des représailles. Elle n'est pas, telle la *maśʾét* (voir par exemple 2 Sam. xi 8), un simple présent ou, comme le *mattat* (voir par exemple Prov. xxv 14), un geste de générosité ostentatoire. Elle ne débouche jamais sur un échange de cadeaux. La *minḥāh* a pour unique fonction de marquer l'allégeance et de reconnaître la suzeraineté de celui à qui elle est remise. Celui qui apporte le tribut se présente par là même comme un vassal, *ʿèbèd* (Gen. xxxii 19, 21 ; 2 Sam. viii 2, 6 // ; 1 Rois v 1 ; 2 Rois xvii 3 ; Ps. lxxii 8-11) dont l'attributaire de la *minḥāh* est le suzerain, *ʾādôn* (Gen. xxxii 19). Il est peut-être significatif de ce point de vue qu'Ésaü, qui qualifie Jacob de frère, refuse la *minḥāh* que lui offre Jacob et ne l'accepte qu'après qu'elle lui aura été présentée comme une *berākāh* (Gen. xxxiii 9-11). Par son caractère agonistique et/ou symbolique le tribut creuse, réellement et/ou symboliquement, l'écart entre le vassal et le suzerain. Il affaiblit le premier, en le privant d'une partie de sa richesse, et il renforce la puissance du second et son prestige. Mais surtout, il consacre la soumission du premier au second. À la différence des autres prestations, la *minḥāh* ne relie pas celui qui donne à celui qui reçoit par des liens de réciprocité. Tout au contraire, elle sépare et subordonne.

Cet emploi de *minḥāh* recouvre une large part de l'Ancien Testament. Il est attesté depuis les narrations pré-deutéronomiques du livre des Juges et des textes JE du Pentateuque jusqu'au Chroniste, non seulement dans des passages empruntés à Samuel-Rois, mais aussi dans ceux qui lui sont spécifiques. On le retrouve à Qumrân. Dans un passage des Paroles des Luminaires (4 Q 504 1-2 col. iv lg. 10-12) on lit *wybyʾw mnḥtm ksp wzhb wʾbn yqrh ʿm kwl ḥmdt ʾrṣm lkbd ʾt ʾmkh wʾt ṣywn*... L'éditeur, il est vrai, juge que le texte est corrompu et propose de corriger *wybyʾw* en *hbyʾw* de manière à faire de *wlšmk,* à la lg. 9, le complément du verbe et donc de Dieu le destinataire du tribut[4]. Mais, si erreur de copiste il devait y avoir, celle-ci serait tout à fait

[4] M. Baillet, *Qumrân grotte 4*.iii (Oxford, 1982), p. 145.

significative. Car elle montrerait qu'en faisant du tribut un présent particulièrement précieux consistant en ce qu'il y a de meilleur dans le pays et destiné à honorer, *kbd*, son attributaire, le copiste étourdi connaissait parfaitement l'emploi traditionnel de *minḥāh*.

Les traducteurs de la LXX ont généralement fait la distinction entre emplois profanes et emplois religieux. Dans le premier cas, ils ont rendu *minḥāh* par le pluriel δῶρα (sauf 2 Sam. viii 2, 6 ; Os. x 6, où ils ont utilisé ξένια, et l'ensemble des références en 2 Rois, où ce terme est systématiquement traduit par μαναα[5]), une traduction qui n'est employée qu'exceptionnellement dans le second cas (Gen. iv 4 ; 1 Chr. xvi 29 ; 2 Chr. xxxii 23 et, au singulier, Es. lxvi 20a). Par contre, lorsque *minḥāh* sert à désigner le culte sacrificiel en général ou l'offrande végétale, les traducteurs ont presque toujours utilisé le terme θυσία (qui traduit aussi *zèbaḥ*) – peut-être comme une abréviation de θυσία τῆς σεμιδάλεως (Lev. v 13) – parfois aussi ceux de σεμίδαλις (Lev. ix 4 ; Es. i 13, lxvi 3), θυσιασμά (Lev. ii 13 ; Nb. xviii 9), προσφορά (Ps. xl 7) ou μαναα (Jer. xvii 26, xli 5 ; Ez. xlv 25 et la quasi totalité des attestations du ch. xlvi ; Dan. ii 46 ; Neh. xiii 5, 9 ; 2 Chr. vii 7)[6].

B. *Les emplois sacrificiels*

Les premières difficultés apparaissent lorsque l'on aborde les emplois sacrificiels. Car il n'est pas toujours aisé de faire la distinction entre les cas où *minḥāh* désigne le culte sacrificiel en général, quelle qu'en soit la matière, et ceux où ce terme est utilisé dans un sens spécialisé et sert à désigner une variété précise de sacrifice distincte de l'holocauste et des sacrifices de communion, en l'occurrence l'offrande végétale. Il suffit d'ailleurs pour s'en convaincre de comparer la liste des emplois de *minḥāh* dans son sens générique telle qu'on la trouve, par exemple, dans le dictionnaire de Gesenius, et telle qu'elle est dressée par Snaith ou encore par Rendtorff[7].

Il n'y a évidemment aucun problème à identifier cet emploi spécialisé lorsque la matière du sacrifice est explicitement indiquée, que ce

---

[5] Pour les différentes interprétations de cette traduction voir Fabry (1984), col. 990-1.

[6] Pour une explication du choix de ces différentes traductions voir S. Daniel, *Recherches sur le vocabulaire du culte dans la Septante* (Paris, 1966), pp. 201-23.

[7] N.H. Snaith, "Sacrifices in the Old Testament", *VT* 7 (1957), pp. 314-6 ; Rendtorff (1967), pp. 192-7, voir aussi pp. 53, 61, 71 ; (1990), pp. 87-8.

soit sous la forme d'un complément de nom de *minḥāh* ou d'une précision apportée dans le contexte, ou lorsque *minḥāh* apparaît dans une série, à côté d'autres variétés de sacrifices. Tel est, fort heureusement, le cas le plus fréquent. Par contre, lorsque ce type d'indication fait défaut, il est beaucoup plus difficile, voire impossible, de trancher.

Pour illustrer la complexité du problème, et aussi afin de montrer quels sont les enjeux du débat, il nous a paru intéressant de passer en revue trois séries de cas qui, par leur diversité, recouvrent à peu près toute la variété des difficultés auxquelles se heurte l'exégète[8].

Un premier problème est posé par certains de ceux des emplois de *minḥāh* où *minḥāh*, associé à une indication de temps, fait référence aux sacrifices quotidiens, soit de manière globale par l'expression *minḥat hattāmîd* (Neh. x 34)[9], soit pour désigner l'un des deux moments de la journée où ce sacrifice est offert, le matin, *minḥat habboqèr* (Ex. xxix 41 // Nb. xxviii 8) ou le soir, *minḥat (hā)ʿèrèb* (2 Rois xvi 15 ; Ps. cxli 2 ; Dan. ix 21 ; Esd. ix 4, 5). Le même problème se pose pour les trois attestations de 1 Rois xviii 29, 36 et 2 Rois iii 20, où l'expression *ʿalôt hamminḥāh* renvoie respectivement à l'offrande du soir et à celle du matin.

Le sens de *minḥāh* ne fait guère de doute en Ex. xxix 41 // Nb. xxviii 8 ; 2 Rois xvi 15 ; Neh. x 34 : dans les deux premiers cas, les précisions relatives à la matière, aux versets précédents, indiquent clairement que *minḥāh* a ici un sens générique ; dans les deux autres, la mention de l'holocauste à côté de la *minḥāh* montre que l'on a affaire à une offrande végétale. Le problème est, en revanche, beaucoup plus malaisé dans les autres cas.

De prime abord, le cas du Ps. cxli semble le plus facile à résoudre dans la mesure où *minḥat ʿārèb*, en 2b, fait pendant à *qeṭorèt,* en 2a, le premier terme étant éclairé par le second. En réalité, ce parallélisme ne fait que compliquer le problème dans la mesure où *qeṭorèt* est lui-même susceptible d'une double interprétation et qu'il peut désigner, soit le parfum brûlé sur l'autel, ceci dans le Code sacerdotal comme aussi chez Ézéchiel et le Chroniste, soit la fumée que dégage

---

[8] Les notes bibliographiques concernant les différents cas étudiés n'ont aucune prétention à l'exhaustivité et sont uniquement destinées à illustrer les différents types d'interprétations. Le renvoi à un auteur n'implique ni que celui-ci est le premier à proposer cette interprétation ni qu'il en a l'exclusivité.

[9] En Lev. vi 13 ; Nb. iv 16 cette expression fait référence à l'offrande que doivent apporter quotidiennement les prêtres. Pour ces différents emplois de *minḥāh* voir Rendtorff (1967), pp. 53, 195-7.

la combustion du sacrifice, quelle qu'en soit la nature, sens que l'on trouve en 1 Sam. ii 28 ; Es. i 13 ; Ps. lxvi 15. De là toute une variété d'interprétations, dont on s'aperçoit qu'elles dépendent en définitive de la manière dont ce verset est situé, explicitement ou implicitement, par rapport aux différentes traditions du sacrifice quotidien, et de l'importance que l'on attribue à l'offrande végétale. Ceux qui rattachent ce psaume à la tradition P, laquelle prescrit une offrande à la fois animale et végétale, matin et soir, donneront à *minḥāh* un sens générique et traduiront *qeṭorèt* par fumée[10] ou, mieux encore, par parfum, ce qui permettra de voir en 2a une allusion à l'offrande biquotidienne de parfum prescrite par P en Ex. xxx 7-8[11]. Ou bien encore, jugeant que le parallélisme établi entre *minḥāh* et *qeṭorèt* résulte de la nature de ces produits, d'autres attribueront à *minḥāh* son sens spécialisé et considéreront que le psalmiste a voulu privilégier l'offrande végétale[12]. Ceux qui, au contraire, estiment que ce texte s'inscrit dans la mouvance de 2 Rois xvi, qui ne connaît le soir qu'une offrande exclusivement végétale (v. 15), traduiront tout naturellement *qeṭorèt* par fumée et *minḥāh* par offrande végétale[13]. En fait, selon toute vraisemblance, *minḥat ʿārèb* n'est plus ici qu'une formule stéréotypée qui sert à désigner le moment de la prière du soir, un emploi que l'on retrouve dans le livre d'Esdras (dont on notera qu'il connaît l'holocauste du soir, iii 3) en Esd. ix 4, 5, et probablement en Dan. ix 21[14].

Il est plus facile de trancher dans le cas de 1 Rois xviii 29, 36 et 2 Rois iii 20 où la référence à la *minḥāh* est utilisée comme marqueur du temps. Selon toute vraisemblance *minḥāh* a ici, de ce fait même, un sens générique. Si on accepte l'unité des ch. xvii et xviii de 1 Rois on pourrait trouver une autre raison de donner à *minḥāh* ce sens générique. En effet, dans la mesure où l'histoire du ravitaillement miraculeux d'Élie par les corbeaux – du pain et de la viande, le matin et le soir – (1 Rois xvii 3-6) fait de toute évidence allusion au sacrifice quotidien sous la forme que lui a donnée P, on peut penser que les deux références à *minḥāh* au ch. xviii désignent ce sacrifice sous cette

---

[10] Par exemple E.J. Kissane, *The Book of Psalms* (Dublin, 1964), p. 624.

[11] Par exemple A. Weiser, *Die Psalmen* (6ᵉ éd., Göttingen, 1963), p. 561.

[12] Par exemple H.-J. Hermisson, *Sprache und Ritus im altisraelitischen Kult* (Neukirchen-Vluyn, 1965), pp. 55-6 ; ou encore K. Nielsen, *Incense in Ancient Israel* (Leiden, 1986), p. 80, voir aussi p. 87.

[13] Par exemple Rendtorff (1967), p. 196 (qui traduit toutefois *qeṭorèt* par offrande de parfum) ; ou encore W. Zwickel, *Raücherkult und Raüchergeräte* (Freiburg, Göttingen, 1990), p. 318.

[14] Par exemple Th. Chary, *Les prophètes et le culte à partir de l'Exil* (Tournai, 1955), p. 258 ; ou encore Rendtorff (1967), pp. 196-7.

même forme à la fois animale et végétale. Quant à *minḥāh* en 2 Rois iii 20, ici utilisé en référence à l'offrande du matin, le sens générique s'impose d'autant plus qu'il n'existe aucune tradition d'une offrande du matin qui serait exclusivement végétale. Encore que l'on puisse parfaitement concevoir que, prenant appui sur la tradition d'Ex. xvi selon laquelle le peuple, à sa sortie d'Égypte, avait été merveilleusement nourri de manne le matin et de cailles le soir, on ait imaginé d'apporter à Dieu un sacrifice purement végétal le matin et un autre uniquement animal le soir.

Deuxième exemple, les emplois de *minḥāh* dans le livre de Malachie. Ces emplois y sont relativement fréquents – pas moins de sept attestations (Mal. i 10, 11, 13, ii 12, 13, iii 3, 4) – et d'ailleurs Malachie n'utilise pas d'autre désignation du sacrifice.

Le sens générique ne fait aucun doute en i 10 et 13 : les vv. 8, 13 et 14 qui énumèrent les tares dont sont affectées les victimes offertes à Dieu en sacrifice – elles sont boiteuses, aveugles, malades – montrent clairement que le sacrifice visé est un sacrifice animal. Il en va de même pour les références des ch. ii et iii où *minḥāh* désigne non un sacrifice particulier mais le culte sacrificiel en général.

La question du sens de *minḥāh* se pose, par contre, pour Mal. i 11 où le prophète affirme qu'en tout lieu on offre à Yhwh une *minḥāh* pure. Ce verset, qui a connu une fortune étonnante dans l'histoire de la théologie et qui a servi dans la polémique tant entre chrétiens et juifs qu'entre catholiques et protestants, soulève une multitude de problèmes[15]. Quasiment chaque mot de ce verset fait difficulté et a fait l'objet d'abondants commentaires : signification et fonction du hapax *muqṭār* (prédicat ou substantif et, dans ce cas, encens ou fumée dégagée par la combustion du sacrifice ?), place dans la phrase de *mugāš*, et bien sûr sens de *minḥāh*. Car on ne peut exclure a priori que *minḥāh* ait été utilisé par Malachie à la fois dans son sens générique et dans son sens spécialisé : en 1 Sam. ii 29 ces deux emplois coexistent dans le même verset. En réalité, le problème vient surtout de la référence faite en début de verset à "tous les lieux" où ce sacrifice est offert.

[15] Pour une présentation des différents problèmes voir M. Rehm, "Das Opfer der Völker nach Mal 1, 11", in H. Gross, F. Mussner (éd.), *Lex tua veritas* (Trier, 1961), pp. 193-208. L'histoire de l'exégèse de ce verset serait tout à fait passionnante à faire. On en trouvera un certain nombre d'éléments dans B. Mariani, "De sacrificio a Malachia praedicto", *Antonianum* 9 (1934), pp. 193-242, 361-82, 451-74 (voir pp. 458-66) ; Chary (1955), pp. 180-3 ; Rehm (1961), pp. 197-205) ; et, pour la période patristique, dans K.S. Frank, "Maleachi 1, 10ff. in der frühen Väterdeutung. Ein Beitrag zur Opferterminologie und Opferverständnis in der alten Kirche", *TPhil* 53 (1978), pp. 70-8.

Car, plus que les considérations syntaxiques ou lexicographiques, c'est la réponse à la question de l'identité de ces lieux qui a conditionné l'interprétation du mot *minḥāh*. Les uns y ont vu une allusion au culte pratiqué dans la diaspora, lequel consistait principalement dans l'étude de la Loi et dans la prière[16], mais dont certains n'excluaient pas que, comme à Éléphantine, il ait pu prendre une forme sacrificielle[17]. D'autres ont cru y trouver une référence au culte que des païens rendaient à Yhwh[18] ou au culte rendu dans l'empire perse à un dieu du ciel, assimilé ici au Dieu des Juifs[19]. Selon d'autres encore, ce verset s'appliquerait à une réalité future, le culte chrétien "en esprit et en vérité" dont parle Jean iv 23[20], le sacrifice de la messe tel qu'il est célébré dans le monde entier[21]. L'interprétation de *minḥāh* a évidemment été en conséquence. La multiplicité des opinions donne une idée de l'ampleur du problème. Si on y ajoute la diversité des réponses données aux différentes autres questions posées ci-dessus on conviendra qu'à s'en tenir à ce seul verset 11 la question du sens de *minḥāh* semble quasi insoluble.

Pour préciser le sens de *minḥāh* il est nécessaire de situer le v. 11 dans le contexte de la péricope de i 6-14 afin de déterminer quelle est la place de ce verset dans l'argumentation du prophète.

Au point de départ se trouve une double question rhétorique, v. 6abα "... si je suis votre père, où est l'honneur qui m'est dû, et si je suis votre Seigneur, où est la crainte que l'on me doit ?". À cette double question Malachie répond à travers deux développements parallèles, le premier portant sur le thème de l'honneur, vv. 6bβ-11, le second, sur le thème de la crainte, vv. 12-14. Chacun de ces deux développements oppose l'attitude d'Israël (respectivement vv. 6b-10 et vv. 12-14a) à celle des nations (respectivement v. 11 et v. 14b). Pour les premiers, cette attitude se traduit par un culte désinvolte, pour les seconds, par l'offrande d'une *minḥāh* pure[22]. Le réquisitoire

---

[16] Par exemple J. Swetnam, "Malachi 1, 11 : An Interpretation", *CBQ* 31 (1969), pp. 200-9.

[17] Ainsi Zwickel (1990), pp. 308-12.

[18] Par exemple W. Rudolph, *Haggai – Sacharja 1-8 – Sacharja 9-14 – Maleachi* (Gütersloh, 1976), p. 262-3.

[19] Ainsi K. Elliger, *Das Buch der zwölf kleinen Propheten* (5ᵉ éd., Göttingen, 1964), pp. 198-9.

[20] Ainsi Chary (1955), pp. 179-87.

[21] Par exemple Mariani (1934) ou encore Rehm (1961).

[22] L'argumentation se développe de manière parallèle dans les deux discours. Le mépris, *bāzāh*, du nom de Yhwh, respectivement, sa profanation, *ḥālal* pi (v. 6bβ et v. 12a), qui s'exprime dans le jugement que la table de Yhwh est méprisable, *bāzāh*, souillée, *mego'āl* (v. 7 et v. 12b), se traduit par l'offrande de victimes imparfaites (v.

du prophète ne porte donc pas tant sur la matière du culte – ce qui exclut de faire de *minḥāh* une désignation de l'offrande végétale – que sur l'attitude vis-à-vis de Yhwh que révèle ce culte. Ce que demande en conséquence le prophète, ce n'est pas l'abolition, par exemple, des sacrifices sanglants et leur remplacement par d'autres formes, sacrifice végétal ou spirituel, mais le retour à un culte véritable, "comme aux jours d'autrefois" (iii 4), avec des sacrifices purs conformes à l'honneur dû à Yhwh. Comme partout ailleurs dans le livre de Malachie on donnera donc aussi ce sens générique à *minḥāh* en i 11.

Dernier exemple, Es. i 13[23]. La référence à *minḥāh* conclut ici une polémique contre le culte sacrificiel, vv. 11-13a, qui constitue la première partie d'un réquisitoire se poursuivant par le rejet des fêtes, vv. 13b-14, puis de la prière, v. 15.

De prime abord, on pourrait avoir l'impression d'être en présence d'une énumération des différents types de sacrifices, dans l'ordre, sacrifice de communion, *zèbaḥ*, holocauste, *ʿolāh* (v 11), offrande végétale, *minḥāh*, fumigation de parfum, *qeṭorèt* (v. 13a)[24]. En réalité, il semble bien qu'à l'exception de *ʿolāh* tous les termes soient utilisés dans un sens générique[25]. On aura noté, en effet, que les versets 11 et 13, où apparaissent ces différents termes sacrificiels, forment le cadre de cette péricope sur le sacrifice et se correspondent. À la question rhétorique du v. 11aα, "pourquoi à moi, *lāmmāh lî* (... vos sacrifices)", répond, à la fin du v. 13a, ce jugement brutal : ces sacrifices sont une abomination pour moi. À la référence à leur multitude, v. 11aα, correspond la demande de cesser d'en apporter, v. 13aα. Quant aux sacrifices, v.

8a et v. 13a) en sorte que les effets de tels sacrifices ne sauraient être ceux escomptés (v. 8b-9 et v. 13b), Yhwh condamnant de tels sacrifices (v. 10), maudissant ceux qui les apportent (v. 14a). A cette attitude s'oppose l'attitude des nations, introduite par *kî* et soulignée par la formule de conclusion *ʾāmar Yhwh ṣebāʾôt* (v. 11 et 14b). Parmi celles-ci, en effet, le nom de Yhwh est grand, *gādôl* (v. 11), craint, *nôrāʾ* (v. 14b), ce qui se traduit par des offrandes pures (v. 11ab). Au v. 11 cette affirmation est tout particulièrement mise en valeur grâce à son cadre (v. 11aα et v. 11b). Le fait qu'elle ne soit pas reprise dans la seconde partie de l'oracle souligne son caractère central.

[23] Pour une étude de la terminologie cultuelle, voir H. Gottlieb, "Den jerusalemitiske tempelkult iflg. Jesaja 1, 10-17", *Religionsvidenskabeligt Tidsskrift* 5 (1984), pp. 57-75. Pour les problèmes textuels voir H. Wildberger, *Jesaja 1-12* (Neukirchen-Vluyn, 1972), pp. 33-4.

[24] Voir par exemple D. Jones,"Exposition of Isaiah Chapter One Verses Ten to Seventeen", *ScotJT* 18 (1965), pp. 457-71 (voir pp. 461-2).

[25] Voir par exemple la traduction donnée par Ed. Jacob, *Esaïe 1 – 12* (Genève, 1987), p. 38. Pour certains, seuls quelques-uns de ces différents termes ont un sens générique : *minḥāh* (par exemple Wildberger, 1972, pp. 39-42 ; Gottlieb, 1984, pp. 59-61), *qeṭorèt* (par exemple P. Auvray, *Isaïe, 1-39*, Paris, 1972, pp. 43-4), les deux (ainsi L.G. Rignell, "Isaiah Chapter I", *ST* 11, 1957, pp. 140-58, voir p. 149), seulement *zèbaḥ* (ainsi J.D.W. Watts, *Isaiah 1 – 33*, Waco, 1985, p. 21).

11aα, ils sont qualifiés au v. 13 d'offrandes vaines, *minḥat šāwʾ*. Le choix des termes génériques utilisés pour désigner le sacrifice n'est pas le simple fait du hasard. L'emploi de *zèbaḥ*, au v. 11a, met l'accent sur le sacrifice en tant que repas offert à Dieu. Cet aspect est repris et développé dans la seconde partie du verset qui, à la fois, précise quelle est la matière de ce repas et évoque les deux formes de l'hospitalité offerte à Dieu, celle que reproduit l'holocauste et celle qui a pour correspondant au plan sacrificiel le sacrifice de communion, dont les victimes caractéristiques sont énumérées[26]. De ce repas, Yhwh se déclare saturé. Quant à *minḥāh*, l'utilisation de ce terme en 13a est à mettre en relation avec l'exigence, évoquée au v. 12, d'apporter une offrande à Yhwh lorsqu'on se présente devant lui (voir Ex. xxiii 15b = xxxiv 20b ; de là sans doute la vocalisation *lérāʾôt*), le terme *qeṭorèt* faisant référence aux modalités selon lesquelles ce présent lui est transmis, à savoir la combustion. L'auteur de ce passage l'a ainsi construit autour de deux pôles, dont chacun évoque l'un des deux aspects du culte sacrificiel, à la fois repas offert à Dieu et geste d'hommage, le premier aspect étant réalisé par le sacrifice sanglant, le second s'exprimant à travers la *minḥāh*. C'est à cette même double dimension que renvoie d'ailleurs aussi le couple *zèbaḥ* – *minḥāh* qui, en 1 Sam. ii 29, iii 14 ; Es. xix 21 ; Am. v 25 ; Ps. xl 7 (?) ; Dan. ix 27, est utilisé pour désigner le culte sacrificiel dans sa double forme animale et végétale.

Toute cette discussion le montre, le choix de traduire *minḥāh* de l'une ou de l'autre manière n'est pas indifférent. Il ne s'agit pas là d'un débat purement byzantin. Les enjeux sont réels. Car même lorsque le traducteur n'en a pas conscience, l'option qu'il prend est en fait liée à la date plus ou moins tardive qu'il donne au texte, à l'impact qu'il attribue à la tradition P de préférence à d'autres traditions cultuelles, à la place qu'il assigne à l'offrande végétale dans le système sacrificiel, au rôle qu'il lui fixe dans le processus de spiritualisation du culte.

---

[26] Bien que ne mentionnant que les seuls holocaustes, il est clair que l'auteur a en vue les deux formes du sacrifice. Ceci est démontré par la mention de deux catégories de victimes caractéristiques du sacrifice de communion, les veaux et les boucs. Am. v 22 fait du *merîʾ* la victime par excellence du *šèlèm* (voir aussi, comme victime d'un sacrifice de communion,1 Rois i 9, 19, 25 ; Ez. xxxix 18 ; probablement 2 Sam. vi 13). Quant au *ʿattûd*, il est offert en sacrifice de communion en Nb. vii 17 etc... ; Es. xxxiv 6 ; Ez. xxxix 18 ; probablement Ps. l 9, 13, lxvi 15. Par contre, veaux et boucs ne sont jamais expressément mentionnés à propos d'un holocauste. L'auteur fait également allusion à un sacrifice de communion par la référence à la graisse qui, dans ce type de sacrifice, constitue la part caractéristique de Dieu.

Cette difficulté à décider de la nature de l'emploi de *minḥāh* vient peut-être également de ce que les divers emplois ne sont sans doute pas aussi nettement différenciés que l'on pourrait le penser d'instinct. Un examen des emplois génériques et spécialisés nous permettra de clarifier ce point.

1. *Les emplois génériques*

Minḥāh, au sens générique, désigne le culte sacrificiel en général, ou un type de sacrifice particulier, quelle qu'en soit la matière : holocauste et offrande végétale (Ex. xxix 41 // Nb. xxviii 8 ; Lev. xxiii 16 // Nb. xxviii 26 ; Jug. vi 18), sacrifice de communion (1 Sam. ii 17) ou encore, du moins dans le contexte actuel, offrande de parfums (Nb. xvi 15). Ces différents emplois se trouvent dans les mêmes catégories de textes que ceux où ce terme est utilisé dans son sens profane de tribut, et ce d'ailleurs dans des proportions comparables : principalement dans des narrations (Nb. xvi 15 ; Jug. vi 18 ; 1 Sam. ii 17, xxvi 19 ; 1 Rois xviii 29, 36 ; 2 Rois iii 20 ; Dan. ix 21 ; Esd. ix 4, 5 ; 2 Chr. xxxii 23), plus rarement dans les Psaumes (xcvi 8 // 1 Chr. xvi 29 ; Ps. cxli 2) et les oracles prophétiques (1 Sam. ii 29b ; Es. i 13 ; lxvi 20a ; Soph. iii 10), l'important usage qu'en fait Malachie (i 10, 11, 13, ii 12, 13, iii 3, 4) risquant ici de fausser la perspective. L'auteur du Livre des libérateurs (Jug. iii 12 – ix 55), l'Elohiste, le Deutéronomiste et le Chroniste utilisent ainsi aussi bien l'un que l'autre emploi. À la différence des emplois profanes, *minḥāh* au sens générique se trouve aussi dans des textes législatifs, mais uniquement chez P, dans le cadre des lois cultuelles (Ex. xxix 41 // Nb. xxviii 8 ; Lev. xxiii 16 // Nb. xxviii 26)[27].

Dans la plupart des cas, les emplois génériques de *minḥāh* se situent clairement dans le prolongement des emplois profanes et la fonction assignée à la *minḥāh* offerte à Dieu ne diffère guère de celle que le sujet remet à son roi ou le vassal à son suzerain. Du reste, les mêmes verbes sont utilisés dans l'un et l'autre cas pour qualifier ce geste[28].

---

[27] Sur ces emplois génériques, cf. Rendtorff (1967), pp. 192-7.

[28] *Bô'* hi désigne la remise d'un tribut en Gen. xliii 26 ; 1 Sam. x 27 ; 1 Rois x 25 // 2 Chr. ix 24 ; 2 Chr. xvii 11 et l'offrande sacrificielle en Es. i 13, lxvi 20a ; Mal. i 13 ; 2 Chr. xxxii 23. *Nāgaš*, qui est utilisé pour le premier en 1 Rois v 1, l'est pour la seconde en Jug. vi 19 ; Mal. i 11, ii 12, iii 3. *Nāśā'* l'est respectivement en Jug. iii 18 ; 2 Sam. viii 2, 6 // 1 Chr. xviii 2, 6 et Ps. xcvi 8 // 1 Chr. xvi 29 ; *qārab* hi, en Jug. iii 17, 18, et Lev. xxiii 16 // Nb. xxviii 26 ; *yābal*, en Os. x 6, et Soph. iii 10.

Comme aussi en Gen. xxxii-xxxiii, la *minḥāh* que David envisage d'apporter à Yhwh est destinée à écarter une menace, en le dissuadant d'exciter Saül contre lui (1 Sam. xxvi 19). Comme Jacob face à Ésaü, le fidèle espère que Dieu aura égard, *pānāh 'èl*, à l'offrande apportée (cf. l'imprécation de Nb. xvi 15 ; Mal. ii 13), qu'elle lui sera agréable, *'ārab* (Mal. iii 4) en sorte qu'il sera agréé, *rāṣāh*, par Dieu (cf. Mal. i 10) et traité par Dieu conformément à son statut. De même que son équivalent profane, la *minḥāh* sacrificielle est le plus souvent offerte à Dieu en tant que roi. Elle lui est présentée par ses fidèles lorsqu'ils se rendent dans son sanctuaire (Es. i 13). Elle est offerte par son peuple au Dieu victorieux (2 Chr. xxxii 23). Elle est la marque de la soumission, *'ābad*, des nations (Soph. iii 9-10). Elle est l'expression concrète de l'hommage que lui rendent les nations venues en son palais proclamer sa gloire, *kābôd* (Ps. xcvi 8 // 1 Chr. xvi 29 ; et, comme métaphore, Es. lxvi 19-20). Cette conception de la *minḥāh* comme un tribut d'hommage a tout particulièrement été développée par Malachie qui fonde sur elle sa polémique contre le culte sacrificiel tel que le pratiquaient ses contemporains : si la *minḥāh* n'exprime plus ce qu'elle est censée exprimer, à savoir l'hommage, *kābôd*, de ses fils à leur Père, de ses sujets à leur Roi, Yhwh ne saurait l'agréer, *rāṣāh* (Mal. i 10, 13, voir aussi ii 13). Telle est également la fonction attribuée au culte sacrificiel en 1 Sam. ii 17, 29b (noter le verbe *kābad* pi, v. 29) où *minḥāh* réfère toutefois plus précisément au sacrifice de communion offert annuellement par chaque famille venue à cet effet en pèlerinage au sanctuaire de Silo.

La scène décrite en Jug. vi 11-24 montre fort bien à la fois la continuité de sens par rapport aux emplois profanes et la spécificité de la *minḥāh* là où elle est apportée à Dieu. Lorsque Gédéon croit reconnaître en son interlocuteur anonyme un ange de Yhwh (voir v. 17b), il réagit comme le ferait le sujet vis-à-vis de son roi et lui rend hommage en lui apportant une *minḥāh* (v. 18). Mais à la différence de la *minḥāh* que l'on présente à son roi, la *minḥāh* que Gédéon offre à Dieu consiste en un repas – de la viande cuite, avec son jus, et des pains (vv. 19-20) –, transmis à Dieu, comme l'est habituellement la matière sacrificielle, à savoir par le feu (v. 21)[29]. Nous touchons ici à ce qui fait la caractéristique distinctive de la *minḥāh* cultuelle : elle prend exclusivement la forme d'un sacrifice, et

---

[29] Le jus, *māraq*, qui contient la graisse et qui est habituellement transmis à Dieu au cours du processus de cuisson/ de combustion, lui est ici apporté séparément du fait de la distinction entre le lieu de la cuisson et le lieu du sacrifice.

son contenu est exclusivement formé de matières servant habituellement de matière sacrificielle. Et, alors même que ce qui fait la matière d'un tribut peut aussi être offert à Dieu – animaux vivants qui sont voués à l'interdit (voir par exemple Jos. vi 21) ou dont la nuque est brisée (par exemple Ex. xiii 13), prémices, objets précieux affectés au trésor du temple (par exemple Jos. vi 24 ; 1 Rois vii 51) – celle-ci ne constitue jamais la matière d'une *minḥāh* et n'est jamais qualifiée de telle. La nature et la forme de la *minḥāh* cultuelle ne résultent donc pas simplement d'une nécessité. Le choix qui a été fait d'utiliser le mode sacrificiel pour la transmission de la *minḥāh* est un choix délibéré. La rupture sur ce point d'avec la *minḥāh* profane est d'autant plus surprenante qu'elles partagent toutes deux la même fonction. Il faudra donc, pour expliquer la *minḥāh* cultuelle, avoir recours à d'autres hypothèses qu'à celles qui y voient simplement la transposition au plan religieux d'un rituel de cour.

Dans quelques cas, l'emploi générique de *minḥāh* semble devoir être expliqué par référence à l'emploi spécialisé. Tel est vraisemblablement le cas de *minḥāh ḥadāšāh*, en Lev. xxiii 16 // Nb. xxviii 26, le choix du terme *minḥāh* servant à souligner le lien entre ce sacrifice offert en conclusion de la période des moissons et l'offrande végétale apportée au début de cette même période, conjointement à l'holocauste (Lev. xxiii 12-13). Mais il n'est pas toujours aisé de trancher. Faut-il expliquer l'emploi de *minḥāh* en Ex. xxix 41 // Nb. xxviii 8 pour désigner l'holocauste et l'offrande végétale du culte quotidien par référence à la fonction de ce sacrifice ? Ou bien doit-on voir dans le choix de ce terme le signe d'une valorisation par P de l'offrande végétale ? Et on ne peut exclure a priori ce type de dilemme pour les autres cas où *minḥāh* réfère au sacrifice quotidien (1 Rois xviii 29, 36 ; 2 Rois iii 20 ; Ps. cxli 2 ; Dan. ix 21 ; Esd. ix 4, 5).

Ce sont, au total, une trentaine d'attestations de *minḥāh* qui peuvent être rattachées à ce sens générique, la plupart d'entre elles s'expliquant par référence à la fonction profane. Tout comme pour les emplois profanes, ces emplois vont de la couche Elohiste (? Nb. xvi 15) au livre de Daniel et recouvrent ainsi la majeure partie de l'Ancien Testament. L'usage qu'en fait Malachie montre que, bien après le retour de l'Exil, l'emploi profane de *minḥāh* est encore parfaitement présent à l'esprit de ceux qui utilisent *minḥāh* au sens générique.

On retrouve cet emploi générique dans le Siracide et à Qumrân. En Siracide xlv 14 et dans le Rouleau du Temple xiii 15, xvii 7, ce terme désigne le sacrifice quotidien. En 4 Q 381 46 : 5, le psalmiste compare les élus à une offrande que Dieu déclare pure, *wbḥrym kmnḥt tṭhr lpnyk*[30].

2. *Les emplois spécialisés*

Les cas où *minḥāh* sert à désigner un type de sacrifice bien distinct sont de loin les plus fréquents et représentent plus des deux tiers des attestations de *minḥāh*. Mais ce rapport de grandeur ne doit pas tromper. La disproportion qu'il révèle avec les autres emplois de *minḥāh* vient, en réalité, du poids des attestations en provenance du Code sacerdotal et d'Ez. xl-xlviii. N'utilisant que rarement ou même pas du tout (pour ce qui est d'Ézéchiel) *minḥāh* dans l'un de ses autres emplois, P et Ez. xl-xlviii font un abondant usage de l'emploi spécialisé. En effet, sur les cent cinquante et une occurrences qui peuvent être rattachées au sens spécialisé, quatre-vingt-seize proviennent de la couche P du Pentateuque et quinze des visions d'Ez. xl-xlviii. De sorte que, si l'on fait abstraction de ces deux ensembles, il ne reste au total que quarante attestations, chiffre tout à fait comparable à ceux relevés pour les deux autres emplois.

Comme aussi pour les emplois profanes et génériques, les références à une *minḥāh* se trouvent le plus fréquemment dans des narrations (Gen. iv 3-5 ; Jos. xxii 23, 29 ; Jug. xiii 19, 23 ; 1 Rois viii 64ab // 2 Chr. vii 7b ; 2 Rois xvi 13, 15 ; Jer. xli 5 ; Dan. ix 27 ; Neh. x 34, xiii 5, 9 ; 1 Chr. xxi 23, xxiii 29, ainsi que dans les deux passages araméens, Dan. ii 46 ; Esd. vii 17), et rarement dans les Psaumes (Ps. xx 4, xl 7). Plus du tiers des références apparaissent dans des oracles prophétiques (1 Sam. ii 29a, iii 14 ; Es. xix 21, xliii 23, lvii 6, lxvi 3, 20b ; Jer. xiv 12, xvii 26, xxxiii 18 ; Jo. i 9, 13, ii 14 ; Am. v 22, 25). Curieusement, un certain nombre d'auteurs, et en particulier le Yahwiste (si l'on excepte les références de Gen. iv), l'Elohiste, Osée, le Deutéronome, ou encore Ez. i-xxxix, ne mentionnent jamais la *minḥāh*, alors même qu'ils font maintes références au sacrifice.

Ces emplois s'étendent sur toute la période biblique. On les retrouve dans le Siracide (l 9) et dans les textes de la bibliothèque essénienne : ainsi dans l'Écrit de Damas (xi 19) ; 11 Q Chant du

---

30 L'auteur de ce passage fait vraisemblablement allusion ici à Mal. i 11. Le *taw* final, dans *mnḥt*, fait problème. L'éditeur l'explique comme une erreur résultant du fait que le mot suivant commence aussi par un *taw* (E.M. Schuller, *Non-Canonical Psalms from Qumran. A Pseudepigraphic Collection*, Atlanta, 1986, p. 181). Mais on peut également penser que ce phénomène a entraîné l'omission d'un mot et que, comme en 1 QS ix 5 ; CD xi 21, le texte avait à l'origine l'expression *mnḥt rṣwn*.

Sabbat 8-7 2 ; 11 Q Ps[a] xviii 8 ; l'Apocryphe de la Genèse (xxi 2, 20 araméen) et surtout dans le Rouleau du Temple, avec pas moins d'une quarantaine d'attestations si l'on tient compte des restitutions proposées par l'éditeur. Il est d'ailleurs à noter que cet écrit qui, à la suite de P, utilise *minḥāh* pour désigner le sacrifice quotidien, donne à ce terme un sens spécialisé dans l'expression *mnḥh ḥdšh* (xviii 13, xix 01, 6, 11), et se sépare ainsi sur ce point de P. Les textes esséniens font aussi un emploi tout à fait original de *minḥāh*, se servant de ce terme pour évoquer le sacrifice spirituel. L'Écrit de Damas, paraphrasant Prov. xv 8, oppose ainsi le sacrifice, *zbḥ*, des méchants, qui est une abomination, à la prière des justes, laquelle est comme une oblation agréée, *kmnḥt rṣwn* (xi 20-21). De son côté, la Règle compare la perfection de la voie à une oblation volontaire agréée, *kndbt mnḥt rṣwn*, qui gagne la faveur divine, sans l'intermédiaire de la chair des holocaustes et de la graisse des sacrifices de communion (ix 4-5). L'opposition, dans l'un et l'autre cas, de la *minḥāh* aux sacrifices sanglants suggère que ce terme a été utilisé dans son sens spécialisé d'offrande végétale.

Mais, en quoi consiste au juste une *minḥāh*, et comment est-elle utilisée ?

Il faut ici distinguer les données de P (et celles du Chroniste, qui lui sont apparentées) et d'Ez. xl-xlviii, et celles éparpillées sur le reste de l'Ancien Testament. Non seulement parce que la nature des sources est différente – d'un côté des textes législatifs, dans le cadre d'un système sacrificiel cohérent, de l'autre des indications glanées au hasard d'une narration ou d'un oracle dans des textes d'époques et de milieux très divers –, mais aussi afin de ne pas donner une image de la *minḥāh* trop marquée par le poids de P ou d'Ez. xl-xlviii.

Contre toute attente, il n'est pas facile de dire, si l'on fait abstraction de P et d'Ez. xl-xlviii, ce en quoi consiste une *minḥāh*. Non seulement la matière de ce sacrifice n'est que rarement précisée. Mais, curieusement, même lorsqu'on indique expressément la composition du sacrifice sanglant auquel la *minḥāh* est associée, la nature de celle-ci n'est pas indiquée (Jug. xiii 19 ; Es. xliii 23-4, lxvi 3 ; Am. v 22). Comme si la matière de la *minḥāh* importait peu, du moment qu'il s'agissait d'une matière sacrifiable. Ou comme si cela allait tellement de soi qu'il n'était nul besoin de le préciser. Mais cette dernière hypothèse doit aussitôt être écartée. Car on a, tout au contraire, l'impression qu'il existait sur ce point différentes traditions. Ainsi, Gen. iv connaît une *minḥāh* faite de produits de la terre, v. 3, et une autre consistant en premiers-nés du troupeau, v. 4. Es. lxvi 3, qui passe en revue les différents types de sacrifices – holocauste (ceci au travers de la mention du taureau, dont c'est la victime par excellence), sacrifice de communion, *minḥāh*, fumigation d'encens –, associe bizarrement la *minḥāh* à du sang de porc, *dam ḥazîr*, et pense de toute évidence à une libation de vin : la comparaison de la *minḥāh* à du sang n'a de sens que si celle-ci, comme le vin (voir par exemple Es. lxiii 2-3 ; Prov. xxiii 31), consiste en un liquide de couleur rouge. Joël, par contre, semble présupposer une *minḥāh* à base de céréales et d'huile. Inversement, dans les rares textes où il est fait état d'un sacrifice non-sanglant, celui-ci, à une unique exception près (Gen. iv 3), n'est jamais qualifié de *minḥāh* (Jug. vi 19-20 ; 1 Sam. i 24, x 3). Serait-ce là un indice du fait que *minḥāh* et offrande végétale, bien que de nature semblable, n'ont pas la même fonction ?

La *minḥāh* est généralement associée à un sacrifice sanglant. Elle est, nous l'avons vu, mentionnée à côté du terme générique *zèbaḥ* là où l'on veut désigner le culte sacrificiel en général (1 Sam. ii 29, iii 14 ; Es. xix 21 ; Am. v 25 ; Dan. ix 27). Elle est tout particulièrement liée à l'holocauste. Dans la liste des sacrifices, la *minḥāh* est habituellement mentionnée immédiatement après l'holocauste (Jer. xiv 12 ; et même avant, en Ps. xx 4) et avant le sacrifice de communion (Jos. xxii 23, 29 ; Jer. xxxiii 18 ; Am. v 22). Et cet ordre correspond à la séquence rituelle comme le montrent Jug. xiii 19, 23 ; 1 Rois viii 64 // 2 Chr. vii 7 ; 2 Rois xvi 13, 15. Ce lien privilégié avec l'holocauste est d'ailleurs parfois souligné par l'utilisation d'un même verbe pour décrire l'action d'offrir l'holocauste et la *minḥāh*, tandis qu'est utilisé un autre verbe pour l'offrande du sacrifice de communion (Jos. xxii 23 ; 2 Rois xvi 13, 15 ; Am. v 22). Ce n'est qu'en Ps. xl 7 que la *minḥāh* est rapprochée du sacrifice de communion plutôt que de l'holocauste. Le lien avec l'holocauste ne signifie pas que la *minḥāh* n'en est qu'un simple appendice. Le récit du sacrifice de Manoah, en Jug. xiii 15-23, indique au contraire qu'elle a une fonction bien précise puisqu'en l'occurrence elle est ce qui distingue le sacrifice apporté à Dieu, v. 19, du repas offert à un hôte de passage, v. 15.

Les cas où la *minḥāh* est offerte seule, sans être mise en relation avec un sacrifice animal, sont en revanche fort rares.

On ne peut invoquer ici ni le témoignage de 2 Rois xvi 15, ni celui du livre de Joël. Dans le premier cas, la *minḥāh* du soir fait pendant à l'holocauste du matin et ne peut donc être considérée comme une offrande véritablement indépendante. D'ailleurs, dans toutes les autres références de ce chapitre elle est associée à un holocauste. Pour ce qui est de Joël, la description du culte régulier par le couple *minḥāh* – *nèsèk* (Jo. i 9, 13, ii 14) n'implique pas nécessairement que le prophète a en vue un culte sacrificiel exclusivement végétal[31]. Il semble bien plutôt que pour souligner l'étroite corrélation entre la situation agricole du pays et le culte sacrificiel Joël ait mis en avant les seuls sacrifices de nature végétale : la dévastation du pays par les sauterelles, qui saccagent les champs en sorte qu'il n'y a plus ni blé, ni huile, ni vin (voir i 10-11, 17), a eu pour conséquence l'interruption de la *minḥāh* et de la libation ; inversement, le rétablissement de la *minḥāh* et de la libation est signe du retour de la prospérité, marquée par une abondance de blé, d'huile et de vin (voir ii 19, 22, 24)[32]. Il faut aussi récuser Es. lvii 6, qui vise un culte idolâtre.

Les deux seuls textes qui font état d'une *minḥāh* autonome se rapportent à des situations tout à fait atypiques. Gen. iv 3-5, où sont opposées la *minḥāh* de Caïn et celle d'Abel, a pour horizon le monde mythique des origines, et l'autonomie de la *minḥāh* vient sans doute de ce que l'auteur a donné à son récit la forme d'une ordalie. Jer. xli 5, de son côté, décrit une situation exceptionnelle : une délégation de quatre-vingts notables, représentant les villes de Sichem, Silo et Samarie, vient offrir dans les ruines du Temple une *minḥāh* et de l'encens, et ce dans le cadre d'un rituel pénitentiel. Mais, en l'absence d'éléments de comparaison, il est difficile, de prime abord, de dire si la forme de ce sacrifice est déjà habituelle à cette époque ou si la nature de cette offrande résulte de la destruction des installations cultuelles[33] ou du type de rituel célébré.

Ce n'est en fait qu'au cours de la période exilique que l'offrande d'une *minḥāh* indépendamment de tout sacrifice sanglant semble être devenue habituelle. De telles offrandes y sont en tout cas suffisamment répandues pour que le prophète puisse utiliser, pour décrire le retour des exilés, l'image de la *minḥāh* apportée au Temple dans des vases purs par les enfants d'Israël (Es. lxvi 20).

---

[31] Certains commentateurs donnent ici à *minḥāh* un sens générique. Ainsi C.-A. Keller, in Ed. Jacob, C.-A. Keller, S. Amsler, *Osée, Joël, Amos, Abdias, Jonas* (2e éd., Genève, 1982), p. 113.

[32] Cf. Chary (1955), pp. 198-9. Sur le couple *minḥāh-nèsèk* chez Joël, voir surtout G. W. Ahlström, *Joel and the Temple Cult of Jerusalem* (Leiden, 1971), pp. 14-7. Une corrélation analogue est établie en Mal. iii 7-12 ; Prov. iii 9-10 ; 2 Chr. xxxi 5-10 entre la remise de la dîme et des prémices et l'importance de la récolte.

[33] Voir D. Jones, "The Cessation of Sacrifice after the Destruction of the Temple in 586 B.C.", *JTS* 14 (1963), pp. 12-31 (voir pp. 14-6).

Que la *minḥāh* soit étroitement associée au sacrifice animal n'implique pas pour autant que tout holocauste ou tout sacrifice de communion doive être accompagné d'une *minḥāh*. Le seul fait que la *minḥāh* ne soit citée que quarante fois alors que les différentes variétés du sacrifice animal le sont quelque deux cents fois indique le contraire. Certains écrits, comme nous l'avons noté, n'en font jamais état alors même qu'ils connaissent les sacrifices sanglants. Et ceux-là même qui mentionnent les deux catégories de sacrifices, sont loin de respecter une stricte parité entre elles, ainsi Jérémie, où on trouve quinze références aux sacrifices sanglants contre quatre références seulement à la *minḥāh*. Sans doute, on ne peut a priori exclure que là où la *minḥāh* n'est pas expressément mentionnée elle est sous-entendue. Mais on peut tout aussi bien estimer que si la *minḥāh* n'est pas systématiquement nommée c'est, selon le cas, parce qu'elle n'est pas systématiquement associée aux sacrifices sanglants, ou parce que certains milieux ont voulu délibérément l'écarter. Et ce, dans le premier cas, parce qu'elle a une fonction spécifique et, dans le second, parce qu'elle véhicule certaines valeurs que l'on aura voulu récuser. Ce n'est, en tout cas, qu'à l'issue de l'examen des circonstances au cours desquelles la *minḥāh* est offerte qu'il sera possible de trancher cette alternative.

Avec P et Ez. xl-xlviii nous nous trouvons sur un terrain beaucoup plus ferme puisque, du fait même de la nature de ces écrits, la composition de chaque type de sacrifice et sa place dans le système sacrificiel sont indiquées avec précision.

Le nombre même des attestations de *minḥāh* révèle d'emblée l'intérêt que ces deux écrits portent à cette catégorie de sacrifices. Avec quatre-vingt-seize attestations contre cent vingt-cinq pour l'holocauste et quatre-vingt-dix-neuf pour le *ḥaṭṭā't*, la *minḥāh* occupe chez P quasiment le même rang que le *ḥaṭṭā't* et vient loin devant le sacrifice de communion qui, toutes variétés confondues, n'est mentionné que quelque soixante-quinze fois. Dans les visions d'Ez. xl-xlviii, de même, le nombre des attestations de *minḥāh* équivaut au nombre des attestations de *ḥaṭṭā't* – respectivement quinze et quatorze – ce qui situe la *minḥāh* immédiatement après l'holocauste, cité dix-neuf fois, et avant le sacrifice de communion pour lequel on ne compte que neuf attestations[34].

---

34 Chez le Chroniste, par contre, la *minḥāh*, avec seulement sept attestations, vient loin derrière l'holocauste (cinquante trois attestations) et les différentes variétés du sacrifice de communion (vingt et une attestations) et se situe au même rang que le *ḥaṭṭā't* (six attestations).

Aussi bien chez P que chez Ezéchiel, la *minḥāh* est à base de farine et d'huile. Mais, comme dans le reste de l'Ancien Testament, il semble que l'on connaisse, à côté de la *minḥāh*, un autre type d'offrande végétale, consistant en pains. Toujours est-il qu'à l'exception de Lev. ii 4-10, vi 13-16, vii 9, P n'utilise jamais ce qualificatif pour l'offrande de pains. La distinction entre la *minḥāh* et l'offrande de pains est en tout cas clairement faite par P en Nb. vi 15, 17 et par le Chroniste en 1 Chr. xxiii 29.

La *minḥāh* est utilisée de deux manières.

Elle est étroitement associée à l'holocauste et au sacrifice de communion. Chez P, elle accompagne systématiquement tous les sacrifices privés, holocauste ou sacrifice de communion, apportés par un individu, que ce soit en accomplissement d'un vœu ou comme sacrifice spontané (sauf là où il s'agit d'un holocauste de colombes), et tous les holocaustes du culte régulier (Nb. xv 3-16). Dans les visions d'Ez. xl-xlviii, de même, elle fait partie de tous les sacrifices du culte régulier ainsi que de ceux offerts, à titre personnel, par le prince (Ez. xlv 21-xlvi 15). Elle est tout particulièrement liée à l'holocauste : dans les listes de sacrifices, elle est le plus souvent citée immédiatement après l'holocauste (Lev. vii 37, xxiii 37 ; Nb. vii 87, xxix 39 ; Ez. xlv 17a) et, dans le Lévitique, la loi relative à la *minḥāh* vient aussitôt après celle concernant l'holocauste (Lev. ii, vi 7-11 ; voir aussi Lev. vii 9), une place qui d'ailleurs est aussi la sienne dans le déroulement rituel. Il est significatif, à cet égard, qu'en Lev. xxiii 16, le terme générique *minḥāh* s'applique à l'holocauste et à la *minḥāh* (et à la libation) à l'exclusion du sacrifice de communion et des offrandes de pains (vv. 18-19). P souligne ce lien par une construction qui lui est spécifique : alors que partout ailleurs dans la Bible hébraïque le pronom suffixe accolé à *minḥāh* réfère à l'offrant, chez P, qui utilise trente-cinq fois cette même construction, le pronom renvoie trente fois à l'holocauste auquel la *minḥāh* est associée. Mais, si la *minḥāh* est ainsi étroitement liée à l'holocauste, elle n'est pas pour autant systématiquement associée à tous les holocaustes là où ceux-ci sont offerts dans le cadre d'un rituel occasionnel[35]. Par ailleurs, on notera que ni dans le Code sacerdotal ni dans les visions d'Ez. xl-xlviii, elle n'est directement associée à un *ḥaṭṭā't* ou à un *'āšām*.

Mais la *minḥāh* est aussi, du moins chez P, un sacrifice de plein droit, pouvant être offert au même titre que l'holocauste et le sacrifice

---

[35] Voir infra pp. 103–118.

de communion. Et, comme ceux-ci, elle constitue pour Yhwh un sacrifice d'odeur apaisante, *rêaḥ nîḥoaḥ* (Lev. ii 2,9). Elle présente même cette particularité d'être le seul parmi ces sacrifices à pouvoir être apporté à Dieu de manière autonome, sans devoir être accompagné d'un autre sacrifice.

Il est intéressant de noter qu'en dépit de la nature très différente des sources on retrouve chez P et, dans une certaine mesure, dans Ez. xl-xlviii, les mêmes traits que ceux relevés dans le premier type de sources : distinction entre *minḥāh* et autres formes d'offrandes végétales, lien privilégié avec l'holocauste, place dans la séquence rituelle après les sacrifices sanglants, fonction spécifique qui se traduit par le fait qu'elle n'est pas systématiquement jointe à tous les sacrifices d'odeur apaisante. Mais P a donné à cette offrande une dimension toute particulière. Il en a fait un sacrifice d'odeur apaisante de plein droit, au même titre que l'holocauste et le sacrifice de communion (Lev. ii 2, 9, vi 8). Mais, dans le même temps, il a classé la *minḥāh* parmi les sacrifices sacro-saints, et l'a ainsi rangée dans la même catégorie que le *ḥaṭṭā't* et l'*'āšām*. Bien plus, il en a fait le premier des sacrifices sacro-saints (Nb. xviii 9), une place qui est aussi la sienne dans Ez. xl-xlviii (Ez. xlii 13, xliv 29). Une telle ambivalence est sans analogie dans le système sacrificiel d'Israël. Elle manifeste de la manière la plus éclatante la singularité de la *minḥāh*. Elle témoigne de l'importance que le Code sacerdotal a attribué à la *minḥāh*, dont il est clair qu'elle ne saurait être considérée comme un simple appendice du sacrifice sanglant ou un vague succédané. Il faudra, bien entendu, se demander quelles sont les raisons qui ont amené P à donner une telle importance à cette catégorie de sacrifices.

À ce point de l'enquête, il est intéressant de comparer les données de la Bible hébraïque aux indications des documents araméens d'Éléphantine relatives au culte sacrificiel célébré au ve siècle avant notre ère sur cette île du Nil par la colonie juive. Ce témoignage est d'autant plus intéressant qu'il se rapporte à un culte qui, tout en se situant dans la tradition israélite, n'a pas été marqué par la réforme de Josias et a ainsi connu une évolution spécifique.

Les origines de cette colonie juive sont obscures[36]. On estime

---

[36] La présentation des données d'Éléphantine est basée sur P. Grelot, *Documents araméens d'Egypte* (Paris, 1972). Voir aussi B. Porten, *Archives from Elephantine : The Life of an Ancient Jewish Military Colony* (Berkeley, 1968) ; "Aramaic Papyri and Parchments : A New Look", *BA* 42 (1979), pp. 74-104. Les citations sont faites d'après la traduction de Grelot, les textes étant numérotés d'après l'édition de A.E. Cowley, *Aramaic Papyri of the Fifth Century B.C.* (Oxford, 1923), suivie de leur numérotation dans Grelot.

généralement que son noyau est formé par un contingent de mercenaires recrutés par les pharaons égyptiens pour défendre la frontière méridionale de l'Égypte, et ce vraisemblablement, selon Grelot, entre 610 et 580. En tout cas, au moment de l'assassinat de Gedalyahu, en 587, les colonies juives d'Égypte, et en particulier le pays de Patros, dont Éléphantine est le chef-lieu, sont suffisamment connues pour que ceux qui craignaient les représailles babyloniennes aillent y chercher refuge (voir Jer. xliv 1). On apprend d'ailleurs, à cette occasion, que, malgré les avertissements de Jérémie, les Judéens y offraient des sacrifices à la Reine du ciel, un culte auquel la réforme de Josias avait mis fin (Jer. xliv 15-19).

La forme du culte sacrificiel célébré au temple de Yahô, à Éléphantine, nous est connue par un échange de correspondance entre les responsables de la communauté juive et les autorités perses. Cette correspondance fait suite au sac du temple, en 410, à l'instigation des prêtres du dieu *Ḥnûm*. Dans une requête, dont seul le brouillon nous a été conservé, les autorités juives se plaignent de ce que les Égyptiens ne leur permettent pas "d'apporter une oblation [dans le sanctuaire ni d'y] faire [un holocauste] à Yahô..." (AP xxvii = n° 101, 16-17) et demandent que le temple soit reconstruit. Cette demande étant restée sans réponse, une nouvelle démarche est entreprise. En 407, le chef de la communauté, Yédonyah, écrit au gouverneur de Judée Bagôhî pour lui relater les événements de 410 qui ont eu pour conséquence que jusqu'à la date de la rédaction de cette lettre "on n'a fait dans ce sanctuaire ni oblation, ni encensement, ni holocauste" (AP xxx-xxxi = n° 102, 21). Et il sollicite son intervention écrite afin que le culte puisse reprendre, et lui exprime par avance la reconnaissance de la communauté : "[et l'oblation, l'encensement] et l'holocauste, nous (les) offrirons en ton nom sur l'autel de Yahô le Dieu, et nous prie[rons pour toi en tout temps, nous-mêmes, nos femmes, nos enfants] et tous les Juifs d'ici. Si tu fais en sorte que ce sanctuaire soit [construit, tu auras plus de mérite devant Yahô, le Dieu] du ciel qu'un homme qui lui offrirait un holocauste et des sacrifices pour une valeur de mille talents d'argent" (lignes 24-27). Cette fois-ci la demande aboutit. Le gouverneur Bagôhî donne instruction de reconstruire le sanctuaire et d'offrir "l'oblation et l'encensement sur cet autel, conformément à ce qui était auparavant" (AP xxxii = n° 103, 9-11). La dernière lettre relative à cette affaire est un accusé de réception dans

---

Pour une édition de ces textes voir aussi B. Porten, A. Yardeni, *Textbook of Aramaic Documents from Ancient Egypt*. I. *Letters* (Jerusalem, 1986).

lequel les responsables de la communauté prennent acte des instructions reçues : "Si notre Seigneur le [veu]t, le sanctuaire de Yahô notre Dieu [sera construit] à Éléphantine-la-forteresse comme il était construit auparavant, et il [n]'y sera pas fait d'holocauste de béliers, bœufs (et) boucs, mais on offrira l'encensement (et) l'oblation" (AP xxxiii = n° 104, 7-11).

On aura noté que dans toutes les références aux sacrifices, la *minḥāh*, associée à l'offrande d'encens, *lbwnh*, est toujours mentionnée en premier, avant les sacrifices sanglants. Or, tel n'est le cas dans les listes de sacrifices données par la Bible hébraïque qu'en Ez. xlv 15 et 17b[37], ce qui exclut de ne voir dans cet ordre que la reprise d'une liste stéréotypée, sans rapport aucun avec le culte effectivement célébré. En réalité, il y a tout lieu de penser que la *minḥāh* et l'offrande d'encens occupaient dans le culte sacrificiel d'Éléphantine une place prééminente. Cette situation a d'ailleurs rendu possible l'habile compromis imaginé par le gouverneur perse : en n'autorisant que les seules offrandes de nature végétale il donne satisfaction à la fois aux Juifs d'Éléphantine, qui peuvent de nouveau célébrer leur culte et offrir les plus importants de leurs sacrifices, et aux prêtres du dieu-bélier Ḥnûm, pour lesquels les sacrifices d'animaux constituaient une provocation. Et ce, tout en renforçant la position du temple de Jérusalem devenu, à la suite de cette réforme, l'unique lieu où était apporté à Yhwh un sacrifice sanglant[38].

Mais d'où vient que l'offrande végétale et la fumigation d'encens occupent cette place privilégiée dans le culte d'Éléphantine ? Selon toute probabilité, cette évolution s'est faite en marge du culte officiel de Jérusalem. Car, malgré l'importance que le Code sacerdotal a attribué à la *minḥāh*, celle-ci n'y est jamais devenue le sacrifice principal. On peut supposer plutôt que cette place vient de l'intégration dans le culte à Yahô des offrandes végétales apportées, à l'origine, à la Reine du ciel (Jer. vii 18) par les Judéens réfugiés en Égypte (Jer. xliv), peut-être sous l'influence de ceux des rois perses marqués par le zoroastrisme, auxquels on se sera rendu agréable en célébrant un culte sacrificiel où était privilégié l'élément végétal.

---

[37] La mention en position initiale du *ḥaṭṭā't*, en 17b, vient de ce que ce sacrifice est offert en premier, au tout début de l'année liturgique, comme unique sacrifice (v. 18). Voir, de même, au v. 25 où l'ordre dans lequel les sacrifices sont mentionnés suit l'ordre dans lequel ils sont offerts (v. 21-25). Par contre, la mention de la *minḥāh* avant l'holocauste, v. 17, ne peut s'expliquer par l'ordre du rituel sacrificiel.

[38] Voir aussi W. Th. In der Smitten, "Vordeuteronomischer Jahwismus in Elephantine ?", *BiOr* 28 (1971), pp. 173-4.

Le cas d'Éléphantine est particulièrement remarquable en ce qu'il illustre une évolution du culte sacrificiel où, du fait d'événements extérieurs, l'offrande végétale, associée à la fumigation d'encens, après être devenue le principal sacrifice, devient l'unique sacrifice. On verra qu'une évolution analogue se produira en milieu essénien où, par suite de la rupture avec le culte sacrificiel au temple de Jérusalem, la matière de l'offrande végétale et de la libation, à l'exclusion de celle des sacrifices animaux, constituera la matière du repas sacré.

C. *Conclusions*

Tribut d'hommage, culte sacrificiel en général, offrande végétale, ces trois significations de *minḥāh* traversent toute la Bible hébraïque et coexistent jusque dans les textes de Qumrân. Les mêmes auteurs utilisent *minḥāh* à la fois dans son sens profane et dans son sens religieux (ainsi J, E), pour désigner aussi bien le culte sacrificiel en général que l'offrande végétale (ainsi 1 Sam. ii ; Esaïe ; Daniel, P), le Chroniste l'employant même dans toutes les trois significations. La question qui dès lors se pose est celle de la relation entre ces différentes significations.

Diverses réponses ont été apportées à cette question. J. Gray évoque ainsi la possibilité d'une étymologie distincte pour *minḥāh* dans son sens de "don, tribut" et pour *minḥāh* dans ses emplois sacrificiels. Mais il souligne le fait que dès les plus anciens textes de la littérature hébraïque, *minḥāh*, dans son sens sacrificiel, avait pris le premier sens, et que ce sens s'est maintenu lorsque cette désignation générique se fût rétrécie au sens spécialisé d'offrande végétale[39]. Pour N.H. Snaith, de même, le sens premier de "tribut, don" persiste à travers les différents emplois de *minḥāh*. Mais, contrairement à Gray, il estime que *minḥāh* a de tout temps désigné un don de céréales[40]. G.A. Anderson prolonge cette réflexion et s'interroge sur les raisons pour lesquelles l'offrande végétale a pu être qualifiée de *minḥāh*. Il explique qu'étant donnée l'importance des céréales dans l'économie israélite, la taxe – le tribut – payée au temple prenait habituellement la forme d'une livraison de céréales. Et c'est par souci d'une classification rigoureuse, pour des raisons de comptabilité, que les prêtres réserve-

[39] Gray (1925), pp. 13-7.
[40] Snaith (1957), pp. 314-5.

ront ce terme à ce type de revenu[41]. À l'inverse de ces différents auteurs, H.-J. Fabry est davantage sensible aux discordances qu'il croit percevoir entre les diverses significations de *minḥāh*, et en particulier entre les deux sens de "présent" et de "tribut" qu'il distingue dans les emplois profanes. Et il se demande si ce n'est pas par euphémisme qu'on parle de "présent" là où en réalité il s'agit bel et bien d'un tribut. Mais en définitive, Fabry pense que les différentes significations renvoient toutes à une même conception, exprimée par ce qui pourrait être leur étymologie commune – à savoir la racine *nwḥ* – et que leur point commun est le pouvoir apaisant qu'a la *minḥāh* sur ceux qui la reçoivent[42].

En distinguant à l'intérieur des emplois profanes les deux sens de "tribut" et de "présent", Fabry attire en réalité l'attention sur une difficulté qui a été perçue par l'ensemble des commentateurs. En effet, dans toutes les explications passées en revue on assiste à un glissement insensible lorsque l'on passe de l'emploi profane à l'emploi religieux spécialisé, le sens de "tribut" étant subrepticement escamoté et remplacé par celui de "don". Comme si l'on pressentait que ce sens de "tribut" ne pouvait s'appliquer à une offrande aussi insignifiante que l'est l'offrande végétale. Mais, étant donnée la persistance de ce sens de "tribut" à travers toute la Bible hébraïque et le fait que ce même sens est sous-jacent à la plupart des emplois religieux de *minḥāh*, là où ce terme désigne le culte sacrificiel en général, n'est-il pas plus naturel de supposer que ce sens de "tribut" est également sous-jacent aux emplois religieux spécialisés, plutôt que de postuler une édulcoration de sens que rien ne permet de justifier ?

Mais en estimant que *minḥāh*, là où ce terme désigne l'offrande végétale, évoque aussi l'idée de tribut, ne crée-t-on pas une difficulté plus importante encore ? Car dans cette hypothèse, le même terme serait appliqué à la fois à la prestation la plus considérable qui soit, celle qu'une nation verse en signe de soumission à une autre nation, et au don le plus infime qui, chez P, se réduit à une simple poignée de farine ! Si encore ce terme avait été appliqué à celui des sacrifices qui représente la valeur maximale de ce qui est susceptible d'être apporté à Dieu en sacrifice, à savoir l'holocauste, où la totalité de la victime est offerte à Dieu. Mais, à l'unique exception de Gen. iv 4,

---

[41] Anderson (1987), pp. 30-4 ; voir aussi Milgrom, *Leviticus 1-16* (New York, 1991), pp. 197-8.

[42] Fabry (1984), col. 996. Voir, de même, A. Schoors, "Tribut", *Dictionnaire encyclopédique de la Bible* (Maredsous, 1987), p. 1281.

tel n'est jamais le cas. Le paradoxe que crée cette hypothèse ne peut se résoudre que si on estime que *minḥāh* est employé par dérision pour l'offrande végétale – ce qui, de prime abord, est assez improbable – ou si on considère que, dans le cas de l'offrande végétale, la valeur symbolique excède largement la valeur réelle. Car dans ce dernier cas, il n'y a plus solution de continuité entre les emplois profanes et les emplois religieux. Dans l'un comme dans l'autre cas la *minḥāh* servira à exprimer la soumission du tributaire. Dans ses emplois profanes, elle désignera un tribut dont la valeur réelle est corrélative à son objet mais qui, là où le prestataire n'est pas une nation, peut aussi n'avoir qu'une valeur symbolique (voir par exemple Gen. xliii ; voir aussi Os. x 6). Dans ses emplois religieux, par contre, la valeur de la *minḥāh* vient uniquement de ce qu'elle représente et non de la quantité de ce qui est présenté à Dieu.

Mais d'où vient alors que l'on ait justement choisi l'offrande végétale pour exprimer cette fonction plutôt que l'holocauste ? C'est sans doute du côté des lois de l'hospitalité qu'il faut chercher la réponse, dans la mesure où, comme nous avons essayé de le montrer ailleurs, le rituel sacrificiel était une transposition de ces lois au plan religieux[43]. Dans cette hypothèse, et puisque la *minḥāh* est étroitement associée à l'holocauste, le correspondant de cette forme de sacrifice, sur le plan de l'hospitalité, serait le repas que l'on offre à son invité, mais sans y prendre part (voir Gen. xviii 1-8 ; 1 Sam. xxviii 21-25), et que l'on honore en lui faisant en plus un présent.

On trouve une référence à ce type de coutume en 1 Rois xiii 7-8 ou encore en Jer. xl 5. En 1 Rois xiii le narrateur rapporte, en effet, qu'ayant retrouvé l'usage de son bras à la suite de l'intercession de l'homme de Dieu, le roi Jéroboam invite celui-ci à prendre chez lui un repas, se proposant, en outre, de lui faire un présent, *mattat*. À en juger par la réponse de l'homme de Dieu, ce type de présent devait être somptueux : "même si tu me donnais la moitié de ta maison je ne viendrais pas avec toi et je ne mangerai et ne boirai rien en ce lieu". Repas et présent sont ici associés. Mais, de toute évidence, le présent envisagé ici ne consiste pas en un aliment. Quant au passage de Jer. xl, il y est question de vivres accompagnés d'un cadeau, *maś'ét*, que le chef de la garde personnelle de Nebukadretsar remet à Jérémie après lui avoir rendu la liberté. Bien que le terme

[43] A. Marx, "Familiarité et transcendance. La fonction du sacrifice d'après l'Ancien Testament", in A. Schenker (éd.), *Studien zu Opfer und Kult im Alten Testament* (Tübingen, 1992), pp. 1-14.

de *maś'ét* puisse désigner une portion de nourriture (par exemple Gen. xliii 34) ou encore un prélèvement en nature (par exemple des céréales, Am. v 11), il serait hasardeux d'en tirer des conclusions sur la composition du cadeau remis au prophète en sus des vivres[44].

C'est dans un écrit anonyme attribué à Philon, le *Livre des antiquités bibliques*, que l'on trouve la trace la plus nette d'une hospitalité qui associe repas et remise d'un aliment pour honorer son hôte. Paraphrasant Jug. xiii 15-16, l'auteur imagine le dialogue suivant entre Manoah et l'ange de Yhwh : "Et Manué lui dit : « Si je le pouvais, j'essaierais de te convaincre d'entrer dans ma maison et de manger le pain avec moi et tu saurais que, quand tu t'en iras, je te donnerai des dons que tu emporteras avec toi pour les offrir en sacrifice au Seigneur ton Dieu ». Et l'ange dit : « Je n'entrerai pas avec toi dans ta maison, je ne mangerai pas ton pain et je ne prendrai pas tes dons... »" (xlii 8)[45]. À la différence du texte biblique, où il n'est question d'une *minḥāh* qu'en rapport avec le sacrifice (Jug. xiii 19, 23), l'auteur associe ici le présent à l'offre d'hospitalité. Ce présent est clairement distingué du repas, puisqu'il est destiné à être emporté, mais consiste néanmoins en un aliment, ce qui lui permet de servir de matière pour un sacrifice. Or, telles sont précisément les caractéristiques de la *minḥāh* – offrande végétale.

Si donc, dans ses divers emplois, *minḥāh* désigne bien le présent offert en signe d'hommage, il recouvre néanmoins deux sphères bien différentes. Dans ses emplois profanes, ce terme réfère aux relations diplomatiques et à l'étiquette de cour, la *minḥāh* servant à exprimer la soumission du vassal au suzerain, du sujet à son roi. Dans ses emplois religieux, par contre, en particulier là où il désigne l'offrande végétale, *minḥāh* réfère à la coutume d'honorer un invité de marque par un présent qui lui est remis à l'issue du repas. Il est significatif que, lorsqu'on a transposé cette coutume au plan sacrificiel, on ait qualifié ce présent de *minḥāh* et qu'on ait ainsi réservé au domaine sacrificiel un terme qui aurait de prime abord beaucoup mieux convenu à d'autres formes de prestations cultuelles. Car, en s'inspirant des lois de l'hospitalité, et non de l'étiquette de cour, Israël a donné une image plus conviviale de son Dieu, considéré davantage comme

---

[44] Sur quelques aspects de la pratique de l'hospitalité, voir J.J. Glassner, "L'hospitalité en Mésopotamie ancienne : aspect de la question de l'étranger", *ZA* 80 (1990), pp. 60-75.

[45] Texte cité d'après J. Hadot, in A. Dupont-Sommer, M. Philonenko (éd.), *La Bible. Ecrits intertestamentaires* (Paris, 1987).

un hôte de marque que l'on invite que comme un roi auquel on fait allégeance.

Cette offrande végétale, appelée *minḥāh*, doit être distinguée des autres offrandes sacrificielles de nature végétale qui ne sont pas expressément qualifiées de *minḥāh*.

CHAPITRE II

LA NATURE DES OFFRANDES VÉGÉTALES

En quoi consiste la matière des offrandes végétales ? En quoi se distingue-t-elle de celle des autres sacrifices ? Et pourquoi cette matière-là, de préférence à toute autre, a-t-elle servi à exprimer la soumission à Dieu ? Car, de prime abord, on aurait pu penser que toute matière sacrificielle peut avoir cette fonction, et que seul compte le fait qu'elle soit apportée intégralement à Dieu. Pour répondre à ces questions nous examinerons les différents textes qui nous renseignent sur ce point, en distinguant les données isolées, dispersées sur toute la Bible hébraïque, et les lois sacrificielles de P et d'Ez. xl-xlviii, où les offrandes végétales font l'objet d'une présentation systématique[1].

A. *Les données isolées*

Des indications sur les matières végétales offertes en sacrifice ne sont données que sporadiquement et sont, comme nous l'avions noté, fort peu nombreuses.

Dans les écrits antérieurs à l'Exil, la seule indication sur la nature de la *minḥāh* se trouve en Gen. iv, un texte que son caractère de mythe met d'emblée à part. Gen. iv connaît deux types de *minḥāh*, l'une qui consiste en produits agricoles, *perî hā'adāmāh,* v. 3, et une autre, constituée de premiers-nés du petit bétail, et plus précisément, de leur graisse, *mibbekorôt ṣo'n ûméḥèlbéhèn*, v. 4. Et l'auteur souligne que Yhwh ne prend en considération que cette dernière forme de *minḥāh.*

Quelques textes mentionnent, parmi les matières du sacrifice, des offrandes de nature végétale. Ainsi, le sacrifice offert par Gédéon (Jug. vi 18-21) comprend-t-il, en plus d'un chevreau, des pains azymes, *maṣṣôt*, faits à partir d'un éphah de farine – soit, selon l'estimation habituellement retenue, vingt et un litres[2] –, ce qui est considérable.

---

[1] Pour la matière des offrandes végétales voir surtout F. Blome, *Die Opfermaterie in Babylonien und Israel* (Roma, 1934), pp. 217-341 ; voir aussi Gray (1925), pp. 398-402 ; Rendtorff (1967), pp. 179-82.

[2] Pour toutes les mesures de quantité nous renvoyons à A. Lemaire, "Métrologie biblique", *Dictionnaire encyclopédique de la Bible* (Maredsous, 1987), pp. 821-5. L'éphah

D'après 1 Sam. i 24, lorsque Anne monte au temple de Silo pour y consacrer son fils à Yhwh, elle emporte avec elle trois taurillons, un éphah de farine et une outre de vin. La quantité de farine, un tiers d'éphah par taurillon, correspond à ce qui est prescrit par P en Nb. xv 9. Mais le texte est controversé du fait qu'au v. 25 il n'est question que de l'immolation d'un seul taureau. Aussi la plupart des commentateurs ont-ils corrigé *bepārîm šelošāh*, au v. 24, en *bepar mešullāš*, "avec un taurillon de trois ans", une lecture appuyée par la LXX ainsi que par 4 Q Sam^a[3]. On peut d'ailleurs se demander si le texte actuel ne résulte pas d'une correction, par simple déplacement du *mem*, rattaché au mot qui précède, ceci en vue de rendre le sacrifice ainsi offert conforme aux règles édictées par P. En 1 Sam. x 3, il est question de trois hommes qui montent au sanctuaire de Béthel, le premier portant trois chevreaux, le deuxième, trois miches de pain, *kikkerôt lèḥèm*[4], le troisième, une outre de vin. On peut également citer Mi. vi 7 où, dans un langage hyperbolique, le prophète dénonce l'inutilité de ces milliers de béliers et de ces myriades de torrents d'huile, *šèmèn*, que l'on apporte à Yhwh.

Le texte le plus important pour notre propos est cette loi qui interdit d'associer le sacrifice sanglant, plus précisément le sacrifice de communion, à du fermenté, *ḥāméṣ* (Ex. xxiii 18 // xxxiv 25). Car il indique que celui-ci était habituellement accompagné de pains[5]. Am. iv 5 fait sans doute référence à cette même loi. Certes, le sens de *min* est discuté et on peut interpréter cette particule aussi bien dans un sens privatif que dans un sens partitif. Mais l'accent mis par Amos sur le respect scrupuleux des lois cultuelles, plus que sur la matière du sacrifice, donne plutôt à penser qu'Amos vise une forme traditionnelle du sacrifice[6].

On ne peut évidemment pas, sur la base de ces quelques textes,

---

sert également de mesure pour les quantités de céréales en 1 Sam. xvii 17 ; Es. v 10 ; Ruth ii 17.

[3] Pour une opinion divergente, cf. R. Ratner, "Three Bulls or One ? : A Reappraisal of 1 Samuel 1, 24", *Bib* 68 (1987), pp. 98-102. Voir la discussion sur ce texte dans D. Barthélemy, *Critique textuelle de l'Ancien Testament*, t. 1 (Fribourg, Göttingen, 1982), pp. 141-2.

[4] Sur la base d'une estimation de la valeur calorique des pains ainsi que des ostraca d'Arad n°s 1, 7 et 8, A. Lemaire évalue le poids moyen d'un tel pain à un kilogramme. Voir *Inscriptions hébraïques*. t. 1. *Les ostraca* (Paris, 1977), pp. 229-30.

[5] Voir aussi M. Noth, *Das zweite Buch Mose. Exodus* (Göttingen, 1959), p. 155. Sur ce texte, cf. aussi N. Snaith, "Exodus 23 : 18 and 34 : 25", *JTS* 20 (1969), pp. 533-4 ; J. Halbe, *Das Privilegrecht Jahwes Ex 34, 10-26* (Göttingen, 1975), pp. 197-8.

[6] Voir le commentaire de F.I. Andersen, D.N. Freedman, *Amos* (New-York, 1989), p. 433.

espérer pouvoir reconstituer un quelconque système. Les témoignages sont trop peu nombreux, et les situations auxquelles les différentes narrations réfèrent, bien trop disparates. Chacun des sacrifices décrits est en effet singulier, que ce soit par son mode de préparation (Jug. vi), son objet (1 Sam. i), le lieu où il est offert (Ophra, Silo, Béthel). On peut néanmoins dégager quelques grandes lignes.

En règle générale, l'offrande qui accompagne le sacrifice sanglant est de nature végétale, huile, mais surtout céréales, offertes soit sous la forme de farine, soit comme pains, lesquels, d'après les lois sacrificielles de J et de E (cf. aussi Jug. vi), doivent être azymes. Gen. iv, qui envisage une *minḥāh* animale et une *minḥāh* de produits agricoles à l'état brut, est tout à fait isolé dans l'Ancien Testament. Les raisons pour lesquelles on offre tantôt de la farine, tantôt des pains, ne sont pas très claires. Mais il semble que ces derniers accompagnent de préférence les sacrifices de communion, alors que les premiers pourraient plutôt être réservés à l'accompagnement des holocaustes. En tout cas, dans le seul exemple d'une offrande de farine, 1 Sam. i 24, celle-ci semble effectivement être associée à un holocauste. Car, bien que la nature du sacrifice ne soit pas précisée, l'importance même de la victime – qu'il s'agisse d'un seul ou de trois taurillons ne change rien à l'affaire – et le faible nombre des offrants – le petit Samuel et ses parents – excluent a priori qu'il puisse s'agir d'un sacrifice de communion. Pour ce qui est des quantités, on notera que celles-ci sont étonnamment importantes, du moins en Jug. vi et 1 Sam. i. Le fait même que ces quantités aient été indiquées dans chacun des trois récits tend à montrer que ce point n'est pas indifférent et manifeste ainsi l'importance attribuée à ce type d'offrande. Malheureusement, il n'est pas possible de préciser les bases sur lesquelles ces quantités ont été fixées. 1 Sam. x peut présupposer aussi bien une corrélation entre le nombre de victimes et le nombre de pains, qu'entre ce dernier et le nombre d'offrants. Jug. vi, où la quantité de farine équivaut au poids que peut avoir un chevreau, semble viser à équilibrer ces deux formes de sacrifices. 1 Sam. i (LXX, 4 Q Sam[a]) s'inspire peut-être des lois de l'hospitalité qui déterminent la quantité en fonction de la nature de la victime, la quantité de farine équivalant ici à celle utilisée par Abraham pour préparer les galettes que, parallèlement au taurillon, il dispose devant ses hôtes (Gen. xviii 6-7). Mais il ne faut pas nécessairement envisager la réponse en termes d'alternative. Car ces trois récits pourraient tout aussi bien refléter des traditions différentes. On notera enfin que dans les deux seuls cas où le sacrifice a lieu au sanctuaire (1 Sam. i, x), l'offrande végétale est accompagnée d'une libation de vin.

Quelques rares textes de l'époque exilique complètent ce tableau. Nous avons déjà cité Es. lxvi 3 qui connaît une *minḥāh* consistant en vin, et Jo. i 9, 13, ii 14, où la *minḥāh* consiste en blé et huile, et la libation en vin. Il se pourrait que quelques indications filtrent aussi du récit que fait Jérémie de la venue à Jérusalem d'une délégation pour y offrir une *minḥāh* et de l'encens (Jer. xli 4-8) : le réflexe de dix d'entre eux qui, pour échapper au massacre, révèlent l'existence de cachettes de blé, *ḥiṭṭîm*, d'orge, *śeʿorîm*, d'huile, *šèmèn*, et de miel, *debaš*, vient peut-être du fait que ce sont là les produits mêmes destinés à la *minḥāh*, et dont ils auraient ainsi divulgué l'origine.

On retrouve ainsi dans tous ces textes les mêmes types de produits : principalement des céréales (sous la forme de farine ou de pains), parfois aussi du vin et de l'huile, peut-être du miel.

B. *Le système sacrificiel de* P

La source la plus importante pour l'étude des offrandes végétales est le Code sacerdotal qui seul en donne une description systématique, détaillée et précise.

1. *Les principaux textes*

Les données relatives à la nature des offrandes végétales sont concentrées principalement sur deux textes.

Le premier de ces textes, Lev. ii[7], fait partie d'un ensemble qui va du ch. i au ch. v, où sont présentées, pour chaque type de sacrifice et par ordre d'importance décroissante, les matières utilisées. Cet ensemble est subdivisé en deux grandes sections. La première section est consacrée aux sacrifices d'odeur apaisante, holocauste, *minḥāh*, sacrifice de communion (i-iii). La seconde section porte sur les sacrifices expiatoires, *ḥaṭṭāʾt* et *ʾāšām* (iv-v). Chacune de ces deux sections est pourvue d'une introduction, i 1-2 et iv 1-2 qui, du moins pour ce qui est de sa première partie, est rédigée en termes quasi identiques, la seconde partie étant par contre spécifique à chacune de ces deux catégories de sacrifices. Alors que les premiers sont intro-

[7] Sur ce texte, cf. l'analyse de Elliger (1966), pp. 39-45 et de Rendtorff (1990), pp. 82-6.

duits par la formule *'ādām kî yaqrîb... qorbān laYhwh* (i 2), les seconds le sont par *nèpèš kî tèḥèṭā'* (iv 2), de sorte que sont ainsi distingués d'emblée les sacrifices que tout Israélite peut offrir spontanément à Yhwh de ceux qu'il devra apporter à la suite d'un manquement.

La loi relative à la *minḥāh* se trouve dans la première section et fait immédiatement suite à celle sur l'holocauste, ce qui est parfaitement conforme au lien étroit qui unit ces deux types d'offrandes. Mais, curieusement, et à la différence de ce qui se passe pour le sacrifice de communion, la loi sur la *minḥāh* fait l'objet d'une introduction particulière. Comme si P avait voulu souligner que ces offrandes sont des sacrifices de plein droit et conjurer une interprétation qui en ferait de simples appendices de l'holocauste. Cette introduction est tout à fait originale dans sa formulation. Elle présente cette particularité d'emprunter ses éléments à la fois à la formule introductive de la section sur les sacrifices d'odeur apaisante et à celle qui introduit la section sur les sacrifices expiatoires, le début, *nèpèš kî,* provenant de la seconde, la fin, *taqrîb qorbān laYhwh*, de la première. On pourrait, dans un premier réflexe, penser que l'emploi de *nèpèš kî* traduit simplement le souci de l'auteur de varier son vocabulaire. Mais, comme l'a souligné Rendtorff, un examen des cas où est employée la formule introductive *nèpèš kî* montre que, à la seule exception de Lev. ii 1, celle-ci est toujours utilisée pour introduire un cas de manquement aussitôt suivi de la sanction, laquelle consiste en l'offrande d'un sacrifice expiatoire, *ḥaṭṭā't* (Lev. iv 2, v 1, 4) ou *'āšām* (Lev. v 15, 17, 21) ou même, en Lev. vii 21, dans la mise au ban[8]. Cette formule introductive hétérogène semble donc bel et bien utilisée à dessein. Elle rend d'emblée attentif à la place à part que la *minḥāh* occupe dans le système sacrificiel et en souligne l'ambivalence.

Comme pour les lois sur les victimes destinées à l'holocauste et au sacrifice de communion, la loi relative aux matières végétales est subdivisée en trois paragraphes correspondant à trois types de matières sacrificielles. Le deuxième paragraphe est lui-même subdivisé en trois parties par la formule *we'im... qorbān* (v. 5, 7) qui, aux ch. i et iii, sert à introduire les différentes catégories de victimes. Chacun des trois paragraphes est introduit en des termes analogues, respectivement *nèpèš kî taqrîb qorban minḥāh laYhwh*, v. 1, *wekî taqrib qorban minḥāh*, v. 4, *we'im taqrîb minḥat... laYhwh,* v. 14, avec, dans ces deux derniers cas, l'indication du type de *minḥāh*. Le troisième paragraphe

[8] Les seuls autres emplois de *'ādām kî* se trouvent en Lev. xiii 2 et Nb. xix 14.

est clairement mis à part. Il est séparé des deux précédents par un double commentaire, d'une part sur les produits interdits, v. 11-12, d'autre part sur ceux qui doivent obligatoirement être ajoutés à la *minḥāh*, v. 13a, et plus généralement à tout sacrifice, v. 13b. Par ailleurs, ce dernier paragraphe se distingue par l'absence de formule de conclusion, ce en quoi il constitue un cas unique à l'intérieur de cette section. La conclusion de chacun des deux premiers paragraphes, v. 2bβ3 = v. 9bβ10, fait apparaître la même ambivalence que l'introduction du ch. ii : elle présente ces offrandes comme *'iššèh*, consumées sur l'autel en sacrifice d'odeur apaisante pour Yhwh, *rêaḥ nîḥoaḥ*, deux caractéristiques qui ne sont jamais données à propos des sacrifices expiatoires[9]. Et elle précise que la part qui n'est pas brûlée sur l'autel est sacro-sainte, *qodèš qodāšîm*, comme l'est celle du *ḥaṭṭā't* et de l'*'āšām*, et est destinée aux prêtres, un type d'indication jamais donné en Lev. i-v pour les autres sacrifices.

Ce premier texte constitue la source principale pour l'étude de la matière de l'offrande végétale, et d'ailleurs aussi de son rituel.

Le second texte, Nb. xv 1-16, se présente également comme un discours adressé par Yhwh à Moïse, que celui-ci doit transmettre aux enfants d'Israël. Il se rattache à un ensemble de textes introduits par la formule *kî tābo'û 'èl (hā)'èrèṣ... 'ašèr 'anî notén lākèm*, et portant sur la lèpre des maisons (Lev. xiv 33-53), le tabou sur les jeunes arbres fruitiers (Lev. xix 23-25), les offrandes à apporter au moment de la moisson (Lev. xxiii 9-22), les années sabbatiques et jubilaires (Lev. xxv 1-22). Mais à la différence des autres lois – auxquelles le relie un commun intérêt pour les questions résultant des conditions de vie sédentaire et agricole, et en particulier la question de la part qui revient à Yhwh – Nb. xv a été détaché du cadre sinaïtique et inséré par P après le funeste épisode de l'exploration du pays de Canaan (Nb. xiii-xiv). Comme s'il avait voulu, à travers la loi, réitérer la promesse.

Le texte règle l'offrande de la *minḥāh* et de la libation. Il prescrit d'en adjoindre à tout holocauste et à tout sacrifice de communion, voués ou spontanés ou offerts dans le cadre du culte régulier. Et il

[9] Sur *'iššèh* voir J. Hoftijzer, "Das sogenannte Feueropfer", in B. Hartmann, e.a. (éd.), *Hebräische Wortforschung* (Leiden, 1967), pp. 114-34 ; A. Hurvitz, *A Linguistic Study of the Relationship between the Priestly Source and the Book of Ezekiel* (Paris, 1982), pp. 59-63. Jamais appliqué au *ḥaṭṭā't* seul (en Nb. xxviii 24, xxix 6, il figure dans une série de sacrifices ainsi qualifiés), il ne l'est à l'*'āšām* qu'en Lev. vii 5. La distinction entre les sacrifices qualifiés de *'iššèh* et les autres est particulièrement nette en Lev. xxiii 18-19 ; Nb. xv 25, xxviii 11-15.

fixe, pour chacune des trois catégories de victimes sacrificielles, par ordre d'importance croissante, la nature et la quantité de la *minḥāh* et de la libation (v. 4-10). Une conclusion, presque aussi longue que le cœur de la loi, précise que ces quantités sont à multiplier, le cas échéant, par le nombre de victimes, v. 11-12, et souligne que ces règles valent aussi bien pour les Israélites que pour les immigrés qui vivent au milieu d'eux, v. 13-16.

2. *Description*

P distingue trois types de *minḥāh*, qu'il présente par ordre d'importance décroissante.

La minḥāh *de farine*

Le premier type de *minḥāh* est la *minḥāh* de farine (Lev. ii 1-3). Elle est à base de fleur de farine, *solèt*[10], sur laquelle l'offrant devra verser, *yāṣaq*, de l'huile (d'olive) et mettre, *nātan*, de l'encens. La nature des céréales utilisées, la qualité de l'huile, la quantité de ces différents ingrédients ne sont toutefois pas précisées. Cette *minḥāh* n'est mentionnée, en dehors de Lev. ii, qu'en Lev. vi 7-11, dans le cadre des lois sur la part des prêtres. Introduite là, comme le sont les autres catégories de sacrifices, par la formule *zo't tôrat* suivie du nom du sacrifice, elle est le seul type d'offrande végétale auquel cette loi réfère et apparaît ainsi comme étant la *minḥāh* par excellence. Elle n'est jamais associée à un sacrifice sanglant, ni à une libation mais constitue une offrande autonome qui peut être apportée à Dieu au même titre qu'un holocauste ou qu'un sacrifice de communion.

À ce premier type de *minḥāh* P rattache deux variétés, également à base de farine, mais qui s'en distinguent par leur mode de préparation et par les conditions dans lesquelles elles sont apportées. Ces différentes variétés ne sont pas mentionnées en Lev. ii.

Une première variété est formée par celle des offrandes qui sont apportées indépendamment de tout autre sacrifice, dans certaines

---

[10] Attesté cinquante-trois fois dans la Bible hébraïque, *solèt* est mentionné quarante-six fois (dont quarante-trois dans le Code sacerdotal) en relation avec l'offrande végétale ainsi que pour la préparation des pains de proposition (Lev. xxiv 5). Placé en apposition à *qèmaḥ* en Gen. xviii 6, mentionné devant *qèmaḥ* en 1 Rois v 2, en tête de la liste des produits consommés quotidiennement à la cour de Salomon, *solèt* désigne une qualité supérieure de farine, dont le prix est fixé au double de la farine d'orge en 2 Rois vii 1, 16, 18. Pour une discussion détaillée voir Rendtorff (1990), pp. 90-5.

circonstances précisément déterminées. Ces offrandes se différencient de la *minḥāh* normale par le fait qu'elles sont uniquement faites de farine. Deux espèces d'offrandes végétales se rattachent à cette première variété. L'une, qui n'est pas qualifiée de *minḥāh*, permet, en cas d'extrême indigence, à celui qui s'est rendu coupable d'une des infractions énumérées en Lev. v 1-4 d'utiliser pour le *ḥaṭṭā't* une offrande de farine en lieu et place de colombes (Lev. v 11-13). L'autre est la *minḥat qenā'ot*, l'offrande de jalousie (Nb. v 11-31), aussi appelée *minḥat zikkārôn* (Nb. v 15, 18), que doit apporter le mari qui soupçonne sa femme d'adultère. Dans l'un et l'autre cas, la quantité de farine est fixée à un dixième d'éphah (Lev. v 11 ; Nb. v 11). Ces offrandes ne doivent comporter ni huile, ni encens[11], une interdiction expressément formulée et motivée par leur fonction spécifique (Lev. v 11 ; Nb. v 15). P distingue ces deux offrandes entre elles par le type de farine utilisée : fleur de farine dans le cas du *ḥaṭṭā't* végétal, farine ordinaire, *qèmaḥ*, obtenue à partir d'orge, *śe'orîm*, dans le cas de l'offrande de jalousie. C'est sans doute à ces deux offrandes que fait allusion Lev. vii 10 en parlant d'offrandes sèches, *ḥarébāh*[12].

L'autre variété de *minḥāh* de farine présente, pour ce qui est de sa nature, deux caractéristiques distinctives. La première est que l'huile, au lieu d'être simplement versée sur la farine, y est incorporée, *bālal*[13], une précision donnée quasiment chaque fois qu'il est fait référence à cette variété de *minḥāh*. La seconde caractéristique est que cette *minḥāh* ne comporte pas d'encens. La principale particularité de cette variété est de n'être jamais offerte de manière autonome, mais toujours en association à un sacrifice animal. Elle accompagne ainsi obligatoirement tous les holocaustes – à l'exception des holocaustes de colombes – et tous les sacrifices de communion voués ou spontanés, et est dans tous ces cas associée à une libation de vin. Et elle intervient, à côté de l'holocauste, dans le cadre des rituels de réintégration du lépreux guéri (Lev. xiv 10, 20, 21, 31) et d'investiture des lévites (Nb. viii 8), dans la phase finale publique du rituel de consécration

---

11 On notera que sont utilisés ici les mêmes verbes qu'en Lev. ii 1, à savoir respectivement *yāṣaq* (*śîm* en Lev. v 11, mais *yāṣaq* dans le Pentateuque samaritain) et *nātan*.

12 Voir de même par exemple Elliger (1966), p. 87 ; Rendtorff (1967), p. 180 ; Milgrom (1991), p. 412. Le Rouleau du Temple, par contre, comprend cette offrande comme une offrande de farine sur laquelle n'a pas été posé de l'encens et qui n'est pas accompagnée d'une libation (xx 9-10).

13 Ce verbe est utilisé par P (trente-sept fois, sur un total de quarante-deux occurrences dans la Bible hébraïque) uniquement à propos de l'huile destinée à l'offrande végétale.

des prêtres (Lev. ix 4, 17), pour la consécration de l'autel (Nb. vii 13 et passim) et, associée à une libation, dans le cadre du rituel d'expiation pour les transgressions par inadvertance (Nb. xv 24). Ce n'est que dans le rituel de désécration du nazir que cette variété de *minḥāh* est associée, non à un holocauste, mais à un sacrifice de communion (Nb. vi 15, 17). Par contre, elle n'est jamais offerte conjointement à un *ḥaṭṭā't* ou à un *'āšām*.

Dans tous ces cas, la nature et la quantité des différents ingrédients sont fixées avec précision. Du fait du lien étroit avec le sacrifice animal, les quantités sont toujours déterminées en fonction de la nature de la victime, et ce quel que soit le type de sacrifice et quel qu'en soit l'objet. Nb. xv donne les proportions suivantes : pour un agneau ou un chevreau, la quantité de farine est fixée à un dixième d'éphah de fleur de farine (soit env. deux litres), celle d'huile et de vin à un quart de hin (soit env. 0,9 litre) (v. 4-5) ; pour un bélier, les quantités sont respectivement de deux dixièmes d'éphah et de un tiers de hin (v. 6-7) ; enfin, pour une pièce de gros bétail sont prescrits trois dixièmes d'éphah de farine et un demi hin d'huile et de vin (v. 8-10). Dans le cas où plusieurs victimes sont offertes, ces quantités sont multipliées d'autant (v. 12).

À l'intérieur de cette seconde variété de *minḥāh* P met à part trois cas, dans deux d'entre eux, en modifiant les proportions, dans le troisième, en prescrivant, pour l'un des produits, une qualité différente.

Pour l'offrande apportée avec la première gerbe conjointement à l'agneau de l'holocauste, P prescrit une quantité double de farine par rapport à la quantité normale, soit deux dixièmes d'éphah. Les quantités de vin (et probablement d'huile) sont par contre les quantités habituelles (Lev. xxiii 13). P s'écarte également du système des offrandes de Nb. xv dans le rituel de réintégration du lépreux guéri. Sans doute, conformément aux règles édictées en Nb. xv, l'offrande végétale est d'un dixième d'éphah de farine pour un agneau. Mais, alors même que cette offrande est apportée conjointement au seul holocauste (Lev. xiv 20, 31), la quantité de farine prescrite est ici fonction du nombre total des agneaux sacrifiés, quel que soit le type de sacrifice auxquels ils sont destinés, et ce bien que deux d'entre eux servent à des sacrifices expiatoires, *'āšām* et *ḥaṭṭā't*. De sorte que ce sont au total trois dixièmes d'éphah de farine qui sont prescrits (Lev. xiv 10). Il y a plus. Alors même qu'en cas d'indigence le lépreux guéri n'aura à offrir pour l'holocauste qu'une colombe – cas où normalement aucune offrande végétale n'est prévue – et que l'agneau qu'il devra fournir est destiné à l' *'āšām*, cet holocauste n'en devra pas moins être accompagné d'une offrande végétale (Lev. xiv 31) d'un dixième d'éphah de farine (Lev. xiv 21), comme si la victime en avait été un agneau. Et c'est donc aussi en fonction du nombre d'agneaux que la quantité de l'offrande de farine est fixée. Enfin, P met également à part la *minḥāh* du culte quotidien en prescrivant une qualité supérieure d'huile, à savoir de l'huile vierge, *šèmèn kātît*, obtenue non par pressurage, mais en concassant les olives (Ex. xxix 40 // Nb. xxviii 5)[14].

Cette seconde variété d'offrande de farine est de loin la plus fréquemment mentionnée et elle représente à elle seule le tiers des attestations de *minḥāh*.

Ce premier type d'offrande végétale est donc toujours à base de farine. Mais à partir de ce type de référence, P a créé toute une série de formes différentes, en jouant sur les ingrédients (huile, encens), sur la manière d'associer l'huile à la farine (par simple effusion ou au contraire par incorporation), sur la qualité des différents produits (fleur de farine ou farine ordinaire, huile vierge ou huile de pressurage), sur les quantités (libres ou imposées). Ceci afin de différencier les divers modes d'offrande et les diverses fonctions de la *minḥāh*.

Les pains

Le deuxième type de *minḥāh* décrit en Lev. ii est la *minḥāh* de pains (v. 4-10)[15]. P distingue entre trois catégories de pains, tous à base de fleur de farine et d'huile, qu'il classe selon leur mode de cuisson.

La première catégorie de pains qu'il mentionne est celle des pains cuits, *ma'apéh*, au *tannûr* (v. 4 ; voir aussi Lev. vii 9), un four en terre cuite de forme cylindrique chauffé par le bas et contre les parois duquel on applique les pâtons.

Deux variétés de pains sont fabriquées de la sorte, les pains cou-

---

[14] Sur cette technique voir G. Dalman, *Arbeit und Sitte in Palästina*, t. 4, *Brot, Öl und Wein* (Hildesheim, 1935), pp. 238-40 (voir pp. 153-290 pour toutes les questions relatives à la culture de l'olivier et à la fabrication de l'huile). Voir aussi L.E. Stager, "The Finest Olive Oil in Samaria", *JSS* 28 (1983), pp. 241-5. Ce même type d'huile est utilisé pour les lampes du chandelier (Ex. xxvii 20 // Lev. xxiv 2). Cf. aussi 1 Rois v 25.

[15] Pour la fabrication des pains voir 2 Sam. xiii 8-10 ; Jer. vii 18 ; Os. vii 4-7. Pour toutes les questions concernant le pain et sa cuisson, voir Dalman (1935), pp. 1-152. Voir aussi L. Rost, "Zu den Festopfervorschriften von Numeri 28 und 29", *TLZ* 83 (1958), col. 329-34 ; M. Währen, *Brot und Gebäck im Leben und Glauben der alten Ägypter* (Bern, 1963) ; *Brot und Gebäck im Leben und Glauben des Alten Orient* (Bern, 1967) ; W. Dommershausen, "*lœ ḥœ m*", *TWAT* IV (Stuttgart, 1984), col. 538-47.

ronnes azymes, *ḥallāh maṣṣāh* (v. 4), aussi appelés *ḥallat lèḥèm šèmèn*, pains à l'huile (Ex. xxix 23 // Lev. viii 26), qui sont faits à partir de farine dans laquelle on a incorporé de l'huile[16], et les galettes azymes, *reqîq maṣṣāh,* enduites, *māšaḥ*, d'huile après cuisson (v. 4).

Ces deux variétés de pains sont toujours mentionnées ensemble, et dans ce même ordre[17].

Elles accompagnent obligatoirement les trois formes suivantes du sacrifice de communion : le *tôdāh*, sacrifice de louange, qui est la forme la plus sainte du sacrifice de communion privé (Lev. vii 12), le sacrifice de communion qui clôt le rituel de désécration du nazir (Nb. vi 15, 19), les *millu'îm*, sacrifices de consécration, offerts en conclusion du rituel de consécration des prêtres (Ex. xxix 2, 23 ; Lev. viii 26). Toutes ces formes du sacrifice de communion se distinguent d'un sacrifice de communion ordinaire par des délais de consommation plus courts (*tôdāh, millu'îm*), et/ou par une autre répartition des parts (sacrifice de désécration du nazir, *millu'îm*). P différencie toutefois ces différents sacrifices de communion en prescrivant pour chacun d'entre eux, en sus de ces deux pains, une troisième forme d'offrande végétale qui leur est spécifique. Dans le cas du sacrifice de louange, il prescrit en plus une offrande décrite dans les termes suivants : *solèt murbèkèt ḥallot belûlot baššamèn* (Lev. vii 12). Le sens de ces mots n'est pas très clair. La LXX, estimant qu'ils font référence à une offrande de farine, traduit "de la fleur de farine pétrie dans l'huile", et omet *ḥallot belûlot*, solution que suit Elliger, pour qui ces mots sont secondaires[18]. On observera toutefois que cette formulation est très proche de celle utilisée en Lev. ii 4 pour décrire les pains couronnes, *solèt ḥallôt maṣṣot belûlot baššèmèn*, dont elle ne se distingue que par l'adjonction, à la suite de *solèt*, de la précision *murbèkèt*, et par l'absence du qualificatif *maṣṣot*. Ce qui ainsi semble distinguer ces pains de ceux mentionnés en Lev. ii, c'est d'abord le fait que la farine a été préalablement délayée à l'eau, l'huile n'y étant incorporée qu'à la suite de cette opération, ensuite que ces pains ne sont pas azymes. De sorte qu'on identifiera ces pains aux *ḥallot lèḥèm ḥāmèṣ*, pains couronnes levés, mentionnés au v. 13, lesquels ne sont pas destinés à l'autel[19].

---

[16] Sur les pains couronnes voir L. Koehler, "Alttestamentliche Wortforschung", *TZ* 4 (1948), pp. 154-5.

[17] Selon Rendtorff (1967), p. 180 ; (1990), p. 103, l'offrant peut offrir soit l'un, soit l'autre de ces pains.

[18] Elliger (1966), p. 82.

[19] On estime généralement que quatre variétés différentes d'offrandes végétales sont mentionnées en Lev. vii 12-13, mais il y a divergence sur le nombre de variétés devant

Dans le cas du sacrifice de communion du rituel de désécration du nazir, les deux pains sont accompagnés d'une *minḥāh* de farine et d'huile ainsi que d'une libation (Nb. vi 15, 17). Enfin, dans le cas des *millu'îm*, P prescrit l'offrande d'une troisième catégorie de pains qualifiés tantôt de pains azymes, *lèḥèm maṣṣôt* (Ex. xxix 2), tantôt de miches de pains, *kikkar lèḥèm* (Ex. xxix 23), tantôt de pains couronnes azymes, *ḥallat maṣṣāh* (Lev. viii 26). Ces pains, toujours mentionnés en premier, se distinguent des autres pains en ce qu'ils ne sont pas faits à l'huile. De même que les deux autres variétés de pains offertes dans le cadre du rituel de consécration des prêtres, ils sont à base de blé, *ḥiṭṭîm* (Ex. xxix 2). On aura noté que cette forme supplémentaire d'offrande végétale est clairement distinguée des deux variétés habituelles de pains, que ce soit par sa nature ou par son mode de préparation. On notera aussi que P a conçu cette offrande supplémentaire de manière à souligner l'ordre hiérarchique de ces différents sacrifices de communion : pains levés, faits à l'eau et à l'huile, et qui ne sont pas destinés à l'autel, pour le *tôdāh*, *minḥāh* de farine et d'huile, pour le sacrifice de communion du nazir, pains azymes faits à l'eau et destinés à l'autel, pour les *millu'îm*.

La deuxième catégorie de pains mentionnée en Lev. ii est celle des pains faits sur la plaque, *'al hammaḥabat*, un ustensile métallique que l'on pose sur des pierres par-dessus le feu (v. 5-6 ; voir aussi Lev. vii 9 et cf. Ez. iv 3). Comme les pains de la première catégorie, ces pains sont des pains azymes, faits à partir de farine dans laquelle on a incorporé de l'huile. Mais à l'issue de la cuisson, après avoir été rompus en morceaux, *pātôt pittîm*, ils reçoivent une seconde application d'huile, qui est versée, *yāṣaq*, sur les morceaux. Alors que pour les pains de la première catégorie l'huile avait été répartie sur deux pains, l'application d'huile se fait donc ici deux fois sur les mêmes pains. Ce pourrait être là une indication que les pains de la première catégorie doivent être offerts conjointement. Ces pains ne sont jamais associés à un sacrifice animal.

À cette catégorie de pains, P rattache une variété, également faite

---

être offertes. Selon Dalman (1935), pp. 124-5 ; G.J. Wenham, *The Book of Leviticus* (Grand Rapids, 1979), p. 123 ; W. Kornfeld, *Levitikus* (Würzburg, 1983), p. 31 ; Milgrom (1991), p. 414, les quatre variétés doivent être offertes conjointement. Selon Elliger (1966), p. 87, la quatrième variété peut être ajoutée aux trois autres. Pour G. Mayer, "*jdh*", *TWAT* III (Stuttgart, 1982), col. 466 ; Dommershausen (1984), col. 546, l'offrant a le choix entre les trois pains azymes et les pains levés. Selon Rendtorff (1967), p. 181, il a le choix entre les trois catégories énumérées au v. 12. Toutes ces positions méconnaissent le schéma général qui préside à l'accompagnement végétal de ces trois formes du sacrifice de communion.

sur une plaque, mais réservée exclusivement au sacrifice quotidien des prêtres (Lev. vi 13-16). Malgré la description détaillée qu'il en donne au v. 14, il n'est pas aisé de dire comment se présentent ces pains. Comme tous les pains, ils sont confectionnés avec de la fleur de farine, la quantité de farine étant ici précisément fixée à un dixième d'éphah (v. 13). Ils sont également faits à l'huile, une indication assez vague, qui pourrait faire référence à l'incorporation de l'huile à la farine. Ce sont surtout les autres indications qui font problème. Ces pains, est-il dit, doivent être apportés *murbèkèt*, un terme utilisé aussi en Lev. vii 12 à propos des pains levés ajoutés au *tôdāh*. Étant donné que la caractéristique des pains de cette deuxième catégorie est la double addition d'huile, on peut penser que ce terme se rapporte à cette seconde application d'huile, à l'issue de la cuisson, sur les pains émiettés. Par ailleurs, ces pains doivent être offerts *tupînê minḥat pittîm*. Le sens de cette expression est obscur. Elle indique que les pains doivent être rompus en morceaux mais aussi, si on adopte l'explication proposée par J.H. van Leeuwen, que corrobore la LXX, que les morceaux doivent être pliés[20]. Ces pains devront être offerts quotidiennement par les prêtres, moitié le matin, moitié le soir, et ce à partir du jour de leur consécration.

La troisième et dernière catégorie de pains envisagée en Lev. ii est celle des pains faits à la poêle, *bammarḥèšèt* (v. 7 ; voir aussi Lev. vii 9), dont il est simplement dit qu'ils sont faits à l'huile. On peut supposer que, de même que pour les deux autres catégories de pains, l'huile intervient à deux reprises, d'abord pour être incorporée à la farine, ensuite pour enduire la poêle, et donc aussi les pains. Ces pains sont uniquement mentionnés en Lev. ii et vii.

Ce deuxième type de *minḥāh* est l'offrande végétale privée par excellence. Elle n'est jamais offerte sous sa forme habituelle dans le cadre du culte régulier de la communauté, ni comme sacrifice occasionnel du peuple. Les quantités n'en sont jamais fixées pour un Israélite ordinaire qui, comme pour la *minḥāh* autonome de farine, est libre du choix des quantités, mais a en plus la possibilité d'opter entre plusieurs modes de fabrication du pain. Elle est aussi par excellence l'offrande végétale autonome et, de fait, n'est jamais associée à un holocauste ou à un sacrifice de communion ordinaire.

Il n'en est que plus remarquable que la *minḥāh* de pains soit associée à ceux des sacrifices de communion qui mettent l'offrant le plus

---

[20] "The Meaning of *tupîn* in Lev 6, 14", *ZAW* 100 (1988), pp. 268-9.

en rapport avec la sphère de la sainteté – le *tôdāh*, pour l'Israélite ordinaire, le sacrifice de désécration du nazir, le sacrifice de consécration des prêtres – et qu'elle soit aussi étroitement associée au sacerdoce à travers l'offrande quotidienne des prêtres. Et il est tout à fait significatif à cet égard que les différentes variétés créées par P à partir des catégories de base sont toutes exclusivement destinées à ce type de sacrifice.

La *minḥāh* de pain n'est donc pas une simple alternative à la *minḥāh* de farine. Le lien étroit établi avec ceux des sacrifices de communion qui sont les plus saints et/ou avec le sacerdoce trahit une fonction spécifique, qui ne se recouvre pas purement et simplement avec celle du premier type de *minḥāh*. P a d'ailleurs distingué les deux types d'offrandes végétales, en qualifiant systématiquement le premier de *minḥāh*, mais en n'utilisant qu'exceptionnellement ce terme pour le second, uniquement en Lev. ii, vi 13-16 et vii 9[21].

La minḥāh *des prémices*

Le troisième type de *minḥāh* décrit en Lev. ii est la *minḥat bikkûrîm* (v. 14-16). Contrairement à ce que cette désignation pourrait faire croire, il ne s'agit pas d'une offrande de prémices. Pour désigner celle-ci P utilise en Lev. ii 12 le terme de *rē'šît* dont il précise d'ailleurs qu'à la différence de la *minḥāh* elle ne doit pas "monter sur l'autel". Mais comme l'indique le v. 14, cette offrande est faite à partir de grains déjà durs mais qui ne sont pas encore arrivés à pleine maturation, *karmèl*, provenant de jeunes épis, *'ābîb*, et donc des tout premiers produits de la nouvelle récolte (voir Lev. xxiii 14 ; Jos. v 11), d'où leur nom[22]. Ces grains sont grillés au feu, *qālûy bā'éš,* puis concassés,

---

[21] P connaît encore trois autres variétés de pains cultuels qui, à la différence des autres, ne sont pas destinées à l'autel mais reviennent aux prêtres : 1) Les prémices de la pâte, *rē'šît 'arisôt,* apportées sous forme de pains couronnes (Nb. xv 20-21 ; cf. aussi Ez. xliv 30 ; Neh. x 38) ; 2) les deux pains des prémices, *lèḥèm tenûpāh* (Lev. xxiii 17), aussi appelés *lèḥèm habbikkûrîm* (Lev. xxiii 20), apportés au sanctuaire à l'occasion de la fête de Pentecôte, cinquante jours après le sabbat qui suit l'offrande de la première gerbe. Ce sont des pains levés, faits à partir de deux dixièmes d'éphah de fleur de farine, sans doute uniquement à l'eau (Lev. xxiii 16-20 ; cf. aussi 2 Rois iv 42) ; 3) Les douze pains de proposition, *lèḥèm happānîm* (Ex. xxv 30, xxxv 13, xxxix 36 ; cf. xl 4, 23 ; Nb. iv 7), décrits en Lev. xxiv 5-9 et qui se présentent comme des pains couronnes, *hallôt,* confectionnés chacun à partir de deux dixièmes d'éphah de fleur de farine et sans doute faits à l'eau et levés. Sur ces pains, voir Rost (1958), col. 329-31 ; P.A.H. De Boer, "An Aspect of Sacrifice", *Studies in the Religion of Ancient Israel* (Leiden, 1972), pp. 27-47 (voir pp. 27-36) ; Dommershausen (1984), col. 543-5 ; R. Gane,"« Bread of the Presence » and Creator-in-residence", *VT* 42 (1992), pp. 172-203.

[22] Pour le sens de *karmèl* voir L. Koehler, "Alttestamentliche Wortforschung", *TLZ* 2 (1946), p. 394. Sur la matière de cette offrande voir Dalman, *Arbeit und Sitte in*

gèrèś (voir aussi v. 16). Après quoi l'offrant y met, *nātan*, de l'huile et dépose, *śîm*, sur eux de l'encens. Comme pour les autres cas d'offrande végétale autonome, aucune indication de quantité n'est donnée. Ce type d'offrande n'est mentionné qu'en Lev. ii[23].

Si l'on fait le décompte des variétés d'offrandes végétales, c'est au total une quinzaine de variétés qu'a conçu P, dont la moitié destinées à être offertes indépendamment de tout autre sacrifice. Cette multitude d'options dénote le très grand intérêt que P a porté à cette forme d'offrande.

3. *Commentaires*

Au terme de cette description des différentes variétés d'offrandes végétales on peut faire trois séries d'observations.

D'abord au sujet des produits et de leur mode d'utilisation. L'offrande végétale est toujours, quelle que soit la forme qu'elle prend, à base de céréales (blé et surtout orge) et d'olives, la matière première de la libation étant le raisin. Mais l'utilisation qui est faite de ces différents produits présente une double caractéristique.

La première caractéristique des produits destinés aux offrandes végétales est que ces produits ne sont jamais utilisés dans leur état brut, tels qu'ils se présentent au moment de leur récolte. En effet, afin de pouvoir servir d'offrande sacrificielle, ils doivent obligatoirement faire l'objet d'une transformation. P distingue deux niveaux de transformations. À son premier niveau, la transformation est exclusivement réalisée par des procédés mécaniques et porte séparément sur les divers constituants de l'offrande végétale : les céréales sont moulues de manière à obtenir de la farine, laquelle est généralement de qualité supérieure ; les olives sont pressurées ou seulement concassées en vue d'en recueillir l'huile. C'est sous cette forme que sont offerts les produits destinés au premier type de *minḥāh*. Mais les produits ainsi obtenus peuvent eux-mêmes faire l'objet d'une transformation qui, cette fois-ci, s'exerce conjointement sur la farine et l'huile préalablement mélangés ou, pour deux des variétés, sur la farine mélangée à l'eau. Cette seconde transformation est de nature chimique et est obtenue par l'action indirecte du feu. Elle est destinée

---

Palästina t. 3 *Von der Ernte zum Mehl* (Hildesheim, 1933), pp. 260-1, 266-7 ; Blome (1934), p. 241 ; O. Borowski, *Agriculture in Iron Age Israel* (Eisenbraus, 1987), p. 88 ; Milgrom (1991), pp. 192-4.

[23] Selon Rendtorff (1967, pp. 178, 197 et surtout 1990, pp. 112-3) c'est à ce type de *minḥāh* que ferait référence l'expression *minḥāh ḥadāšāh* en Lev. xxiii 16, Nb. xxviii 26.

à transformer la pâte en pains. Le deuxième type d'offrande végétale répond à cette caractéristique. Dans le cas de la *minḥāh* des prémices et de la libation, cette double transformation s'exerce sur le même produit, et met en œuvre des procédés spécifiques : les jeunes épis sont soumis à l'action directe du feu pour être grillés, avant d'être concassés ; les raisins sont pressés et le jus obtenu est laissé à la fermentation de manière à obtenir du vin. On notera que P a considéré comme étant la *minḥāh* par excellence celle constituée de produits dérivés obtenus par seule transformation mécanique.

À cette première caractéristique s'en ajoute une seconde. Les différents produits servant à l'offrande végétale ne sont, en effet, jamais offerts séparément, mais sont toujours liés d'une manière ou d'une autre. Ici encore, P a introduit des distinctions en envisageant plusieurs modes de combinaisons qui vont de la simple mise en contact des deux produits de base à leur fusion la plus totale. Pour le premier type de *minḥāh* de même que pour la *minḥāh* des prémices, l'huile est simplement versée sur la farine ou sur les grains concassés. Elle est, par contre, incorporée à la farine là où l'offrande végétale est liée à un sacrifice sanglant. Enfin, dans le cas d'une offrande de pains, l'huile est selon le cas incorporée à la farine préalablement à la cuisson ou appliquée aux pains à l'issue de la cuisson. À cette première application d'huile s'en ajoute, pour certaines variétés de pains, une seconde, soit pendant la cuisson, du fait du contact avec l'huile versée dans la poêle, soit à l'issue de la cuisson, l'huile étant versée sur les morceaux du pain préalablement rompu, ou bien en délayant ceux-ci dans l'huile. Seul le vin de la libation est utilisé séparément. On observera que dans le cas de la *minḥāh* de farine, la variété la plus importante est celle où farine et huile sont le moins liées, mais qu'au contraire pour ce qui est des pains, P a mis au premier rang ceux où la farine et l'huile sont le plus complètement liées, choisissant cette variété pour servir à l'offrande quotidienne des prêtres. L'utilisation par P de critères d'évaluation opposés pour la *minḥāh* de farine et pour les pains indique que la distinction entre les différents types d'offrandes végétales ne correspond pas simplement à un souci de proposer plusieurs options à l'offrant.

En jouant ainsi sur les différents types de transformations et les différents modes de combinaisons, P a nettement distingué deux fonctions de l'offrande végétale. Dans le cas du premier type de *minḥāh*, où la transformation est uniquement destinée à obtenir le dérivé de base, farine et huile, et où la différenciation entre ces deux produits est la plus importante, l'accent est mis sur l'aspect économique : farine et huile sont les produits de l'activité agricole, qui sont présentés à Dieu en hommage. Par contre, dans le cas de l'offrande de pains, où le mélange de la farine et de l'huile est le plus étroit et où ces deux produits font l'objet d'une élaboration culinaire qui en permet la consommation, l'accent est mis sur la nourriture ainsi offerte à Dieu. Il en va de même pour le troisième type d'offrande végétale.

Cette double caractéristique de l'offrande végétale distingue celle-ci des prémices. Les prémices sont aussi apportées à Dieu. Mais, à l'exception des pains des prémices, Lev. xxiii 17, et des prémices de la pâte, Nb. xv 20-21, les produits destinés aux prémices sont offerts à l'état brut, sous la forme où ils ont été récoltés, et ne sont jamais mélangés à d'autres produits.

P mentionne en relation avec l'offrande végétale quatre autres produits : deux qui sont formellement interdits dans tous les cas, à savoir le levain et le miel, un qui est prescrit dans tous les cas, le sel, et un qui est exigé dans certains cas, l'encens.

Levain, *śe'or*, et miel, *debaš*, sont interdits parce qu'ils sont des agents de fermentation qui aigrissent, *ḥāmēṣ*, la pâte (Lev. ii 11)[24]. Le levain, en effet, est une pâte fermentée que l'on ajoute à la nouvelle pâte en vue de la faire lever. Le miel, pour sa part, est utilisé pour démarrer rapidement la fermentation. Ce qui est proscrit, ce ne sont pas ces deux produits en tant que tels – ils sont aussi offerts à Yhwh, mais dans le cadre de l'offrande des prémices (Lev. ii 12) –, mais uniquement leur adjonction à un autre produit en vue de le transformer. C'est que, à la différence des transformations auxquelles sont soumis céréales, olives et raisins, la transformation provoquée par ces deux produits est le résultat de l'adjonction d'un produit de même nature, mais ancien, le levain, ou d'un produit étranger, le miel, et qui ont déjà eux-mêmes subi une transformation. La transformation en tant que telle n'est pas interdite. Elle est au contraire expressément exigée. Ce qui par contre est interdit, c'est la transformation qui fait appel à des agents extérieurs qui sont incorporés à la farine et à l'huile et qui modifient de l'intérieur les produits utilisés pour

[24] Sur le levain voir D. Kellermann, "*ḥmṣ*", *TWAT* II (Stuttgart, 1977), col. 1061-8. Pour le miel, voir Blome (1934), pp. 301-4 ; A. Caquot, "*debaš*", *TWAT* II (Stuttgart, 1977), col. 135-9 ; Milgrom (1991), pp. 189-90 qui pensent qu'il s'agit ici d'un miel végétal obtenu à partir de raisins ou de sirop de dattes, et qui avancent comme argument le fait que ce miel doit être offert comme prémices, comme le sont uniquement les produits de l'agriculture.

l'offrande végétale[25]. À cette interdiction d'utiliser des ferments correspond l'obligation d'ajouter un agent de conservation, le sel, *mèlaḥ* (Lev. ii 13)[26]. Cette double prescription vise en réalité le même objectif : veiller à ce que soient apportées pour l'offrande végétale exclusivement des céréales et des olives, et ce sous une forme homogène à leur nature première, farine ou pains ou grains grillés et huile.

Le cas de l'encens est différent. La présence d'encens, *lebonāh*, est de prime abord assez surprenante. La loi sur la *minḥāh* de Lev. vi distingue d'ailleurs clairement la *minḥāh* de l'encens en précisant que celui-ci est ajouté à la *minḥāh* (v. 8). De fait, à tous égards l'encens constitue un élément hétérogène. Il n'est pas un produit de l'agriculture, ni d'ailleurs même une production locale puisqu'il s'agit d'un produit importé (voir par exemple Es. lx 6 ; Jer. vi 20). Il n'est pas destiné à l'alimentation. À la différence de la farine, de l'huile et du vin, il est offert à l'état brut. Il n'est jamais mélangé à la farine et à l'huile mais simplement posé dessus. Enfin, et à moins de supposer que là où il n'est pas mentionné il est sous-entendu, il est le seul produit cité en relation avec l'offrande végétale à n'être utilisé que dans certains cas, uniquement pour la *minḥāh* des prémices et pour l'offrande de farine et d'huile, et uniquement lorsque celle-ci n'est pas liée à un sacrifice animal. Autant d'éléments qui conduisent à penser que l'encens n'est pas une troisième matière de l'offrande végétale, à côté de la farine et de l'huile, mais que, comme l'a noté Nielsen, il a uniquement une fonction rituelle, à savoir servir de pont entre la

---

[25] Pour rendre compte de l'interdiction du levain et du miel on avance généralement deux explications. Selon les uns, l'utilisation de ferments est interdite parce que la fermentation est considérée comme une décomposition et le premier stade de la pourriture (voir par exemple Blome, 1934, p. 245 – où cette interdiction est comparée à l'exigence de l'intégrité physique de la victime sacrificielle – et p. 303 ; Dalman, 1935, p. 53 ; Elliger, 1966, p. 46 ; Kornfeld, 1983, p. 17 ; Milgrom, 1991, pp. 188-9). A quoi Kellermann répond, en reprenant une observation déjà formulée par Schlatter, qu'en mangeant du pain levé nul n'avait le sentiment de manger du pain corrompu (1977, col. 1064). Selon d'autres il s'agirait, par cette interdiction, d'empêcher la pénétration dans le culte de Yhwh de formes d'offrandes en faveur dans le culte cananéen (par exemple Kellermann, 1977 ; Kornfeld, 1983) et plus généralement dans le culte de l'ancien Orient (Caquot, 1977, col. 138). Mais dans ce cas il eût fallu interdire tout autant les autres produits végétaux (voir aussi Milgrom, 1991, p. 190). Wenham propose une explication originale : si les ferments sont interdits, c'est parce que ce sont des matières vivantes et que seules les matières mortes peuvent être offertes sur l'autel (1979, p. 71).

[26] Voir de même Elliger (1966), p. 46. La vocalisation du complément de nom de *mèlaḥ* résulte peut-être d'une relecture théologique, les massorètes corrigeant *mèlaḥ borît*, sel alcalin, en *mèlaḥ berît,* sel de l'alliance (voir J.D. Michaelis, *Supplementa ad lexica hebraica*, Göttingen, 1792, pp. 231-2).

sphère humaine et la sphère divine[27]. Il matérialise la transmission à Dieu là où la combustion ne dégage pas de fumée, ce qui est le cas pour les deux types d'offrandes où il est prescrit. Il devient par contre superflu lorsque la combustion provoque de la fumée, comme c'est le cas pour l'offrande de pains ou pour un sacrifice animal.

À l'intérieur de ce système, le *ḥaṭṭāʾt* végétal de Lev. v et l'offrande de jalousie de Nb. v font figure d'intrus. D'abord parce que ce sont les deux seules offrandes végétales qui ne comportent pas d'huile, ensuite parce que l'encens en est absent, alors même qu'elles consistent en farine et ne sont pas associées à un sacrifice animal.

La deuxième série d'observations que l'on peut faire à l'issue de l'examen de la matière des offrandes végétales porte sur les correspondances que P a établies entre celle-ci et la matière des sacrifices sanglants. Ces correspondances se traduisent par la manière dont P a subdivisé la matière des offrandes végétales.

Comme il l'avait fait en Lev. i et iii pour la matière de l'holocauste et celle du sacrifice de communion, P distingue en Lev. ii pour les offrandes végétales trois types de matières sacrificielles. Dans le cas des sacrifices d'animaux cette subdivision correspond à trois catégories différentes de victimes : gros bétail, petit bétail et colombes, pour ce qui est de l'holocauste, gros bétail, ovins et caprins, pour ce qui est du sacrifice de communion. Dans le cas des offrandes végétales, cette subdivision sert, par contre, non pas à distinguer trois matières différentes, mais trois états de la même matière, celle-ci étant présentée soit à l'état cru, soit cuite, soit grillée. Cette subdivision en trois, calquée sur celle de la matière des sacrifices sanglants, permet à P de souligner que l'offrande végétale est un sacrifice de plein droit, au même titre que les sacrifices sanglants, et non un simple appendice.

À cette distinction, toute formelle en apparence, se superpose en partie une distinction beaucoup plus fondamentale, sous-jacente à l'ensemble du système des offrandes végétales et qui détermine à la fois la manière dont l'offrande végétale est articulée aux sacrifices

[27] Nielsen (1986), p. 76. Selon Wenham (1979) p. 70, la présence d'encens manifeste par contre la joie. Selon M. Haran, "The Uses of Incense in the Ancient Israelite Ritual", *VT* 10 (1960), pp. 113-29 (repris dans *Temples and Temple-Service in Ancient Israel*, Oxford, 1978, pp. 230-45) ; Zwickel (1990), p. 342, il a pour fonction de faire d'une offrande dont la combustion dégage une mauvaise odeur une offrande d'odeur agréable. Selon Milgrom (1991), p. 180-1, il est destiné à distinguer la *minḥāh* autonome de farine et d'huile de celle qui accompagne un sacrifice animal. Sur l'encens voir aussi Blome (1934), pp. 289-94 ; D. Kellermann, *"lebonāh"*, *TWAT* IV (Stuttgart, 1984), col. 454-60.

sanglants et la fonction de celle-ci. Les trois états de l'offrande végétale que distingue P recouvrent en effet aussi trois étapes de l'élaboration culinaire. Le premier état est l'état de la matière sacrificielle sous une forme où elle ne peut servir à une élaboration culinaire, l'huile étant simplement versée sur la farine. Le deuxième état envisagé est celui où la farine est pétrie dans l'huile et où la matière sacrificielle, qui prend la forme d'une pâte, est ainsi prête à faire l'objet d'une élaboration culinaire, sans toutefois être consommable telle quelle. Le troisième état, enfin, est celui où la matière sacrificielle est directement consommable : tel est le cas des pains et de la *minḥāh* des prémices. Or, à cette subdivision semblent correspondre trois états du sacrifice animal. Le premier état est sans doute celui sous lequel est offert le *kālîl,* une forme de l'holocauste où l'intégralité de la victime est brûlée sur l'autel, et ce sans qu'elle ait fait l'objet d'une quelconque préparation (Deut. xxxiii 10 ; 1 Sam. vii 9 ; Ps. li 21 ; voir aussi Deut. xiii 17). C'est sous cette forme que se présente celle des offrandes végétales dont P a fait la *minḥāh* par excellence. N'ayant pas de correspondant animal dans son système sacrificiel – P en effet ne reprend pas le *kālîl* –, P en a fait une offrande autonome. Dans cette forme de l'offrande végétale, l'accent est mis sur les produits que le fidèle apporte à Dieu. Le deuxième état, celui où la matière sacrificielle est prête à faire l'objet d'une élaboration culinaire, est l'état habituel dans lequel la victime est présentée à Yhwh puisqu'après avoir été immolée, elle est écorchée, dépecée puis lavée et ainsi prête, le cas échéant, à être cuite ou rôtie. C'est cette forme que prend la *minḥāh* là où elle est associée à un sacrifice animal. Elle est ici le présent offert à l'hôte de marque à l'issue du repas, en signe d'hommage. Cette *minḥāh*, à laquelle l'offrant n'a aucune part, accompagne indifféremment l'holocauste et le sacrifice de communion. Le troisième état est celui où l'offrande est directement consommable. La forme du sacrifice animal correspondant, où seules les parties comestibles, préalablement préparées – la viande cuite, avec son jus – sont offertes en sacrifice, n'est expressément attestée qu'en Jug. vi 19-20[28]. Elle n'a pas chez P de correspondant dans le système des sacrifices d'animaux. Aussi P a-t-il choisi de donner aux pains et à la *minḥāh* des prémices la forme d'une offrande autonome. Les pains

[28] On a peut-être une tradition analogue en Deut. xii 27, où *bāśār* semble désigner la seule partie comestible de la victime, brûlée sur l'autel dans le cas d'un holocauste, v. 27a, mais consommée par l'offrant dans le cas d'un sacrifice de communion, v. 27b.

accompagnent toutefois les sacrifices de communion extraordinaires, à savoir *tôdāh*, sacrifice de communion du rituel de désécration du nazir et *millu'îm*. L'accent est mis dans cette troisième forme de l'offrande végétale sur la commensalité sacrificielle. P s'est ainsi inspiré des différentes formes qu'avait pris le sacrifice animal en Israël – même s'il n'en a retenu qu'une seule –, pour construire son système des offrandes végétales, ceci en vue de distinguer les trois fonctions qu'il a attribuées aux offrandes végétales, celle de tribut d'hommage, celle de présent destiné à honorer le divin hôte, et celle de matière à un repas sacré.

Une dernière observation peut être faite. Elle porte sur les quantités. Tout comme pour un sacrifice animal, les quantités, et d'ailleurs aussi la matière de l'offrande végétale, sont fixées avec précision lorsque celle-ci est apportée dans le cadre du culte régulier ou d'un rituel occasionnel : *ḥaṭṭā't* végétal, offrande de jalousie, réintégration du lépreux guéri, mais aussi investiture des lévites, désécration du nazir (pour ce qui est de la *minḥāh* de farine), phase finale publique du rituel de consécration des prêtres, consécration de l'autel, expiation des transgressions commises par la communauté, où l'importance de la *minḥāh* n'est pas expressément indiquée mais où elle est supposée être conforme à la règle générale. À l'inverse, et comme il est naturel, la nature et les quantités sont laissées à la discrétion de l'offrant dans le cas d'une offrande spontanée ou vouée sauf, curieusement, lorsque celle-ci est jointe à un sacrifice animal, et uniquement lorsqu'il s'agit d'une *minḥāh* de farine et d'huile. Dans ce cas, aussi bien la matière que la quantité de la *minḥāh* sont fixées, alors même que l'offrant choisit librement et les victimes destinées au sacrifice, et la nature de ce sacrifice. L'examen des circonstances au cours desquelles les offrandes végétales sont apportées permettra, peut-être, de rendre compte de cette situation fort singulière.

Le système des offrandes végétales de P constitue, on le voit, un système d'une très grande complexité et d'une extrême précision, construit selon une logique rigoureuse. Par la diversité des formes qu'elles sont susceptibles de prendre, les offrandes végétales sont, de loin, la forme la plus riche du sacrifice israélite.

C. *Les offrandes végétales chez le Chroniste*

Parmi les différentes traditions cultuelles, celle du Chroniste est la plus proche du système des offrandes végétales de P. Mais, bien qu'étant une des sources majeures pour l'étude du sacrifice, le Chroniste ne donne malheureusement que fort peu de renseignements sur la composition de l'offrande végétale. Pour l'essentiel, ces renseignements se trouvent dans des listes : les listes des produits placés sous la responsabilité des lévites, en 1 Chr. ix 29-32 et 1 Chr. xxiii 29, la liste des produits entreposés dans les magasins du Temple, Neh. xiii 5, 9 et les listes des produits destinés au culte, dans les édits attribués à Darius, Esd. vi 6-12, et à Artaxerxès, Esd. vii 12-26. À quoi s'ajoutent les indications données en 1 Chr. xxi 22-26 sur le sacrifice offert par David sur l'aire d'Ornan.

En tête des produits destinés aux offrandes végétales figure la fleur de farine, *solèt*, 1 Chr. ix 29, dont 1 Chr. xxiii 29 dit expressément qu'elle sert à la *minḥāh*. Celle-ci est probablement faite de farine de blé, *ḥiṭṭîm*, comme le suggère l'insistance sur ce point de 1 Chr. xxi qui se distingue du récit parallèle de 2 Sam. xxiv à la fois par la précision qu'Ornan était en train de battre du blé, v. 20, et par l'offre de donner à David du blé pour la *minḥāh*, v. 23. L'importance que le Chroniste attribue à la fleur de farine se manifeste dans le fait qu'en 1 Chr. xxiii 29 la fleur de farine est citée immédiatement après les pains de proposition.

À côté de la *minḥāh*, et clairement distincte de celle-ci, le Chroniste mentionne trois catégories de pains : les galettes azymes, *reqîqê hammaṣṣôt*, les pains faits sur la plaque, *maḥabat*, et les pains délayés (?) à l'eau, *murbèkèt* (1 Chr. xxiii 29), tous sans doute à base de fleur de farine[29]. Parmi ces pains 1 Chr. ix 31 met à part les pains faits sur la plaque, *maʿaśéh haḥabittîm*, dont l'importance est signalée à la fois par le fait qu'ils sont mentionnés entre les aromates et les pains de proposition, et par le fait qu'un lévite, Mattityah, leur est spécialement préposé. Il est donc probable que ces pains sont ceux qui, d'après Lev. vi 13-14, doivent être offerts quotidiennement par les prêtres. Enfin, le Chroniste cite le vin, à côté de la fleur de farine, lequel, comme partout ailleurs où il apparaît dans un contexte cultuel, est vraisemblablement destiné à la libation (1 Chr. ix 29).

Le Chroniste mentionne aussi l'huile, *šèmèn* (1 Chr. ix 29). Mais il n'est pas sûr qu'il s'agisse ici de l'huile destinée aux offrandes végé-

---

[29] L'interprétation du texte est difficile. La difficulté vient de ce que *wl*, qui relie les différents éléments cités, sert à la fois à relier les différents produits sur lesquels les lévites sont préposés, et à indiquer la destination de la fleur de farine. La vocalisation massorétique a tenté de résoudre cette difficulté en vocalisant *w* en *u*, dans le premier cas, mais en *we*, dans le second.

tales. La place de l'huile entre la fleur de farine et le vin, d'une part, l'encens, *lebonāh*, et les aromates, *beśāmîm*, d'autre part, fait plutôt penser à l'huile d'onction. De même, et bien qu'il ait été associé à la *minḥāh* en Neh. xiii 5, 9, il ne semble pas que l'encens soit utilisé en relation avec les offrandes végétales, et d'ailleurs en 1 Chr. ix 29 il est nettement dissocié des matières destinées aux offrandes végétales et à la libation. Le texte de Neh. xiii est surtout intéressant en ce qu'il fait une nette distinction entre la *minḥāh* et l'encens, d'un côté, les céréales, le vin et l'huile provenant de la dîme, de l'autre, ces deux catégories de produits étant entreposées, à la suite de l'intervention de Néhémie, dans des lieux différents. Le point commun à tous ces produits est que, comme aussi la fleur de farine et le vin, ils sont entreposés dans une pièce du Temple avec les objets du culte (1 Chr. ix 29 ; Neh. xiii 9) et sont ainsi considérés comme particulièrement saints.

Par contre dans le livre d'Esdras l'huile fait clairement partie, à côté du blé, de l'offrande végétale qui, avec la libation de vin, accompagne l'holocauste quotidien (Esd. vi 9 ; vii 22). Les quantités livrées par le roi Artaxerxès font penser à un système où, comme chez P, les quantités de vin et d'huile sont identiques, mais où celles de farine sont dix fois supérieures à ces dernières (Esd. vii 22).

D. *Le système sacrificiel d'Ézéchiel*

Le livre d'Ézéchiel est, avec le Code sacerdotal, la principale source d'information pour l'étude du culte sacrificiel. Les renseignements relatifs au culte se trouvent principalement dans la grande vision finale des chapitres xl-xlviii. Sous la conduite d'un "ange métreur" (voir xl 3-4), le prophète visite le nouveau Temple. La description des lieux est interrompue par trois discours, xliii 18-27, xliv 5-xlvi 18 et xlvii 13-xlviii 35. C'est dans le deuxième de ces discours que figure l'essentiel des renseignements. Faisant suite à la vision de la gloire de Yhwh, xliv 4, ce discours porte sur les prescriptions, *ḥuqqôt*, et les instructions, *tôrôt*, concernant le sanctuaire, xliv 5, et en particulier sur les devoirs du prince, xlv 9-xlvi 15. Parmi ces devoirs figure l'administration du culte sacrificiel, xlv 17, auquel est consacré l'essentiel de cette section (xlv 13-xlvi 15). Cet ensemble s'ouvre par une introduction précisant la nature et le montant des redevances qui doivent être prélevées pour les sacrifices et remises à cet effet au prince, xlv 13-17. Une première partie décrit les sacrifices que le prince devra faire offrir lors des principales fêtes, xlv 18-25. Une seconde partie, encadrée par des indications sur l'entrée par laquelle le prince et le peuple devront pénétrer dans le Temple et la place qui leur est assignée pendant le déroulement des sacrifices, précise quels sont les sacrifices qu'il devra faire offrir le jour du sabbat et à la néoménie, xlvi 1-11. Un double appendice conclut cet ensemble : l'un sur les sacrifices spontanés du prince, avec ici aussi des précisions sur la porte qu'il devra prendre pour entrer dans le sanctuaire, xlvi 12 ; l'autre sur l'holocauste quotidien, xlvi 13-15.

La nature des produits destinés aux offrandes végétales est indiquée au tout début de cet ensemble, en tête de la liste des prélèvements. Ces produits sont, d'une part, du blé, *ḥiṭṭîm*, et de l'orge, *śeʿorîm*, qui sont apparemment remis sous cette forme au prince, et d'autre part de l'huile, *šèmèn* (Ez. xlv 13-14). Les céréales sont utilisées sous la forme de fleur de farine, *solèt*, une précision qui est donnée en passant en xlvi 14, à propos de l'offrande quotidienne (cf. aussi Ez. xvi 19). Selon ce même passage, l'huile est versée, *rāsas*, sur la farine. Ézéchiel réserve pourtant le terme *minḥāh* à l'offrande de céréales, qu'il distingue quasi systématiquement de l'offrande d'huile, qualifiée de *nèsèk*, libation (xlv 17a) ou désignée le plus souvent simplement par le mot *šèmèn* (xlv 24, 25, xlvi 5, 7, 11, 14a, 15), et ce bien que ces deux produits ne soient jamais offerts séparément. Ce n'est qu'en xlv 15, 17b et xlvi 14b que *minḥāh* recouvre à la fois farine et huile. Parallèlement à ces deux produits, Ez. xvi 19 mentionne aussi le miel, il est vrai comme matière d'un sacrifice idolâtre ; mais le contexte suggère que ces différents aliments que Dieu avait donnés en nourriture à son peuple, v. 13, auraient dû lui être offerts en retour. Enfin, comme l'avait fait P et le Chroniste, Ézéchiel fait une nette distinction entre les offrandes végétales et les prémices (xliv 29-30).

Il n'est pas question d'une offrande de pains. Mais ce silence vient sans doute de ce qu'Ézéchiel ne s'intéresse ici qu'au culte public et régulier et seulement aux sacrifices présidés par le prince.

Farine et huile sont offerts selon un système particulièrement complexe, en fonction, selon le cas, à la fois de la nature de la victime du sacrifice animal auquel l'offrande végétale est jointe, et du cadre dans lequel ce sacrifice est offert.

Pour ce qui est de la farine, Ézéchiel introduit une double distinction. Il distingue d'abord les cas où le sacrifice animal consiste en taurillons et en béliers de ceux où les victimes sacrificielles sont des agneaux. Dans le premier cas, la quantité de farine est indifféremment fixée à un éphah (xlv 24, xlvi 5, 7, 11). Dans le second, la quantité n'est pas fixée mais est laissée à l'appréciation du prince, *mattat yādô* (xlvi 5, 11), *ka'ăšèr taśśîg yādô* (xlvi 7). Ceci du moins là où ces agneaux sont destinés aux holocaustes du sabbat et de la néoménie. Ézéchiel introduit en effet une seconde distinction, qui met à part le sacrifice quotidien, où la quantité par agneau est cette fois-ci fixée à un sixième d'éphah (xvi 14).

Pour ce qui concerne l'huile, la quantité est fonction non de la nature de la victime, comme chez P, mais de la quantité de farine, et ce dans tous les cas, y compris lorsque cette dernière n'est pas déterminée. Cette quantité est fixée par Ézéchiel à un hin d'huile par éphah de farine (xlv 24, xlvi 5, 7, 11). Ici encore, Ézéchiel met à part l'offrande quotidienne en prescrivant un accompagnement d'huile d'un tiers de hin, et donc une quantité double par rapport aux proportions habituelles (xlvi 14).

Pourquoi ces modifications dans le cas de l'offrande quotidienne ? Pour ce qui est de la farine, la raison est sans doute double. En fixant la quantité de farine à un sixième d'éphah, Ézéchiel crée une corrélation entre l'offrande quotidienne et le prélèvement exigé par homer de céréales (xlv 13) et, par ce système pyramidal, souligne que Dieu est le destinataire ultime de ce prélèvement. Mais dans le même temps, en prescrivant chaque jour une fraction d'éphah déterminée de façon à ce que la quantité totale offerte pendant les six jours de la semaine soit d'un éphah, il fait de l'offrande de farine du sabbat, plus précisément de celle rattachée au sacrifice du bélier, la somme des offrandes des six jours précédents. Le doublement de l'huile, de son côté, est peut-être destiné à rehausser l'éclat de l'hospitalité offerte à Dieu (cf. Ez. xxiii 41).

E. *Conclusions*

Cet examen des matières sacrifielles conduit à soulever deux questions, l'une d'ordre historique, l'autre concernant les raisons pour lesquelles la matière des offrandes végétales est fixée de façon aussi limitative.

(1) Au terme de ce parcours, on aimerait pouvoir retracer l'évolution du contenu des offrandes végétales, préciser la part de la

tradition dans les systèmes d'Ézéchiel et de P, dire quel est leur apport spécifique, mesurer leur influence sur le développement ultérieur. Mais, indépendamment même de la difficulté qu'il y a à dater les divers textes ou à fixer ne serait-ce que leur chronologie relative, la disparité des sources rend pareille entreprise fort aléatoire. Car comment décrire une évolution lorsque, à côté d'un unique système complet, on ne dispose comme terme de comparaison que de renseignements dont la plupart sont donnés au hasard d'une narration, ou de quelques listes, maigres bribes d'un système dont nous ignorons tout par ailleurs ? Alors que pour aboutir à des conclusions solides il faudrait pouvoir comparer ce qui est comparable, des systèmes cultuels à d'autres systèmes cultuels, ou du moins des cas identiques dont la distribution géographique et chronologique serait suffisamment large pour couvrir toute la période biblique.

Le cas de l'encens illustre fort bien les difficultés auxquelles se heurte l'histoire du culte, et ce n'est d'ailleurs pas un hasard si la question de la place de l'encens dans le culte a été l'un des principaux sujets de controverse suscité par la reconstitution de l'histoire du culte sacrificiel par Wellhausen[30]. Comment, en effet, interpréter le fait que la toute première mention de l'encens en relation avec la *minḥāh* se trouve en Jer. xli 5 ? Doit-on en conclure, en invoquant l'absence de référence à l'encens dans les listes de sacrifices d'Es. i, d'Am. iv et v ou encore de Mi. vi, qu'antérieurement à Jérémie l'encens n'était pas utilisé dans le culte sacrificiel, et donner pour preuve de sa nouveauté le fait que c'est en Jer. vi 20 qu'il est cité pour la toute première fois ? Faut-il considérer que son lien avec la *minḥāh* est une innovation de l'époque de Jérémie ? Faut-il voir en Jer. xli 5 le reflet d'une tradition spécifique au Nord, inconnue en Juda ? Ou bien l'utilisation de l'encens provient-elle du contexte pénitentiel dans lequel ce sacrifice est offert ? Ou est-ce parce que cette *minḥāh* est offerte de manière autonome, sans être précédée d'un sacrifice animal, que l'encens est requis, comme il l'est aussi dans ce cas chez P ? Et l'absence, antérieurement à Jérémie, de toute référence à l'encens en relation avec la *minḥāh* ne vient-elle pas de ce que ce type de *minḥāh* n'est jamais mentionné auparavant ? Par ailleurs, comment interpré-

---

30 Voir notamment B.D. Eerdmans, *Alttestamentliche Studien*. iv. *Das Buch Leviticus* (Giessen, 1912), pp. 28-34 ; A. van Hoonacker, "La date de l'introduction de l'encens dans le culte de Jahvé", *RB* 11 (1914), pp. 161-87 ; M. Löhr, "Das Raücheropfer im Alten Testament. Eine archäologische Untersuchung", *Schriften der Königsberger Gelehrten Gesellschaft. Geisteswissenschaftliche Klasse* 4,4 (1927), pp. 155-91.

ter le fait qu'Ez. xlv-xlvi ne fasse aucune référence à l'encens ? Est-ce parce qu'Ézéchiel ne connaît pas d'utilisation cultuelle de l'encens ? Ou au contraire, s'agit-il d'une volonté délibérée de sa part de bannir l'encens du culte, et ceci à cause de son usage idolâtre (voir Ez. viii 10-11) ? Ou bien est-ce simplement parce que, comme aussi chez P, le culte régulier qu'il décrit n'en comporte pas ? Autant de questions ouvertes. Même à supposer que les données linguistiques – sens de *qāṭar* et de *qeṭorèt* – et archéologiques – existence d'autels ou d'autres instruments destinés à la fumigation de l'encens – permettent de démontrer l'utilisation cultuelle de l'encens antérieurement à l'Exil, elles ne pourraient rien nous dire sur sa relation avec les offrandes végétales dans le culte rendu à Yhwh. Peut-on conclure, sur la base d'Es. xliii 23, lxvi 3 ; Jer. xvii 26, où *minḥāh* et encens sont rapprochés, qu'au vi^e^ siècle ces deux matières étaient couramment associées ? Leur rapprochement s'explique sans doute davantage par leur commune nature végétale qui les distingue des sacrifices animaux, que par un quelconque lien rituel.

Si donc il est vain d'espérer écrire l'histoire de la matière des offrandes végétales, on peut cependant en esquisser quelques traits. Et ce en partant de la comparaison du système sacrificiel du culte public et régulier de P avec celui d'Ézéchiel.

Ce qui frappe l'observateur lorsqu'il confronte ces deux systèmes est le fait qu'ils sont très différents l'un de l'autre. Ces différences portent quasiment sur tous les points, qu'il s'agisse de la composition de l'offrande végétale, du contenu de la libation, de la manière dont l'huile est utilisée en relation avec la farine ou encore des quantités prescrites. On pourrait d'ailleurs faire le même constat à propos des sacrifices d'animaux. De telles divergences, s'agissant dans l'un et dans l'autre cas du culte légitime apporté à Yhwh, révèlent plusieurs choses.

Elles manifestent tout d'abord qu'il n'existait pas, antérieurement à Ézéchiel et au Code sacerdotal, un système sacrificiel unique et dont l'autorité aurait eu valeur contraignante. Car si tel avait été le cas, il serait tout à fait inconcevable que des systèmes concurrents aient pu voir le jour sans qu'aussitôt soit censuré celui qui s'écarte des normes établies. On est donc bien plutôt conduit à admettre l'existence concomitante de systèmes multiformes, reflétant des traditions locales diverses, dont aucun, pas même celui du Temple de Jérusalem, ne s'est imposé et encore moins n'a été imposé. On peut d'ailleurs même se demander si, au moment de la centralisation du culte, on n'a pas expressément tenu à conserver cette diversité, ceci afin de faciliter l'intégration nationale suite à l'abrogation du culte aux sanctuaires locaux et faire ainsi du Temple de Jérusalem le lieu où s'expriment et où se concentrent les multiples formes du culte à Yhwh pratiquées en Israël. Et ce aussi parce que les réformateurs étaient plus attachés à la centralisation du culte qu'à l'uniformisation de ses rites.

Ces divergences entre les deux systèmes montrent aussi que l'œuvre d'Ézéchiel et de P ne se réduit pas à une collecte scrupuleuse des traditions afin de les préserver de l'oubli. À supposer que tel ait été le cas, il serait difficilement concevable que leur collation aboutisse à des résultats aussi différents. Du reste, leur système sacrificiel n'a rien d'un manteau d'arlequin fait de morceaux disparates. Car bien au contraire, ce qui caractérise ces systèmes est leur parfaite homogénéité, leur construction logique et rigoureuse où chaque élément s'intègre harmonieusement, leur cohérence sans faille, en dépit de leur complexité. Preuve de leur liberté par rapport à la tradition. Profitant de cette situation de désert dans laquelle se trouvait Israël à la suite de la disparition des institutions sacrales[31], Ézéchiel et P ont élaboré des systèmes qui, sans doute, s'inspiraient de la tradition et en intégraient des éléments, mais qui n'en étaient pas moins nouveaux et originaux. Et c'est bien parce qu'il s'agissait d'un projet de réforme et non d'un recueil de traditions que ces deux systèmes ont pu être tous deux proposés à Israël. Il est tout à fait révélateur de la liberté avec laquelle Israël s'est situé par rapport à la tradition que, malgré l'existence de deux systèmes différents dont chacun revendiquait l'autorité d'une révélation divine, aucun de ces deux systèmes ne se soit imposé tel quel. Pour autant que l'on puisse en juger eu égard au faible nombre des références aux offrandes végétales dans les autres écrits postexiliques, le système d'Ézéchiel est resté un bloc erratique dont l'influence au plan sacrificiel a été nulle. Celui du Code sacerdotal a eu davantage d'impact. On peut sans doute reconnaître la marque de P dans le livre de Joël et chez Esdras où, comme aussi chez P, la *minḥāh* est à base de céréales et d'olives et est clairement distinguée de la libation de vin. On peut également discerner son influence chez le Chroniste qui, comme P, établit une distinction entre la *minḥāh* et les pains, qu'il répartit lui aussi en trois catégories, et qui semble connaître l'offrande quotidienne de pains par les prêtres. Mais le système sacrificiel du Chroniste n'en est pas moins différent de celui

---

[31] J. Wellhausen, *Geschichte Israels* t. 1 (Berlin, 1878), pp. 107, 166-7, 421.

du Code sacerdotal, comme le montre notamment le fait que chez le Chroniste l'huile n'entre pas dans la composition de l'offrande végétale. Plus tard, le Rouleau du Temple, tout en s'inspirant très largement du système sacrificiel de P, reproduisant des passages entiers du Lévitique, ne se privera pas de modifier et de compléter très généreusement sa source. Le prétendu conservatisme des formes du culte n'est, décidément, qu'un leurre.

L'existence de deux systèmes aussi différents que celui d'Ézéchiel et celui de P est un atout pour l'historien. La comparaison entre les deux systèmes, en faisant ressortir les convergences et les divergences, permet en effet de laisser entrevoir ce qui, dans l'histoire des offrandes végétales et de la libation, pourrait bien être une constante et ce qui, au contraire, en est un élément variable.

Les éléments variables sont l'huile, le vin et le miel.

Chez Ézéchiel, comme aussi dans le Code sacerdotal (et chez Esdras), l'huile fait partie intégrante de l'offrande végétale. Dans l'un et l'autre système, elle est étroitement liée à la farine. Mais tandis qu'Ézéchiel tend à la considérer comme matière d'une libation, P en fait un élément constitutif des offrandes végétales, sans existence rituelle autonome. À l'inverse, alors que dans le système d'Ézéchiel la quantité d'huile est fonction de la seule quantité de farine, dans celui de P cette quantité est déterminée par la nature de la victime sacrificielle à laquelle la *minḥāh* est associée. On peut ainsi observer dans chacun de ces deux systèmes une espèce d'oscillation entre deux conceptions : l'une où l'offrande d'huile est une offrande autonome, et une autre où l'huile est étroitement liée à la farine et n'a qu'une fonction subsidiaire. Comme si Ézéchiel et le Code sacerdotal avaient voulu réconcilier deux traditions différentes. De fait, on trouve trace de l'un et de l'autre de ces deux modes d'utilisation de l'huile. À la première de ces traditions semble se rattacher Mi. vi 7, l'image de torrents d'huile donnant à penser que celle-ci était utilisée comme libation. Quant à la seconde tradition, elle transparaît en Jer. xli 5 et Es. xliii 23 : les différents produits énumérés en Jer. xli 8 – céréales, huile, miel – sont vraisemblablement ceux qui entrent dans la composition de la *minḥāh* mentionnée au v. 5 ; et le rapprochement réalisé en Es. xliii 23b24a, de par la structure, entre la *minḥāh* et le sacrifice de communion[32], vient sans doute d'une caractéristique com-

[32] Les v. 23b24a sont construits en forme de chiasme – ab//b'a'-, b et b' renvoyant à une offrande de parfum, a et a' désignant par contre deux types de sacrifices distincts, respectivement la *minḥāh* et le sacrifice de communion.

mune à ces deux offrandes, à savoir la présence de matières grasses, respectivement l'huile et les graisses. Ce rapprochement démontre, au demeurant, l'importance que l'auteur a attribuée à l'huile. Cette seconde forme d'utilisation de l'huile comme matière de l'offrande végétale et de la libation semble être la plus récente. Antérieurement à ces différents textes l'huile n'est, en effet, jamais mentionnée en relation avec les offrandes végétales. Sans doute, on pourrait imaginer que là où il est question de pains ceux-ci sont faits à l'huile (cf. Nb. xi 8 ; 1 Rois xvii 11-12). Mais même à supposer que tel ait été le cas, le fait même que cela n'ait pas été relevé montre bien que l'huile n'était pas considérée comme un élément essentiel, indispensable à l'offrande végétale. C'est à cette tradition ancienne que se rattache probablement l'auteur des Chroniques, qui ne connaît pas d'utilisation de l'huile en relation avec les offrandes végétales ; et c'est cette même tradition que semble privilégier Ézéchiel qui fait de l'huile la matière d'une libation. P et Esdras, par contre, se rattachent davantage à la tradition plus récente.

La comparaison entre Ézéchiel et P révèle aussi l'existence de traditions différentes concernant la place du vin dans le culte[33]. Alors que dans le système sacrificiel d'Ézéchiel le vin ne joue aucun rôle, chez P il est associé dans un certain nombre de cas à l'offrande végétale et constitue la matière de la libation. P renoue sur ce point avec une tradition attestée en 1 Sam. i 24, x 3 où, parallèlement à la victime sacrificielle et à l'offrande végétale, le fidèle emporte avec lui une outre de vin. Dans le premier cas du moins, où le sacrifice offert est un holocauste, le vin est exclusivement destiné à la libation. Telle est également la destination du vin en Es. lxvi 3, où celui-ci est toutefois considéré comme matière de la *minḥāh*. Par contre P ne reprend pas cette autre tradition qui fait du vin l'accompagnement d'un repas sacrificiel, une tradition attestée en Deut. xiv 26, xxxii 38 ; Os. ix 4 ; Am. ii 8 (voir aussi 1 Sam. i 14-15).

Un dernier point de divergence entre Ézéchiel et P concerne l'utilisation sacrificielle du miel. Sans doute, chez Ézéchiel pas plus que chez P, le miel ne fait partie de l'offrande végétale apportée dans le cadre du culte public et régulier. Mais tandis que P en proscrit formellement l'usage comme matière sacrificielle, Ézéchiel connaît au moins une forme d'offrande végétale où il en fait partie (Ez. xvi 19). Car même si dans ce texte Ézéchiel vise les sacrifices idolâtres, la

---

[33] Sur le travail de la vigne et le vin voir Dalman (1935), pp. 291-413 ; voir aussi W. Dommershausen, "*jajin*", *TWAT* III (Stuttgart, 1982), col. 614-20.

condamnation qu'il prononce ne porte pas sur la nature des matières offertes mais sur le détournement des produits que Yhwh avait donnés comme nourriture à son peuple et dont celui-ci aurait dû lui faire hommage en retour. De fait, la liste des produits utilisés pour ces offrandes est, jusque dans son ordre même, identique à celle donnée en Jer. xli 8 : blé et orge (Ez. xlv 13), fleur de farine (Ez. xvi 19), huile (Ez. xvi 19, xlv 14), miel (Ez. xvi 19). Cette identité, d'autant plus remarquable qu'il ne s'agit pas là d'une liste traditionnelle, donne à penser qu'Ézéchiel s'est rattaché à cette tradition nordiste dont témoigne Jer. xli 5.

Au regard de cette tradition mouvante, témoin de la diversité des usages selon les époques et les milieux, les constantes n'en sont que plus remarquables. Celles-ci portent sur deux points au moins : la nette distinction qui est établie entre offrande végétale et offrande de prémices, une distinction faite aussi bien par Ézéchiel que par le Code sacerdotal et le Chroniste ; et l'importance des céréales comme matière constitutive de l'offrande végétale, offertes non à l'état brut mais transformées, soit en farine, soit en pains. Ce n'est qu'en Gen. iv 4 et Es. lxvi 3 qu'il est question d'une *minḥāh* ne comportant pas de céréales.

(2) Le fait que les offrandes végétales soient uniquement à base de céréales, d'huile, de miel et de vin conduit à se demander pourquoi ces seuls produits, à l'exclusion de tous les autres produits de l'agriculture, ont pu servir de matière pour les offrandes végétales. Et on peut aussi se demander pourquoi, à la différence de l'huile, du miel et du vin, les céréales seules en font nécessairement partie.

La réponse à ces différentes questions est sans doute double.

La première réflexion qu'inspire cette liste de produits est que ce sont tous des produits servant à l'alimentation humaine. La place qui est la leur est indiquée par un certain nombre de listes de ravitaillement ou de descriptions de repas. Nous apprenons ainsi, au hasard des narrations, que Joseph fait envoyer à son père, comme provisions de route, des céréales et des pains (Gen. xlv 23) ; que le père de David l'envoie dans le camp de l'armée israélite porter un éphah de grains grillés et dix pains à ses trois autres fils, et dix fromages au chef des milliers (1 Sam. xvii 17-18) ; qu'Abigaïl, avertie des funestes desseins de David, accourt à sa rencontre pour lui offrir, à lui et à ses hommes, deux cents pains, deux outres de vin, cinq moutons apprêtés, cinq séah de grains grillés, cent gâteaux de raisins secs et deux cents de figues (1 Sam. xxv 18) ; que ceux qui avaient accompagné les chefs de tribu à Hébron pour introniser David avaient emporté avec eux, pour servir au festin, de la farine, des gâteaux de figues et de raisins secs, du vin, de l'huile ainsi que des pièces de gros et de menu bétail (1 Chr. xii 41) ; qu'à l'issue de la translation de l'arche David avait fait distribuer à chacun des présents un pain, un gâteau de dattes et un gâteau de raisins secs (2 Sam. vi 19 // 1 Chr. xvi 3) ; que, alors que David et ses compagnons étaient en fuite devant Absalom, Tsiba vint à leur rencontre avec deux cents pains, deux cents gâteaux de raisins secs, cent fruits d'été et une outre de vin (2 Sam. xvi 1-2) ; qu'un peu plus tard David reçut de la part de trois de ses fidèles du blé, de l'orge, de la farine, des grains grillés, des fèves, des lentilles, du miel, du lait caillé, des pièces de menu bétail et des fromages de vache (2 Sam. xvii 28-29) ; qu'à la cour de Salomon on consommait quotidiennement trente kor (soit env. six mille trois cents litres) de fleur de farine, soixante kor de farine ordinaire, dix bœufs gras, vingt bœufs de pâturage, cent moutons, ainsi que des cerfs, des gazelles, des chevreuils et des oies engraissées (1 Rois v 2-3) ; qu'un homme avait apporté à Élisée des pains des prémices, vingt pains d'orge et un sac de grains nouveaux (2 Rois iv 42). Lorsqu'on voudra énumérer les produits caractéristiques de l'alimentation israélite on citera le pain et l'eau (Os. ii 7), le blé et le vin (Os. vii 14 ; Zach. ix 17 ; Lam. ii 12 ; cf. Os. ix 2) – auxquels s'ajoutent l'huile en Os. ii 10 – la fleur de farine, le miel et l'huile (Ez. xvi 13), le pain, le vin et l'huile (Ag. ii 12).

Dans toutes ces listes apparaissent les céréales[34]. Et, de manière significative, elles y sont toujours mentionnées en premier. De fait, elles constituent la nourriture de base (voir 2 Rois vii 1 ; Neh. v 2-3). Les pains ne sont pas simplement l'accompagnement d'un repas de viande (Gen. xviii 6-7 ; xxvii 17). Ils sont la nourriture principale : le repas que préparait Jacob et qu'il offre à Ésaü consiste en du pain et des lentilles (Gen. xxv 34) ; les hommes de David donnent au captif qu'ils viennent de prendre du pain, de l'eau, des gâteaux de figues sèches et de raisins secs (1 Sam. xxx 11-12) ; les moissonneurs mangent du pain trempé dans du vinaigre, et des grains grillés (Ruth ii 14). En cas de nécessité, le pain remplace toute autre nourriture : lorsque Abraham chasse Agar, il lui donne du pain et une outre d'eau (Gen. xxi 14), ce qui est considéré comme le minimum vital (Deut. xxiii 5 ; 1 Rois xviii 4, 13, 2 Rois vi 22 ; Job xxii 7), de sorte que

[34] Pour une liste des principales céréales cultivées en Israël et leur mode de culture, voir Es. xxviii 24-28.

refuser de prendre de la nourriture se dit ne pas manger de pain et ne pas boire de vin (1 Rois xiii 8-9, 16-17, cf. 18, 22) ; pain et vin sont emportés comme provisions de route par le lévite éphraïmite (Jug. xix 19) et par la caravane gabaonite qui prétend venir d'un pays éloigné (Jos. ix 12-13) ; Gédéon réclame du pain pour ses troupes lancées à la poursuite des Madianites (Jug. viii 5, 15) ; David et ses hommes, en fuite, demandent cinq pains au prêtre de Nob (1 Sam. xxi 4) ; et pendant toute la durée de la famine, la veuve de Sarepta préparera, pour elle, pour son fils et pour Élie, des pains faits à l'huile (1 Rois xvii 11-16) : ce sera leur seule nourriture. Un pain représente la ration quotidienne minimale : c'est ce que devra manger Ézéchiel, à l'exclusion de toute autre nourriture, pendant trois cent quatre-vingt-dix jours, le pain étant ici à base de blé, d'orge, de fèves, de lentilles, de millet et d'épeautre (Ez. iv 9) ; c'est aussi ce que reçoit Jérémie dans sa prison (Jer. xxxvii 21 ; cf. aussi 1 Rois xxii 27 // 2 Chr. xviii 26)[35]. Tous ces textes montrent l'importance du pain dans l'alimentation. On comprend dans ces conditions que *lèḥèm*, pain, puisse désigner la nourriture en général.

Les autres produits, huile, miel et vin, sont plus rarement mentionnés. L'huile, associée à la fleur de farine (Ez. xvi 13), à l'argent et à l'or (Os. ii 10), évoque surtout le repas de fête (cf. 1 Chr. xii 41), le luxe d'une nourriture raffinée. Le miel, souvent associé au lait, ou à la crème et au vin (Cant. v 1), représente une nourriture de choix particulièrement délicate (Ps. lxxxi 17 ; Es. vii 15, 22 ; cf. aussi Job xx 17 ; Cant. iv 11). Le vin accompagne les riches festins (1 Sam. xxv 36 ; 2 Sam. xiii 23-28 ; Es. v 12, xxii 13 ; Am. vi 4-6 ; Job i 13-18 ; Prov. ix 2 ; Neh. v 18 ; 1 Chr. xii 41 ; cf. aussi Prov. xxi 17). Tous ces produits évoquent ainsi surtout le luxe des repas festifs et joyeux dont Dieu a généreusement dispensé la matière dans le pays qu'il a donné à Israël :

> (Le Seigneur) lui fait enfourcher les hauteurs du pays
> pour qu'il se nourrisse des produits des champs :
> il lui fait sucer le miel dans le creux des pierres,
> il lui donne l'huile mûrie sur le granit des rochers,
> le beurre des vaches et le lait des brebis,
> avec la graisse des agneaux, des béliers de Bashân et des boucs,

[35] On peut également signaler ici les ostraca d'Arad n°s 1-14 et 17 qui font mention d'un approvisionnement de mercenaires en céréales (sous la forme de farine ou de pains) et en vin, parfois en huile. Sur ces textes voir Lemaire (1977), pp. 224-5, 228-30.

ainsi que la fleur du froment ;
le sang du raisin, tu le bois fermenté.

(Deut. xxxii 13-14)
Traduction Œcuménique de la Bible

Il ne fait donc aucun doute que le choix de ces différents produits est déterminé par le rôle qu'ils jouent dans l'alimentation : si, parmi tous les produits agricoles qui servent de nourriture[36], seuls les céréales, l'huile, le miel et le vin forment la matière des offrandes végétales, c'est que les premières constituent la nourriture principale, la base de la ration alimentaire quotidienne, et que les autres permettent d'agrémenter ce repas et de le rendre plus savoureux. Mais il est clair aussi que cette explication est insuffisante pour rendre compte du choix de la matière des offrandes végétales. Car si c'était là le seul critère, comment expliquer que les céréales puissent être offertes sous forme de farine, autrement dit sous une forme où elles ne sont pas consommables telles quelles, et que c'est de cette forme que P a fait la *minḥāh* par excellence ? Et surtout, pourquoi dans ce cas limiter la matière de la *minḥāh* aux seuls produits de l'agriculture, à l'exclusion de la viande et de tout dérivé animal, alors que s'il ne s'était agi que d'offrir une nourriture à Dieu, ces derniers auraient constitué une nourriture bien plus appétissante et savoureuse ? Il est donc nécessaire de compléter cette première explication par une seconde.

Céréales, huile, miel et vin ne sont pas seulement les éléments d'un repas, ce sont aussi les produits représentatifs d'Israël. Lorsque le Deutéronome voudra décrire la Terre promise, il en parlera comme d'un pays "de blé et d'orge, de vignes, de figuiers et de grenadiers, un pays d'huile d'olive et de miel" (Deut. viii 8 ; cf. aussi Jo. i 10-12 ; Nb. xiii 23). Et l'envoyé de Sennacherib, s'adressant aux habitants de Jérusalem pour les inviter à se rendre, leur promettra un pays qui, comme le leur, est un pays "de céréales et de vin nouveau, un pays de pain et de vignes, un pays d'huile d'olive et de miel" (2 Rois xviii 32 // Es. xxxvi 17). *Dāgān,* céréales, *tîrôš*, vin nouveau, *yiṣhār,* huile, sont présentés comme les produits par excellence de l'agriculture (Deut. vii 13, xi 14 ; Os. ii 10), dont Dieu privera Israël lorsqu'il voudra le châtier (Deut. xxviii 38-40, 51 ; Jo. i 10 ; Mi. vi 15 ; Ag. i 11) et qu'il lui rendra lorsqu'il voudra le bénir (Jer. xxxi 12 ; Os. ii 24 ; Jo. ii 19, 24). Parfois seuls les deux premiers de ces produits

[36] La liste de ces produits a été dressée, à partir des données bibliques et archéologiques, par Borowski (1987), pp. 85-139.

servent à caractériser la production agricole d'Israël. Deut. xxxiii 28 parle ainsi d'Israël comme d'un pays "de céréales et de vin nouveau" (cf. aussi Os. ii 11), faisant écho à la bénédiction d'Isaac sur Jacob "Que Dieu te donne de la rosée des cieux et des graisses de la terre, et une abondance de céréales et de vin nouveau" (Gen. xxvii 28, cf. aussi 37). Et en Lev. xxv 3-5 le repos sabbatique accordé à la terre se traduit par la suspension de toute culture de céréales et de tout travail dans le vignoble. Aussi n'est-il guère surprenant que céréales, vin et huile soient par excellence les produits dont Israël doit offrir les prémices (Nb. xviii 12 ; Neh. x 36-40 ; 2 Chr. xxxi 5) et la dîme (Nb. xviii 26-27 ; Deut. xii 17, xiv 23 ; xviii 4 ; Neh. x 40, xiii 5, 12).

De fait, céréales, huile et vin constituent la principale richesse d'Israël et occupent une place importante dans son économie comme produits d'exportation. D'après 1 Rois v 25, Salomon versait au roi de Tyr, en échange du bois dont il avait besoin pour la construction du Temple, des annuités de vingt mille kor de blé et de vingt mille kor d'huile vierge, auxquels s'ajoutent, dans le texte parallèle des Chroniques, vingt mille kor d'orge et vingt mille bat de vin (2 Chr. ii 9, 14). De même, lors de la reconstruction du Temple, le bois de construction est payé aux Sidoniens et aux Tyriens en nourriture, boisson et huile (Esd. iii 7). Os. xii 2 fait état d'exportations d'huile vers l'Égypte. Et Ez. xxvii 17 atteste l'existence d'un commerce régulier avec Tyr portant sur du blé, du miel, de l'huile, ainsi que d'une résine odoriférante et d'un autre produit dont la nature exacte est difficile à déterminer[37]. Es. lxii 8-9 indique que du temps de la domination babylonienne Israël avait servi de colonie d'exploitation pour les céréales et pour le vin (cf. aussi Deut. xxviii 51 ; Jer. v 17 ; Neh. ix 36-37).

Il n'est donc guère étonnant que les rois aient cherché à contrôler des produits d'une telle importance pour l'alimentation et pour l'économie d'Israël. David, à en croire 1 Chr. xxvii 26-31, aurait nommé des fonctionnaires distincts pour administrer chacun des différents types de productions du domaine royal, et notamment les céréales et le vin. Roboam, comme déjà David avant lui (1 Chr. xxvii 25-28), aurait constitué dans chacune des villes fortes de Juda des stocks de

---

[37] Voir F. Briquel-Chatonnet, *Les relations entre les cités de la côte phénicienne et les royaumes d'Israël et de Juda*. Leuven, 1992, pp. 229-70 et, pour le ixe-viiie siècle, Sh. Geva, "Archaeological Evidence for the Trade Between Israel and Tyre ?", *BASOR* 248 (1982), pp. 69-72. Borowski (1987), p. 118 note que tant en Égypte qu'en Basse Mésopotamie l'huile d'olive devait être importée de Canaan.

vivres, d'huile et de vin (2 Chr. xi 11). Ézéchias, d'après 2 Chr. xxxii 28, avait des entrepôts pour le blé, l'huile et le vin. Et Jer. xli 8 montre qu'en temps de guerre on constituait des stocks secrets de blé, d'orge, d'huile et de miel afin de soustraire ces produits à l'ennemi.

Ce que l'on apporte à Dieu en *minḥāh*, ce n'est donc pas seulement la matière d'un repas. Ce sont aussi les principales ressources du pays, celles-là mêmes qui font sa richesse. Et, à travers ces produits représentatifs, c'est la terre d'Israël elle-même que l'on présente à Dieu, concentrée en quelque sorte dans ses produits : les céréales et l'huile sont l'émanation de la terre, elles sont la terre. En choisissant les produits de l'agriculture de préférence à ceux de l'élevage pour servir de matière à la *minḥāh*, on n'a donc pas seulement choisi les produits qui correspondaient à l'activité dominante. On a choisi ceux qui étaient le plus liés à la terre, et ce afin de faire de la *minḥāh* la remise symbolique du pays à Dieu. La *minḥāh* se rattache ainsi au même contexte idéologique que l'offrande des prémices et de la dîme. Mais tandis que ces dernières constituent respectivement un privilège de Dieu et une redevance à laquelle il a droit en sa qualité de propriétaire du pays, l'offrande de la *minḥāh* est, plus fondamentalement, le geste par lequel le fidèle reconnaît la souveraineté de Yhwh sur le pays. La fonction de la *minḥāh* est ainsi identique à celle du tribut qu'une nation verse à une autre nation[38], même si sa valeur n'est qu'une valeur symbolique.

Cette fonction symbolique attachée à la remise de produits agricoles n'est pas spécifique au domaine cultuel. On peut citer au moins deux exemples où la remise de pain (et de vin), à l'exclusion de tout autre aliment, n'est pas un simple geste d'hospitalité mais est une marque d'hommage et de soumission. De manière significative, les deux exemples sont en relation avec une investiture royale.

Le premier exemple se trouve dans le récit de l'onction de Saül, en 1 Sam. ix 1-x 16. En 1 Sam. x, le narrateur raconte qu'après avoir oint Saül comme *nāgîd*, v. 1, Samuel lui annonce trois signes. Ces trois signes s'enchaînent de manière à former une gradation[39]. Le

---

[38] Il est intéressant de noter que les produits utilisés pour l'offrande végétale constituent dans le Testament de Juda la matière d'un tribut imposé à Esaü par Juda, Ruben et Gad : cinq cents kor de blé, cinq cents éphah d'huile et cinq cents mesures de vin (Test. Juda ix 7-8).

[39] Sur un plan purement formel, ceci se traduit par le fait que le narrateur construit son récit de manière à consacrer vingt-huit mots au premier signe, trente-huit, au deuxième, quarante-huit, au troisième, conclusion comprise. La gradation porte à la fois sur le nombre de personnes que rencontre Saül, leur attitude, la forme de la rencontre et le bénéfice qu'en tire Saül.

premier de ces signes est en relation directe avec l'épisode de la recherche des ânesses perdues : Saül, lorsqu'il aura quitté Samuel, rencontrera deux hommes se tenant près du tombeau de Rachel, qui lui annonceront que les ânesses ont été retrouvées, v. 2, confirmant ainsi ce que Samuel lui avait précédemment appris, ix 20. Puis, il sera abordé par trois hommes montant vers le sanctuaire de Béthel qui, après l'avoir salué, lui remettront deux pains, x 3-4. Enfin, arrivé à Guibéa, il tombera sur une bande de prophètes descendant du sanctuaire et par l'intermédiaire desquels l'esprit fondra sur lui, v. 5-6.

Si l'interprétation du premier et du troisième signe ne fait guère problème, il n'en va pas de même pour le deuxième. Plusieurs commentateurs rattachent le deuxième signe au premier et le comprennent en référence à la narration du ch. ix. Selon les uns, les deux pains seraient offerts à Saül et à son serviteur pour leur servir de nourriture puisque, comme le précise ix 7, leurs provisions de route étaient épuisées[40]. D'autres rapprochent ce geste de celui de ix 24 et estiment que, dans l'un et l'autre cas, Saül reçoit la part des prêtres[41]. Mais ces explications, outre qu'elles ne sont pas très convaincantes, méconnaissent le fait que le narrateur a étroitement associé le deuxième et le troisième signe. L'un et l'autre, en effet, sont en relation avec la sphère cultuelle : les personnes rencontrées vont au sanctuaire ou en reviennent ; ce que reçoit Saül est, dans le premier cas, une part destinée à Dieu, et, dans le second, relève du divin. Et ce déplacement en sens contraire – les premiers montant au sanctuaire, les seconds en redescendant – relie les deux signes et en souligne la complémentarité. Comme aussi le troisième signe, on rattachera donc le deuxième à l'onction royale donnée par Samuel à Saül (x 1). Et, à la suite notamment de Tsevat[42], on verra dans ces deux signes une référence à la double désignation, par Dieu et par le peuple, de Saül comme roi : tandis que le troisième signe marque la reconnaissance divine de la mission de Saül par le biais des prophètes cultuels, le

---

[40] Voir par exemple H.W. Hertzberg, *Die Samuelbücher* (2e édition, Göttingen, 1960), p. 66 ; H.-J. Stoebe, *Das erste Buch Samuelis* (Gütersloh, 1973), p. 206 ; Fr. Stolz, *Das erste und zweite Buch Samuel* (Zürich, 1981), p. 69 ; L.M. Eslinger, *Kingship of God in Crisis. A Close Reading of 1 Samuel 1-12* (Sheffield, 1985), p. 322.

[41] Ainsi P.K. McCarter, *I Samuel* (Garden City, 1980), p. 181, qui cite à l'appui Nb. xviii 11ss.

[42] M. Tsevat, "Studies in the Book of Samuel", *HUCA* 33 (1962), pp. 107-18 (voir p. 117) ; Voir aussi M. Buber, "Die Erzählung von Sauls Königswahl", *VT* 6 (1956), pp. 113-73 (voir p. 134).

deuxième signifie l'hommage du peuple au futur roi, un hommage qui s'exprime à travers la remise de pains à Saül[43].

L'autre exemple se trouve en Gen. xiv. Le texte est d'interprétation difficile et pose de nombreux problèmes, à la fois d'ordre historique (identification des personnages mentionnés, historicité de l'épisode) et littéraire (homogénéité du récit, lien avec les autres couches du Pentateuque)[44]. Et la place centrale que la tradition a attribuée au personnage de Melkisédeq n'a sans doute pas peu contribué à rendre ce récit encore plus opaque.

Comme l'a surtout souligné Westermann, le récit du raid éclair d'Abram s'inscrit parfaitement dans la tradition des récits héroïques de l'époque des Juges[45]. Il s'apparente tout particulièrement à Jug. vi-viii et à 1 Sam. xi. Les trois récits suivent en effet un canevas comparable. Dans les trois cas le héros se voit inopinément placé devant une mission impossible : délivrer son neveu capturé (Gen. xiv 13-14), libérer Israël de l'oppression madianite (Jug. vi 14), répondre à l'appel au secours des habitants de Yabesh, assiégés par les Ammonites (1 Sam. xi 5). Pourtant, aussitôt, il rassemble les hommes disponibles : ses serviteurs (Gen. xiv 14), les hommes de son clan et ceux des tribus adjacentes (Jug. vi 34-35), tout Israël (1 Sam. xi 7-8). Puis il va à la rencontre de l'ennemi et, nuitamment (Gen. xiv 15 ; Jug. vii 19-20 ; 1 Sam. xi 11), après avoir divisé ses forces en trois sections (Jug. vii 16 ; 1 Sam. xi 11 ; cf. Gen. xiv 15), engage une attaque surprise contre leur camp. Malgré la disproportion des forces en présence (avec seulement trois cent dix-huit hommes, Gen. xiv 14 ; trois cents, Jug. vii 1-8), l'adversaire est mis en fuite (Gen. xiv 15 ; Jug. vii 21-viii 12 ; 1 Sam. xi 11), le héros récupérant le butin que l'ennemi avait pris (Gen. xiv 16) ou s'emparant de ses rois pour les mettre à mort (Jug. viii 12, 18-21).

C'est à l'endroit où, dans les deux autres récits, le peuple offre au héros la royauté (Jug. viii 22-23), la lui confère (1 Sam. xi 12-15),

---

[43] C'est sans doute aussi comme un geste d'hommage du sujet à son roi qu'il faut comprendre l'envoi par Isaï à Saül de pains, d'une outre de vin et d'un chevreau. Sur l'expression *ḥamôr lèḥèm* voir D.T. Tsumura,"*ḥamôr leḥem* (1 Samuel xvi 20)", *VT* 42 (1992), pp. 412-4 (= unité de mesure, env. 80-160 litres).

[44] Pour une vue d'ensemble de ces problèmes et une histoire de la recherche sur ce texte voir en particulier W. Schatz, *Genèse 14. Une recherche* (Bern, 1972), pp. 9-62 ; J.A. Emerton, "Some Problems in Genesis xiv", in J.A. Emerton (éd.), *Studies in the Pentateuch.* SVT 41 (Leiden, 1990), pp. 73-102.

[45] Cl. Westermann, *Genesis* (Neukirchen-Vluyn, 1981), pp. 224-5, 226, 239 ; voir aussi J.A. Emerton, "The Riddle of Genesis xiv", *VT* 21 (1971), pp. 403-39 (voir pp. 432-3).

que se situe en Gen. xiv la scène fameuse de la rencontre entre Melkisédeq et Abram (v. 18-20) : en présence du roi de Sodome, v. 17, Melkisédeq, en sa qualité de roi de Salem, offre à Abram du pain et du vin, v. 18a, puis, en tant que prêtre du dieu El-Elyon, il le bénit, v. 18b-20a, enfin, il lui remet la dîme, v. 20b. Cette scène est habituellement considérée comme secondaire. Elle a été diversement interprétée. Le poids de la tradition aidant (cf. Heb. vii 1-2, 4) on a, en règle générale, fait de Melkisédeq le destinataire de la dîme, ceci au nom de la logique[46]. L'argument avancé par W. Schatz est, à cet égard, parfaitement représentatif: "bien que... grammaticalement, Melkisédeq est le sujet, c'est logiquement Abram qui doit avoir payé la dîme au roi-prêtre"[47] et ce bien qu'il en résulte ce que von Rad appelle "une petite discordance" avec le fait qu'Abram renonce à son butin (v. 22-23), discordance que von Rad met au compte de la diversité des matériaux utilisés en Gen. xiv[48]. Cet argument plutôt plaisant, qui oppose la logique à la grammaire, est significatif de la tendance générale à déplacer le centre de gravité de cette narration et à faire, non du héros Abram, mais de Melkisédeq le personnage central. Or, en bonne méthode, ne conviendrait-il pas plutôt d'accorder la logique à la grammaire et de s'efforcer de trouver une autre logique ? Mais c'est surtout l'interprétation du geste de présentation du pain et du vin qui a fait problème. On l'a généralement compris comme une marque d'hospitalité à l'endroit d'Abram[49], ou comme une remise de nourriture aux troupes victorieuses[50]. Mais ce serait là un repas bien frugal pour célébrer une victoire d'une telle ampleur, surtout si l'on compare avec la manière dont les troupes de Saül fêtent leur victoire sur les Philistins (1 Sam. xiv 31-32). Et même à supposer que *lèḥèm* désigne non le pain mais la nourriture en général, la discrétion du narrateur, qui ne fait même pas référence à un repas de victoire, reste dans cette optique tout à fait surprenante. En réalité, la

---

[46] Une exception notable, R.H. Smith, "Abram and Melchizedek (Gen 14 18-20)", *ZAW* 77 (1965), pp. 129-53 (voir p. 134), ceci en relation avec sa thèse fort contestable selon laquelle Abram aurait assailli la ville dont Melkisédeq est le roi et n'aurait accepté de lever le siège qu'après que la ville se soit rendue et lui ait remis le tribut. Sur la localisation de Salem, voir J.A. Emerton, "The Site of Salem, the City of Melchizedek (Genesis xiv 18)", in J.A. Emerton (éd.), *Studies in the Pentateuch.* SVT 41 (Leiden, 1990), pp. 45-71.

[47] Schatz (1972), p. 72, cité et repris par Westermann (1981), p. 219.

[48] G. von Rad, *Das erste Buch Mose. Genesis* (6e édition, Göttingen, 1961), p. 151 ; voir aussi Westermann (1981), p. 244. Mais cf. Emerton (1971), pp. 407-8.

[49] Voir par exemple Smith (1965), p. 136 ; Emerton (1971), p. 425.

[50] Voir par exemple von Rad (1961), p. 151 ; W. Zimmerli, *1 Mose 12 – 25 : Abraham* (Zürich, 1976), p. 43 ; Westermann (1981), p. 242.

comparaison avec Jug. vi-viii et 1 Sam. xi oriente dans une autre direction et invite à comprendre ce geste comme un geste par lequel les peuples de la région confient leur sort à celui qui a réussi à les libérer d'une domination qui a duré douze années (Gen. xiv 4) : en remettant à Abram le pain et le vin, le roi de Salem, au nom des différents rois, lui remet symboliquement le territoire et se met sous sa protection. Dans cette perspective, la remise de la dîme sera la conséquence logique de cette reconnaissance de suzeraineté : à celui qui est désormais reconnu comme le suzerain est apportée la redevance à laquelle il a droit (cf. 1 Sam. viii 15)[51]. La scène décrite en Gen. xiv 18-20 reproduit ainsi, selon toute vraisemblance, des éléments d'un rituel par lequel des peuples vaincus expriment leur volonté de se soumettre à celui qui est devenu leur suzerain[52].

Si donc la matière de la *minḥāh* consiste en produits végétaux, et singulièrement en céréales et en huile, et non en un animal ou en produits manufacturés ou encore en espèces, c'est parce que ces produits constituent à la fois la principale richesse du pays et la nourriture de base. De sorte qu'en les offrant à Dieu, c'est de la terre d'Israël elle-même, de la terre nourricière dans tous les sens du terme, dont ils sont l'émanation et le signe, que l'on fait hommage à Dieu. Et par là même est exprimée la soumission à Dieu et la reconnaissance de sa suzeraineté.

En jouant sur l'état des produits qui entrent dans la composition des offrandes végétales et les modalités de leur offrande, P a distingué plusieurs fonctions. Il a mis au premier rang des offrandes végétales l'offrande autonome de farine et d'huile dont il a fait la *minḥāh* par excellence, celle qui, comme le tribut apporté par le vassal à son suzerain, par le sujet à son roi, exprime l'hommage et la soumission. Il en a distingué la *minḥāh* associée à un sacrifice sanglant, traduction au plan sacrificiel des lois de l'hospitalité, laquelle exprime l'hommage déférent à un hôte de marque. Et il a mis à part l'offrande de

---

[51] On notera que, dans cette hypothèse, Gen. xiv s'inscrit fort bien dans la suite des chapitres xii et xiii : après avoir reçu de Dieu la promesse d'un territoire, xii 7, Abram est invité par Dieu à en prendre symboliquement possession, d'abord par le regard, xiii 14-15, puis en le parcourant en long et en large, xiii 17, avant de le recevoir de la main du roi de Salem, xiv 18-20.

[52] Tel est probablement aussi le sens qu'il faut attribuer à la remise par les Gabaonites de pain et de vin à Israël (Jos. ix 14). Car au vu de l'état dans lequel se trouve le pain – il est rassis et en miettes (v. 12) -, il peut difficilement avoir servi à établir une communion sacramentelle. Comme aussi en Gen. xiv 20, on verra dans ce geste un geste de soumission, la remise symbolique du territoire à celui que l'on reconnaît comme son suzerain et sous la protection duquel on se place.

pains. En l'associant exclusivement à ceux des sacrifices de communion qu'il considère comme les plus saints, il a suggéré que celle-ci avait une fonction distincte, celle de réaliser, par le partage d'une même nourriture, la communion avec Dieu. L'examen du rituel sacrificiel des offrandes végétales permettra de dire si telle a effectivement été son intention.

CHAPITRE III

LE RITUEL DES OFFRANDES VÉGÉTALES

Le rituel sacrificiel a pour fonction première de transmettre l'offrande à Dieu. Il s'agit là d'une entreprise à bien des égards titanesque puisqu'elle n'ambitionne rien de moins que de faire passer un bien matériel de la terre au ciel, du monde des hommes à la sphère divine. La réalisation d'un objectif aussi démesuré est, par voie de conséquence, une opération complexe qui requiert un certain nombre de conditions. Elle ne peut se faire qu'en des lieux privilégiés où la jonction entre la terre et le ciel est possible. Elle a besoin d'un vecteur grâce auquel l'offrande peut parvenir à Dieu. Elle nécessite l'intervention d'un agent ayant la capacité de réaliser cette médiation. Pour qu'il puisse y avoir sacrifice, il faut donc un sanctuaire, ou du moins un autel, du feu, mais aussi un prêtre, une fonction qui a d'abord été assurée par l'offrant lui-même mais qui finira par être réservée à une classe de spécialistes.

Mais le rituel sacrificiel a aussi une autre fonction, celle de répartir la matière sacrificielle entre les différents partenaires. Car le sacrifice n'est pas seulement une offrande à Dieu. À vrai dire, à l'exception du *kālîl* et de la libation, la matière sacrificielle n'est que rarement transmise dans son intégralité à Dieu. Pour certains sacrifices, la majeure partie en est détruite, ainsi dans le cas du *ḥaṭṭāʾt* offert pour le grand prêtre ou pour la communauté (Lev. iv 11-12, 21 ; voir aussi Lev. vi 23). Pour d'autres, elle est attribuée aux prêtres : tel est le cas pour les autres variétés de *ḥaṭṭāʾt* (Lev. vi 19), pour l'*ʾāšām* (Lev. vii 6-7) ou encore pour l'offrande des premiers-nés (Nb. xviii 17-18). Pour d'autres encore, en l'occurrence les sacrifices de communion, elle est répartie entre prêtres (Lev. vii 31-34) et offrants (Lev. vii 15-16). Ce n'est en fait que dans le cas d'un holocauste que Dieu reçoit la quasi totalité de l'offrande ; seule la peau de la victime revient aux prêtres (Lev. vii 8). Cette répartition de la matière sacrificielle que réalise le rituel associe, par le partage, les différents partenaires et, par la commensalité, tisse entre eux un ensemble de liens. L'étude du rituel sacrificiel ne visera donc pas simplement à décrire une technique. Elle aura surtout pour but de mettre en évidence le réseau de relations créé par le sacrifice et de préciser la nature des liens qui unissent les différents partenaires. Elle permettra ainsi de dire quelle est la fonction du sacrifice.

A. *Description*

Les textes bibliques nous renseignent uniquement sur le rituel de l'offrande végétale. Ils ne donnent aucune indication concernant la manière dont est offerte la libation.

1. *Le rituel sacrificiel en dehors du Code sacerdotal*

Les rares indications que l'on peut recueillir en dehors du Code sacerdotal sur le rituel des offrandes végétales[1] sont, pour l'essentiel, apportées par les verbes qui servent à désigner l'action d'offrir une *minḥāh*.

L'emploi en Es. lvii 6, lxvi 3, pour désigner l'offrande de la *minḥāh*, d'une construction propre à l'holocauste, *ʿālāh* hi, et qui réfère à la transmission de la victime à Dieu (par le moyen de la combustion), donne à penser que le rituel des offrandes végétales s'apparente sur ce point à celui de l'holocauste. Mais ce premier témoignage est de prime abord sujet à caution : il est tardif – les deux textes datent de l'époque de l'Exil ; et surtout il est contestable – le premier de ces textes fait référence à un sacrifice idolâtre et le second n'est pas pertinent puisqu'il s'applique à une *minḥāh* qui prend la forme d'une libation. Le lien rituel avec l'holocauste est pourtant confirmé par l'emploi de ce même verbe pour désigner l'offrande conjointe de l'holocauste et de la *minḥāh* en Jos. xxii 23, distinguée de celle du sacrifice de communion, et en Jer. xiv 12[2] (cf. aussi Am. v 22). Mais c'est principalement l'emploi du verbe *qāṭar* qui indique que la *minḥāh* est bel et bien brûlée sur l'autel : en 2 Rois xvi 13, 15 *qāṭar* hi sert à qualifier le rituel de l'holocauste et de la *minḥāh* et à le distinguer de celui du sacrifice de communion ; il est même utilisé en Jer. xxxiii 18 pour marquer la spécificité du rituel de la *minḥāh* par rapport non seulement au rituel du sacrifice de communion mais aussi à celui de l'holocauste. Mais, plutôt qu'une allusion à une improbable particularité de la combustion de la *minḥāh*[3], l'emploi de *qāṭar* provient sans doute du rapprochement qui a été fait entre cette offrande et

---

[1] Sur le rituel des offrandes végétales voir Rendtorff (1967), pp. 182-90.

[2] On retrouve cette même construction chez P en Ex. xl 29 et Lev. xiv 20. Cette construction est surtout utilisée lorsque l'holocauste est associé aux *šelāmîm* (Jug. xx 26, xxi 4 ; 2 Sam. vi 17, 18 // 1 Chr. xvi 2 ; 2 Sam. xxiv 25 // 1 Chr. xxi 26 ; 1 Rois ix 25). Elle ne l'est que deux fois lorsque *ʿolāh* est associé à un autre sacrifice : avec *zèbaḥ* (Lev. xvii 8), avec *ḥalābîm* (2 Chr. xxxv 14).

[3] Ainsi Zwickel (1990) p. 285 qui distingue la combustion de la totalité de la victime de l'holocauste du "verkokeln" de l'offrande végétale.

l'offrande d'encens[4]. Ce même verbe, mais ici à la forme piel, est également utilisé en Jer. xliv à propos des pains offerts à la Reine du ciel (v. 19 et passim)[5]. Est-ce à dire que, comme le pense Haran, l'offrande végétale est intégralement brûlée[6] ? Tel est assurément le cas en Jug. vi 21 et xiii 19-20, où la combustion par le feu sert à transmettre l'offrande à Dieu (voir Jug. xiii 23). Mais en est-il aussi ainsi pour les sacrifices habituels ?

Un détail donné en passant dans la liste des mesures prises par Josias, dans le cadre de sa réforme cultuelle, apporte peut-être une indication supplémentaire sur le rituel des offrandes végétales. En 2 Rois xxiii, il est en effet précisé qu'à la suite de la centralisation du culte, les prêtres des "hauts-lieux" de Juda sont regroupés à Jérusalem, v. 8, où l'exercice du ministère sacrificiel leur est interdit, mais où ils pourront "manger des pains azymes au milieu de leurs frères", v. 9. Le texte est d'interprétation difficile. Il est peu probable qu'il fasse allusion à la consommation des pains sans levain pendant la fête des Azymes : leur privilège se réduirait au fait de manger ces pains avec les autres prêtres. Il se pourrait par contre que ce texte concerne la part attribuée aux prêtres à l'occasion d'offrandes végétales : les prêtres des "hauts-lieux" perdent le droit d'offrir des sacrifices ; mais ils conservent le privilège sacerdotal qui leur assure une part des offrandes végétales. Si cette interprétation était correcte, cela montrerait que les offrandes végétales étaient courantes à l'époque de Josias ; cela indiquerait aussi qu'on a considéré cette part suffisamment importante pour que, dans le cadre d'une réforme du statut des prêtres des "hauts-lieux", on mentionne cet unique privilège, de préférence à tous les autres privilèges sacerdotaux (cf. Deut. xviii 1-5)[7].

Tout cela, il faut le reconnaître, reste bien mince.

---

[4] Voir aussi Haran (1978), p. 234. De fait, *minḥāh* et *lebonāh* sont associés en Es. xliii 23, lxvi 3 ; Jer. xvii 26 ; Neh. xiii 5, 9 (cf. aussi Dan. ii 46).

[5] Arguant du fait que *qāṭar* pi ne désigne jamais une offrande d'encens, Haran conclut que partout où cette forme est employée elle fait référence à une offrande végétale (Haran, 1978, pp. 233-4). Mais K. Nielsen a sans doute raison de dire que, si cette interprétation de *qāṭar* vaut très probablement pour le livre de Jérémie, il est beaucoup plus difficile de décider dans les autres cas si ce verbe suppose une offrande de parfum ou au contraire une offrande végétale (Nielsen, 1986, pp. 54-7). Voir aussi W. Zwickel (1990), pp. 261-2, 337. Selon D. Edelman, "The Meaning of *qiṭṭér*", *VT* 35 (1985), pp. 395-404 ce verbe désigne la combustion sur l'autel de la part du sacrifice, animal ou végétal, destinée à Dieu.

[6] Haran (1978), p. 233.

[7] Voir aussi D. Kellermann, "*maṣṣāh*", *TWAT* IV (Stuttgart, 1984), col. 1074-81 (voir col. 1077-8). Cf. Milgrom (1991), p. 187, pour qui c'est là leur unique privilège, à l'exclusion de tous les autres.

2. *Le rituel sacrificiel d'après le Code sacerdotal*

Les renseignements relatifs au rituel des offrandes végétales proviennent presque exclusivement du Code sacerdotal. Ce rituel, comme aussi celui des autres sacrifices, est décrit dans les premiers chapitres du Lévitique, Lev. i-v, la description du rituel des offrandes végétales, en Lev. ii, faisant suite à celle de l'holocauste, Lev. i, et précédant celle du sacrifice de communion, Lev. iii. Curieusement, cette description est reprise, mais uniquement pour le rituel de la *minḥāh* autonome de farine et d'huile, en Lev. vi 7-11, dans le cadre d'une section principalement consacrée à l'utilisation des matières sacrificielles qui ne sont pas brûlées sur l'autel mais attribuées aux prêtres, Lev. vi 1-vii 36 (voir Lev. vii 35-36). Comme aussi Lev. i-v, cet ensemble se présente sous la forme d'un discours de Yhwh à Moïse, un discours dont les destinataires ultimes sont ici, pour ce qui est de sa première partie, vi 1-vii 21, non plus le peuple mais "Aaron et ses fils". Cette première partie se présente comme une série d'instructions, *tôrāh*, portant sur les différents types de sacrifices, dans l'ordre, l'holocauste, la *minḥāh*, le *ḥaṭṭā't*, l'*'āšām*, les sacrifices de communion. On notera que l'ordre des sacrifices est différent de ce qu'il était en Lev. i-v. On observera surtout que P les a regroupés d'une autre manière. En reprenant en Lev. vii 8-10 des dispositions relatives à l'holocauste et à la part des prêtres dans le cas d'une offrande végétale, il a dissocié l'holocauste, la *minḥāh*, le *ḥaṭṭā't*, l'*'āšām*, vi 1-vii 10, des sacrifices de communion, vii 11-21. Mais en même temps, en reproduisant en vi 17-18aα la formule d'introduction de vi 1-2aα, il a dissocié les offrandes végétales des sacrifices expiatoires, *ḥaṭṭā't* et *'āšām*, et les a associées à l'holocauste. Ce qui, une fois de plus, montre toute l'ambivalence des offrandes végétales.

Le rituel des offrandes végétales, tel qu'on peut le reconstituer à partir de Lev. ii, vi 7-11 et de diverses indications recueillies de-ci delà, comporte trois phases.

La **première** phase met en relation l'offrant avec le prêtre. Comme il est de règle (Lev. i 3), cette phase se déroule à l'entrée de la Tente de la Rencontre, dans cette zone intermédiaire où se touchent l'espace sacré et l'espace profane. Le fidèle, après avoir préparé son offrande – dans le cas d'une *minḥāh* de farine ou de grains grillés en y versant de l'huile et en y ajoutant, le cas échéant, de l'encens (Lev. ii 1, 15) – remet son offrande au prêtre. Cet acte est désigné tantôt par le verbe *bô'* hi (Lev. ii 2, v 12 ; Nb. v 15), tantôt par le verbe *qārab* hi (Lev. ii 8). Les deux verbes sont en fait interchangeables. Mais parce qu'ils désignent aussi l'acte d'apporter l'offrande à Dieu, P utilise, là où ces deux actes sont mentionnés, l'un des verbes pour la remise de l'offrande au prêtre, l'autre pour la remise de l'offrande à Dieu (Lev. ii 1 et 2 ; 8b et 8a). L'offrande de farine est présentée aux prêtres dans un récipient : si les princes, au moment de la consécration de l'autel, apportent leur offrande dans des bols, *qeʿārāh*, d'argent et dans des coupes, *mizrāq*, d'argent (Nb. vii 13 et passim)[8], les Israélites ordinaires ont dû se contenter de la présenter dans des récipients purs, *kelî ṭāhôr* (voir Es. lxvi 20). Quant aux pains, ils étaient probablement remis aux prêtres dans des paniers, *sal* (Ex. xxix 3, 23, 32 // Lev. viii 2, 26, 31 ; Nb. vi 15, 17, 19).

La **deuxième** phase est celle de l'offrande. Elle fait intervenir le seul prêtre. Celui-ci prélève la part destinée à Dieu, puis la brûle sur l'autel.

Après avoir reçu l'offrande de la main du fidèle, le prêtre la dépose – mot à mot, l'approche – *nāgaš* hi (Lev. ii 8), *qārab* hi (Ex. xxix 3 ; Lev. vi 7, ix 17 ; Nb. v 25) "devant Yhwh" (Lev. vi 7 ; voir aussi Ex. xxix 23 // Lev. viii 26), "devant l'autel" (Lev. ii 8, vi 7 ; Nb. v 25). Cet autel, comme pour les sacrifices animaux, est l'autel de l'holocauste qui se trouve sur le parvis. Puis il en prélève la part de Dieu.

P introduit ici une distinction entre le cas d'une offrande de farine et le cas d'une offrande de pains ou de grains grillés.

Dans le premier cas, le prêtre devra en prélever une poignée, geste que P désigne tantôt par l'expression *qāmaṣ min... melo' qumṣô* (Lev. ii 2, v 12), ou simplement *qāmaṣ min* (Nb. v 26), tantôt par *rûm* hi *min... bequmṣô* (Lev. vi 8) ou encore par *mālā'* pi *kappô min* (Lev. ix 17). Mais il devra en prélever, le cas échéant, la totalité de l'encens (Lev. ii 2, vi 8 ; cf. aussi Lev. ii 16).

Dans le cas d'une offrande de pains, il est simplement dit, sans autre précision, que le prêtre devra prélever, *rûm* hi *min*, la part de Dieu (Lev. ii 9 ; cf. de même Lev. ii 16, pour l'offrande de grains grillés). L'importance de cette part n'est déterminée que dans les cas où les prêtres sont eux-mêmes les offrants, à savoir lors du rituel de consécration des prêtres, où Dieu se voit attribuer un pain de chacune des trois espèces exigées (Ex. xxix 23 // Lev. viii 26) et pour l'offrande quotidienne de pains, laquelle revient intégralement, *kālîl*, à Dieu (Lev. vi 15) ; il en va d'ailleurs de même pour toute offrande,

---

[8] *Qeʿārāh* et *mizrāq* sont mentionnés presque exclusivement en relation avec le culte.

qu'elle consiste en farine ou en pains, apportée par les prêtres (Lev. vi 16). Dans tous les autres cas, l'importance de cette part – une poignée, lorsque le pain est rompu en morceaux, un morceau, un ou plusieurs pains ? – semble laissée à la discrétion du prêtre.

Cette part de Dieu, le prêtre la fait brûler, *qāṭar* hi, sur l'autel (Ex. xxix 25 // Lev. viii 28 ; Lev. ii 2, 9, 16, v 12, vi 8, 15, ix 17 ; Nb. v 26). Elle est pour lui un sacrifice d'odeur apaisante, *rêaḥ nîḥoaḥ* (Ex. xxix 25 // Lev. viii 28 ; Lev. ii 2, 9, 12, vi 8, 14), ceci sauf dans le cas du *ḥaṭṭā'ṭ* végétal, où elle est destinée au *kappér* (Lev. v 13), et de l'offrande de jalousie. P a donné à cette part le nom d'*'azkārāh* là où cette offrande est apportée de manière autonome, sans être liée à un sacrifice animal, et ce quelle que soit sa nature ou sa fonction (Lev. ii 2, 9, 16, v 12, vi 8 ; Nb. v 26).

La **troisième** phase est celle de la consommation de leur part de l'offrande par les prêtres. Cette part, *ḥélèq* (Lev. vi 10), *terûmāh* (Lev. vii 14), consiste en tout ce qui reste, *hannôtèrèt*, après que Dieu aura reçu sa part (Lev. ii 3, 10, vi 9, x 12 ; voir Lev. v 13). Elle a été donnée, *nātan*, aux prêtres par Dieu (Lev. vi 10 ; cf. Ez. xliv 29). Pour P, il ne s'agit pas là d'une simple redevance que percevraient les prêtres en échange du service rendu, ou d'une prébende destinée à assurer leur subsistance. Cette part est sacro-sainte, *qodèš qodāšîm* (Lev. ii 3, 10, vi 10, x 12 ; Nb. xviii 9 ; voir aussi Ez. xlii 13 et cf. Lev. vi 11 ; Ez. xlvi 20). Et surtout, la consommation de cette part fait partie du rituel sacrificiel et en constitue la phase finale. P a fortement souligné le lien entre cette phase du rituel et les phases précédentes : en Lev. ii, il fait référence à la destination de ce qui n'est pas brûlé sur l'autel, ce qu'il ne fait en Lev. i-v pour aucun autre sacrifice[9] ; à l'inverse, en Lev. vi 7-11, il mentionne la combustion sur l'autel, ce qu'il ne fait en Lev. vi-vii que pour l'*'āšām*, dont le rituel sacrificiel n'avait pas été donné en Lev. v. En associant ainsi, dans les deux cas où il décrit le rituel des offrandes végétales, la combustion et la consommation de la matière sacrificielle par les prêtres, P indique clairement que ces deux rites ne sauraient être dissociés.

L'importance de la part des prêtres varie selon la nature et la fonction de l'offrande végétale.

---

[9] Selon Milgrom (1991), cette référence à la part des prêtres a été rendue ici nécessaire par le fait que, l'offrande végétale étant un surrogat de l'holocauste, on aurait pu penser que, comme l'holocauste, elle était entièrement brûlée sur l'autel (p. 182, 188), ce qui d'ailleurs avait été le cas à l'origine (p. 200-1). La modification du rituel sur ce point est destinée à distinguer cette offrande de celle du culte domestique idolâtre, laquelle était entièrement brûlée (pp. 188, 201-2).

Dans le cas d'une offrande de farine, lorsque celle-ci accompagne un sacrifice animal, ou qu'elle se substitue à un *ḥaṭṭā't* animal, ou qu'elle sert à l'offrande de jalousie, autrement dit dans tous les cas où la quantité de farine est déterminée, l'importance de la part des prêtres est indirectement fixée à x éphah (= quantité que doit apporter l'offrant) moins une poignée (= quantité apportée à Dieu). Là où, par contre, cette offrande est une offrande autonome spontanée, l'importance de cette part est déterminée par l'offrant dans la mesure où, la part de Dieu étant uniformément fixée à une poignée, la part des prêtres, à savoir tout le reste, est fonction de l'importance quantitative de l'offrande.

Dans le cas d'une offrande de pains, lorsque ceux-ci sont associés à un *tôdāh*, ou au sacrifice de communion du rituel de désécration du nazir, la part des prêtres est fixée à un pain de chacune des espèces offertes sur l'autel (respectivement Lev. vii 14 et Nb. vi 19). Telle est aussi la part qui, normalement, devrait revenir aux prêtres dans le rituel de consécration, mais qui ici est offerte à Dieu. Par contre, lorsque les pains sont offerts de manière autonome, comme sacrifice spontané, l'importance de cette part est déterminée par le prêtre lui-même – puisque la quantité destinée à Dieu et par voie de conséquence la sienne est laissée à sa libre appréciation –, et indirectement par l'offrant, par la quantité de pains que celui-ci apporte. Il en va sans doute de même dans le cas d'une offrande de grains grillés.

Lev. vii 9-10 attribue les pains au prêtre officiant (voir aussi Lev. vii 14), la farine (et sans doute les grains grillés), au corps des prêtres[10]. Préalablement cuite pour en faire des pains azymes, dans le cas d'une offrande de farine (Lev. vi 9-10, x 12 ; voir de même Ez. xlvi 20), cette part est consommée par les prêtres (Lev. vi 9, x 12 ; de même Ez. xliii 13, xliv 29) ainsi que par leurs descendants mâles (Lev. vi 11 ; Nb. xviii 10) en un lieu saint – sacro-saint selon Nb. xviii 10 – le parvis de la Tente de la Rencontre (Lev. vi 9) et, plus précisément, à côté de l'autel (Lev. x 12-13). Selon Ézéchiel, ces pains sont consommés dans des salles disposées au nord et au sud du parvis intérieur (Ez. xliii 13, xlvi 19-20).

P ne fait pas explicitement état d'une part qui serait attribuée à l'offrant laïc. De fait, dans la quasi totalité des cas, l'offrande végétale est intégralement partagée entre Dieu et les prêtres. Pourtant il semble bien que dans quelques cas l'offrant est associé à ce repas

---

[10] La distinction n'est pas faite en Lev. ii 3 et 10. Mais voir Milgrom (1991), pp. 186-7.

sacrificiel. Il en est probablement ainsi lorsqu'il offre un *tôdāh*. Les pains levés qui, parallèlement aux pains azymes, accompagnent ce sacrifice (Lev. vii 13), et qui ne peuvent ni être brûlés sur l'autel (Lev. ii 11-12), ni consommés par les prêtres (Lev. vi 10)[11], reviennent intégralement à l'offrant. Celui-ci reçoit en outre ce qui reste des pains azymes après que Dieu et le prêtre officiant aient reçu leur part. Il en va de même pour les pains offerts dans le cadre du rituel de désécration du nazir : le fait que l'on précise que le prêtre doit prélever du panier de pains apporté par l'offrant un pain de chaque espèce (Nb. vi 19), et ce après que Dieu en aura déjà reçu sa part (Nb. vi 17), indique qu'il y reste d'autres pains, lesquels ne peuvent qu'être destinés à l'offrant. On notera que cette consommation est expressément prescrite aux offrants – qui sont ici des prêtres – lors du rituel de consécration des prêtres (Ex. xxix 32 // Lev. viii 31). En somme, l'offrant a part aux pains sacrificiels dans tous les cas où ceux-ci sont associés à un sacrifice de communion. L'importance de cette part varie selon le type de rituel sacrificiel. Dans le rituel de consécration des prêtres, où la part de Dieu est fixée à un pain de chaque espèce, et où l'officiant n'en reçoit rien, la part de l'offrant est laissée à son entière appréciation. Dans le rituel de désécration du nazir, cette part dépend essentiellement de ce que le prêtre prélève pour Dieu. Dans le cas d'un *tôdāh*, de même, la part des pains azymes attribuée à l'offrant est fonction de l'importance de la part que le prêtre prélève pour Dieu; le nombre de pains levés, destinés à l'offrant, dépend par contre uniquement de celui-ci. On peut penser que, tout comme dans le rituel de consécration des prêtres, les mêmes règles qui s'appliquent à la consommation de la viande sacrificielle valent aussi pour la consommation des pains, que donc ceux-ci doivent être considérés comme une nourriture sainte, *qodèš* (Ex. xxix 33-34), consommée en état de pureté, *ṭāhôr* (Lev. vii 19-21), le jour même où ils sont offerts à Dieu et que ce qui en resterait devrait être détruit par le feu (Ex. xxix 34 // Lev. viii 32 ; Lev. vii 15, xxii 30).

L'offrande végétale se présente ainsi comme une offrande habituellement partagée entre Dieu et les prêtres, à laquelle l'Israélite ordinaire n'a part qu'exceptionnellement, et qui ne revient toute entière à Dieu que lorsqu'elle lui est offerte par les prêtres.

---

[11] Ce trait est spécifique aux pains de l'offrande végétale. Les pains des prémices, qui sont remis aux prêtres à la Pentecôte, sont des pains levés (Lev. xxiii 17, 20). Et il n'est pas exigé que les pains de proposition (Lev. xxiv 5-7) et les pains faits avec les prémices de la pâte (Nb. xv 20-21) soient azymes.

B. *Commentaires*

La lecture de ce rituel est assez déconcertante. On se perd dans les multiples distinctions de ce rituel fort complexe. Et en même temps on s'étonne de ce qu'un rituel en apparence aussi rigoureux laisse autant dans le flou le partage de la matière sacrificielle. C'est d'ailleurs ce partage qui est le plus déroutant.

Ce qui, en effet, surprend d'emblée dans ce rituel est la manière en apparence fort cavalière dont Dieu est traité. Car sa part, là où elle est fixée, est étonnamment modeste. Que cette part consiste en une simple pincée ou au contraire en une pleine poignée[12] n'y change pas grand-chose ; ce qui est attribué à Dieu fait davantage penser à un pourboire qu'à un sacrifice. Est-ce la raison pour laquelle on a cru nécessaire de donner à cette part, là où l'offrande végétale constitue l'unique offrande, un nom en la qualifiant de *ʾazkārāh* ?[13]

Mais ce qui surprend le plus à la lecture de ce rituel est le rôle attribué au prêtre dans le cas d'une offrande de pains. Car c'est ici le prêtre, et lui seul, qui détermine l'importance de la part de Dieu. De sorte qu'au lieu de n'être qu'un médiateur il devient en quelque sorte lui-même l'offrant. Pour aucun autre type de sacrifice le prêtre ne joue un tel rôle. Tout au contraire, partout ailleurs, pour la *minḥāh* de farine comme pour les sacrifices sanglants, cette part de Dieu est fixée par la loi sacrificielle, et ce parfois avec une précision presque pédante. Que l'on songe à la manière dont le législateur se soucie de détailler ce qui, dans le cas d'un sacrifice de communion, ou d'un *ḥaṭṭāʾt*, ou encore d'un *ʾāšām*, est considéré comme graisse : la graisse qui recouvre les intestins et celle qui est au-dessus des intestins, les deux rognons et les parties grasses qui y adhèrent, le lobe du foie

---

[12] Voir Elliger (1966), p. 45. Pour la manière dont ce rite a été interprété dans la tradition rabbinique voir Rendtorff (1990), p. 99.

[13] Ce même terme est utilisé en Lev. xxiv 7 en relation avec les pains de proposition. La question du sens de *ʾazkārāh* n'a pas encore reçu de réponse satisfaisante et plusieurs interprétations, qui toutes se rattachent à l'un des sens du verbe *zākar*, continuent à être proposées : référence à une proclamation solennelle du nom divin sur l'offrande, par laquelle celle-ci est attribuée à Dieu (W. Schottroff, *"Gedenken" im Alten Orient und im Alten Testament*, Neukirchen-Vluyn 1964, p. 337 ; H. Eising, "*zākar*", *TWAT* II, Stuttgart, 1977, col. 589-91 ; Zwickel, 1990, pp. 278-9), indication de ce que cette part est offerte substitutivement pour la totalité de l'offrande (Elliger, 1966, p. 45 ; Wenham, 1979, p. 68 ; Rendtorff, 1990, pp. 100-1 ; Milgrom, 1991, pp. 181-2), désignation de la partie de l'offrande par le moyen de laquelle le fidèle invoque Dieu (Nielsen, 1986, p. 76), désignation de la partie de l'offrande qui doit inciter Dieu à se souvenir de l'offrant (Kornfeld, 1983, p. 16). Pour une présentation du dossier voir Schottroff (1964), pp. 328-38 ; Nielsen (1986), pp. 75-6.

(voir par exemple Lev. iii 3-4, iv 8-9, vii 3-4). Cette situation est d'autant plus insolite qu'elle ne résulte pas d'une contrainte inhérente à la nature de l'offrande. Car on aurait très bien pu imaginer, par exemple, d'attribuer à Dieu un pain de chaque espèce, comme on l'a fait dans le cas du rituel de consécration des prêtres, ou, mieux, de fixer cette part proportionnellement à l'importance de l'offrande. Il y a plus. Non seulement le prêtre décide en toute souveraineté de ce qui revient à Dieu mais, dans le cas d'une offrande autonome de pains, il décide aussi, par contrecoup, de l'importance de sa propre part, une pratique qui n'est pas sans évoquer les agissements des fils d'Eli dénoncés en 1 Sam. ii 12-17, lesquels prélevaient ce qui leur semblait bon de l'offrande sacrificielle. Or, pas plus que pour la part de Dieu, cette attitude n'est déterminée par la nature de l'offrande. On le voit bien dans le cas où les pains accompagnent un sacrifice de communion et où la part des prêtres est clairement définie. Lors d'une offrande de pains, le prêtre n'est donc plus simplement le fonctionnaire du sacré qui exécute scrupuleusement un rituel divinement fixé. Il se hisse au rang de maître du rituel, répartissant souverainement les parts d'une offrande que le fidèle destinait à Dieu et dont il est, lui, le prêtre, dans presque tous les cas, le principal bénéficiaire. Et contrairement au cas des fils d'Eli, ce privilège lui est accordé par Dieu, comme le montre le fait que, dans le cas d'une offrande de farine, Dieu se contente d'une simple poignée, et ce quelle que soit la quantité offerte par le fidèle, et en laisse l'essentiel au prêtre.

Toutes ces singularités manifestent à l'évidence que les offrandes végétales ont une fonction bien spécifique dans le système sacrificiel de P.

Pour comprendre la fonction de ces offrandes, il est nécessaire de distinguer, comme le fait P, entre offrande de farine et offrande de pains ou de grains grillés.

L'offrande de farine présente une double caractéristique qui la distingue de l'offrande de pains : la part de Dieu y est uniformément fixée à une poignée, et ce quelle que soit l'importance de cette offrande ; les prêtres en sont les principaux bénéficiaires, la quasi totalité de l'offrande leur étant attribuée par la loi sacrificielle.

La modicité même de la part attribuée à Dieu exclut que celle-ci soit destinée à lui servir de repas et conduit plutôt à lui attribuer une fonction symbolique. Par là même, l'offrande de farine se distingue nettement des autres sacrifices d'odeur apaisante. Par contre, de par l'importance de la part des prêtres, elle s'apparente à ces redevances agricoles que sont la dîme et les prémices, et dont le personnel du culte est le bénéficiaire exclusif : la dîme est versée aux lévites, qui devront en céder un dixième aux prêtres mais en conserveront tout le reste (Nb. xviii 21-32) ; les prémices, quant à elles, sont intégralement attribuées aux prêtres (Nb. xviii 11-19). De par l'importance du prélèvement opéré, l'offrande de farine s'insère ainsi entre la dîme, où ce prélèvement est de dix pour cent, et les prémices, pour lesquelles aucun prélèvement n'est prévu.

À y regarder de plus près, on constate que l'offrande de farine s'inscrit plutôt dans le prolongement de ces deux types de redevances et qu'elle constitue en réalité la marche supérieure d'un système construit en escalier. Ce système, dont la première partie est décrite en Nb. xviii, se présente de la manière suivante. La première marche de ce système est constituée par la dîme. Les attributaires en sont les lévites qui, avec leurs familles, pourront la consommer "en tout lieu" (v. 31). La part prélevée revient aux prêtres (v. 28). La deuxième marche est occupée par les prémices. Intégralement attribuées aux prêtres, elles sont une nourriture sainte (v. 19) et doivent être consommées en état de pureté, par eux et par leurs familles (v. 11, 13), en un lieu pur[14]. L'offrande de farine se situe au point culminant de ce système, à la fois par la nature des attributaires, la sainteté de la part qui leur revient et le destinataire du prélèvement libératoire. Les attributaires en sont les prêtres. La part qu'ils en reçoivent est sacro-sainte et devra être consommée en un lieu très saint par les seuls mâles (v. 9-10). Le prélèvement est destiné à Dieu. Mais, bien que constituant la clef de voûte de tout ce système, l'offrande de farine se distingue de ces autres prestations par le fait que, contrairement à la dîme, le prélèvement n'est pas proportionnel à l'importance du produit perçu et que, à la différence à la fois de la dîme et des prémices, la part fixée n'a qu'une valeur symbolique. C'est que, contrairement aux prémices et à la dîme, l'offrande de farine ne constitue pas une redevance versée à Dieu qui, en sa qualité de propriétaire du pays, a droit aux premiers produits de la récolte et à un pourcentage de la production agricole. Tout en se rattachant à la même idéologie elle est, plus fondamentalement, une *minḥāh*, un tribut versé à Dieu, dont la suzeraineté sur le pays est par là même reconnue. Telle est sa fonction lorsque l'offrande de farine est apportée à Dieu comme

[14] C'est du moins ce que l'on peut supposer, par analogie avec les règles relatives à la consommation des parts du sacrifice de communion attribuées aux prêtres (cf. Nb. xviii 18 et Lev. x 14).

offrande autonome. C'est de ce type d'offrande végétale que P a fait la *minḥāh* par excellence. Lorsque par contre l'offrande de farine est associée à un sacrifice animal, elle est la marque d'une hospitalité particulièrement déférente par laquelle on veut honorer le divin hôte.

L'offrande de pains, comme aussi celle de grains grillés, a deux particularités qui lui assurent une place unique dans le système sacrificiel : la part attribuée aux différents partenaires, Dieu et prêtres, est rigoureusement de même nature ; dans le cas d'une offrande autonome, l'importance de ces différentes parts n'est pas fixée par la loi sacrificielle mais est entièrement laissée à l'appréciation du prêtre officiant. Le fait même que cette offrande soit présentée sous une forme où elle est directement consommable indique que l'accent est ici mis sur le repas sacrificiel et donc, du fait du partage, sur les liens de commensalité qui unissent les prêtres à Dieu.

Au premier réflexe, on pourrait ne voir dans cette offrande que la forme végétale des sacrifices de communion. En effet, l'offrande de pains, comme les sacrifices de communion, donne lieu à un partage de la matière sacrificielle entre différents partenaires qui, comme lors d'une offrande des premiers-nés, sont Dieu et les prêtres. Mais, à y regarder de plus près, on s'aperçoit que la fonction de ce partage n'est pas du tout la même dans les deux cas. Dans le cas des sacrifices de communion, où les parts attribuées aux différents partenaires sont scrupuleusement fixées, la répartition de la matière sacrificielle vise à marquer la place respective et à affirmer la spécificité des différents partenaires. À Dieu sont attribués le sang et les graisses, présentés sur l'autel à l'état cru. Cette part lui est strictement réservée. Elle est, dans tous les cas, qu'il s'agisse ou non d'un sacrifice, rigoureusement soustraite à la consommation humaine, sous peine de bannissement (Lev. vii 23-27). Les partenaires humains, prêtres et offrant, se partagent la viande de la victime, les prêtres recevant la poitrine et le gigot droit (Lev. vii 34), l'offrant le reste. Chacun de ces deux partenaires, outre qu'il reçoit des parts distinctes, les fait cuire et les consomme dans des lieux distincts. Ce n'est que dans le cas des *millu'îm* qui concluent le rituel de consécration des prêtres que ceux-ci sont associés plus étroitement à Dieu puisque, en plus de sa part habituelle, Dieu reçoit ici le gigot droit de la victime, prélevé sur la part du prêtre-officiant (Ex. xxix 22-24 // Lev. viii 25-27). Mais si, à cette occasion, la viande de la victime est exceptionnellement partagée entre Dieu et les partenaires humains, les limites de cette commensalité n'en sont pas moins nettement marquées. Outre que leur part n'est pas la même, ces parts sont préparées différemment, celle de Dieu étant laissée à l'état cru, celle des prêtres étant par contre cuite. Et la spécificité de Dieu est marquée par le fait qu'il reçoit en plus une part qui lui est propre, le sang et les graisses. Le rituel des sacrifices de communion a, certes, pour fonction d'associer les différents partenaires par le partage de la matière sacrificielle. Mais, dans la manière dont se fait le partage, il a aussi pour effet de les différencier et de manifester l'altérité de Dieu et la mise à part des prêtres.

Or, dans le cas d'une offrande de pains ou de grains grillés, Dieu et les prêtres partagent la même nourriture, préparée de la même manière. Et cette communion n'est pas limitée par l'attribution à l'un des partenaires d'une part qui lui serait spécifique et qui soulignerait ainsi son altérité. Sans doute, on pourrait arguer de ce que, étant donnée la nature de cette offrande, aucune différenciation n'était possible, que donc le caractère indifférencié des parts résulte non d'un choix délibéré mais d'une simple nécessité. Mais ce type d'objection n'est guère convaincant. Car on aurait très bien pu imaginer un expédient comme on l'a d'ailleurs fait pour les pains de proposition, consommés par les prêtres mais dont l'encens est offert à Dieu (Lev. xxiv 5-9). Et on aurait pu, par exemple, par analogie avec les sacrifices d'animaux, attribuer à Dieu l'huile, considérée comme le correspondant végétal de la graisse, et aux prêtres les pains, uniquement faits à l'eau, et que l'on aurait considérés comme étant l'équivalent de la viande. Que tel n'ait pas été le cas indique que cette indifférenciation des parts n'est pas un élément accidentel mais bien une caractéristique constitutive de ce type d'offrande. L'offrande de pains et de grains grillés réalise de la sorte la communion la plus étroite que permet la commensalité, celle que crée la consommation par les différents partenaires d'une nourriture strictement identique, un privilège qui est réservé aux seuls prêtres.

Mais, et c'est là peut-être la caractéristique la plus étonnante de ce type d'offrande, cette commensalité n'est possible que grâce à l'offrant laïc. Lorsque les prêtres apportent eux-mêmes une offrande de pains ou de grains grillés, cette offrande est intégralement brûlée sur l'autel (Lev. vi 16). Il ne peut y avoir commensalité entre Dieu et les prêtres que si un Israélite laïc apporte une telle offrande. Les fonctions respectives du prêtre officiant et de l'offrant sont en quelque sorte inversées. L'officiant, en déterminant la part de Dieu, et donc aussi sa propre part, dépasse son rôle de simple médiateur et devient d'une certaine manière offrant. L'offrant laïc, pour sa part, parallèlement à son rôle d'offrant, joue le rôle de médiateur grâce auquel peut s'établir la relation de commensalité entre le prêtre et Dieu. Prêtre et offrant deviennent ainsi interdépendants. Le premier a besoin de l'offrant laïc pour entrer dans cette relation de commensalité avec Dieu. Le second a besoin du prêtre pour transmettre son offrande à Dieu. L'offrande de pains et de grains grillés est, parmi tous les sacrifices, celui qui rapproche le plus les différents partenaires, le prêtre de Dieu, du fait de la commensalité, l'offrant du prêtre, du fait de leur solidarité.

Dans le cas d'une *minḥāh* de farine, prêtres et Dieu se partagent aussi la même matière sacrificielle, mais sous une forme différente, les prêtres consommant leur part sous la forme de pains et Dieu recevant la sienne sous la forme de farine. C'est que l'accent est ici mis sur l'hommage rendu à Dieu.

À cette communion qui unit le prêtre à Dieu, l'offrant laïc n'est associé que dans le cas d'un *tôdāh* ou, s'il a fait vœu de naziréat, à l'occasion du rituel de désécration, à la fin de son naziréat. Mais dans un cas comme dans l'autre les limites de cette communion sont marquées par l'attribution à l'un ou l'autre des partenaires d'une part qui lui est spécifique. Car, lorsqu'il offre un *tôdāh*, le fidèle reçoit, en plus de sa part de pains azymes, la totalité des pains levés, tandis que Dieu et les prêtres n'en reçoivent rien. Et, dans le cas du rituel de désécration du nazir, Dieu et le prêtre se partagent, en plus des pains, une *minḥāh* de farine, à laquelle le nazir n'a nullement part. La communion parfaite avec Dieu réalisée par la consommation d'une nourriture strictement identique demeure le privilège des prêtres.

Le rituel des offrandes végétales a ainsi pour fonction, selon le cas, d'exprimer la reconnaissance de la souveraineté de Dieu et de lui marquer sa soumission, de rendre hommage à l'hôte divin, de réaliser la communion. Et cette diversité de fonction se traduit par un rituel à "géométrie variable". L'offrande végétale se rattache, de par sa matière, à ces autres prestations de produits agricoles que sont la dîme et l'offrande des prémices, et se situe à la dernière marche de ce système de redevances. Mais dans le même temps, de par son rituel, elle s'apparente aux sacrifices sanglants et peut prendre la forme de chacun d'entre eux. Elle se fait holocauste lorsque ce sont les prêtres qui apportent une offrande végétale. Elle se calque habituellement sur le sacrifice des premiers-nés, le *ḥaṭṭā't* et l'*'āšām* de par le partage de la matière sacrificielle entre Dieu et les prêtres. Elle devient, dans certains cas, sacrifice de communion en associant le laïc au repas sacrificiel. Elle est, à bien des égards, la synthèse de ces sacrifices. Comme l'holocauste et les sacrifices de communion, elle est un sacrifice d'odeur apaisante, *rêaḥ nîḥoaḥ*, pour Yhwh. Mais, tout comme pour le *ḥaṭṭā't* et l'*'āšām*, la part attribuée aux prêtres est sacro-sainte.

L'offrande végétale est donc bien autre chose qu'une forme végétale du sacrifice animal, ou qu'un vague succédané de l'holocauste, ou qu'un simple appendice des sacrifices sanglants. Son rituel démontre à l'évidence la place originale et singulière qu'elle occupe dans le système sacrificiel. À bien des égards l'offrande végétale constitue à la fois la synthèse et le point culminant de tout le système sacrificiel dans la mesure où, grâce au partage de pains ou de grains grillés, elle permet de réaliser la communion la plus étroite qu'il est possible d'établir entre les hommes et Dieu.

CHAPITRE IV

LA PLACE DES OFFRANDES VÉGÉTALES DANS LE SYSTÈME SACRIFICIEL

L'étude du rituel a révélé la richesse exceptionnelle des potentialités des offrandes végétales. Mais elle ne saurait permettre de dire quelle est leur importance effective dans le système sacrificiel d'Israël. Et même si les différentes indications recueillies au fil des chapitres précédents tendent à montrer que les offrandes végétales sont un sacrifice de plein droit, qui remplit une fonction spécifique, il reste à administrer la preuve qu'elles n'ont pas simplement servi d'alternatives aux sacrifices sanglants, ou de succédanés destinés à permettre au plus pauvre d'offrir un sacrifice. En somme, il reste à établir que les potentialités des offrandes végétales ont effectivement été exploitées. Ceci suppose un inventaire des différentes circonstances où elles ont été mises en œuvre. Seules, en effet, la diversité et la multiplicité des situations, la nature des rituels où elles sont exigées, leur place dans le culte public et privé, la comparaison avec la place assignée aux autres formes de sacrifices, permettent de démontrer l'importance réelle des offrandes végétales. Tel est l'enjeu de cette enquête sur les circonstances qui donnent lieu à ces offrandes.

Comme pour les chapitres précédents, nous passerons successivement en revue les données isolées, puis celles du Code sacerdotal, du Chroniste et d'Ézéchiel[1].

A. *Les données isolées*

L'enquête sur les circonstances au cours desquelles sont apportées des offrandes végétales se heurte ici d'emblée à l'étroitesse de la base documentaire. Car non seulement on ne dispose pour mener cette enquête que d'une trentaine d'attestations de *minḥāh*, mais celles-ci, le plus souvent, apparaissent dans des listes de sacrifices. De sorte que, même si on y ajoute les quelques cas d'offrandes végétales qui ne sont pas qualifiées de *minḥāh*, on devra se contenter pour cette étude d'une

---

[1] Sur les circonstances au cours desquelles sont apportées des offrandes végétales voir Rendtorff (1967), pp. 71, 169-78.

douzaine de textes, ce qui est évidemment tout à fait insuffisant pour préciser la place de ces offrandes dans le système sacrificiel. Mais cette enquête soulève aussi un problème méthodologique qui résulte de la disproportion entre le nombre d'attestations des offrandes végétales et celui des autres formes du sacrifice puisque, à côté de celles-là, l'holocauste est mentionné environ quatre-vingt-dix fois et que les différentes formes du sacrifice de communion le sont un peu plus de cent dix fois. Doit-on supposer que là où elle n'est pas expressément signalée l'offrande végétale est sous-entendue ? Mais ce serait trancher avant même d'avoir examiné et, estimant qu'il importe peu qu'elle soit ou non mentionnée, admettre d'emblée qu'elle n'a qu'une importance secondaire. Faut-il, au contraire, s'en tenir strictement aux textes qui font explicitement état d'une offrande végétale et donc conclure que là où cette offrande n'est pas mentionnée, les sacrifices sanglants sont les seuls à être offerts ? Mais on peut objecter que c'est là faire preuve d'un excès de prudence et, qui plus est, attribuer à nos sources un souci de la précision et du détail que, de prime abord, on ne saurait attendre de textes narratifs dont l'objet n'est pas de donner une description rigoureuse du rituel sacrificiel. On ne peut donc décider qu'au cas par cas, et c'est à propos de chaque texte qu'il faudra se demander si la présence ou l'absence d'une offrande végétale provient ou non de la fonction spécifique de cette offrande.

Lorsque l'on parcourt la douzaine de textes qui font référence à une offrande de nature végétale, on constate que celle-ci est apportée dans des circonstances très diverses, à la fois dans le cadre du culte public et régulier et comme sacrifice privé occasionnel.

L'offrande végétale constitue, aux côtés de l'holocauste, un élément du culte régulier, et en particulier du sacrifice quotidien. 2 Rois xvi 15 fait état, à l'époque d'Achaz, d'une offrande végétale apportée chaque soir et qui fait pendant à l'holocauste du matin. L'auteur de ce passage consacré à la réforme engagée par Achaz laisse entendre qu'il s'agit là de la forme habituelle du sacrifice quotidien que le roi de Juda a simplement transféré, sans le modifier, sur le nouvel autel qu'il venait de faire ériger. C'est aussi comme sacrifice quotidien que l'offrande végétale apparaît, à côté de la libation, à l'époque de Joël (Jo. i 9, 13, ii 14). Parallèlement à ce sacrifice quotidien, 2 Rois xvi 15 mentionne aussi un sacrifice royal régulier, comprenant un holocauste et une offrande végétale. Ce type de sacrifice remonte, à en croire le livre des Rois, à l'époque de Salomon. L'auteur du récit de la visite de la reine de Saba raconte, en effet, comment celle-ci s'était extasiée, entre autres, sur l'holocauste qu'offrait Salomon au Temple, sans doute quotidiennement (1 Rois x 5) : le contexte dans lequel cet holocauste est mentionné suggère qu'il fait partie de ce que l'on peut admirer habituellement à la cour. On peut supposer qu'à cet holocauste était associée, comme plus tard à l'époque d'Achaz, une offrande végétale que le narrateur, s'en tenant aux aspects les plus spectaculaires, n'a pas jugé utile de mentionner. Un tel sacrifice royal régulier est également connu de l'auteur du Ps. xx 4, qui formule le vœu que Yhwh se souvienne des offrandes végétales et de l'holocauste du roi.

L'offrande végétale fait aussi partie des sacrifices offerts par le roi à l'occasion de la consécration du Temple ou de l'autel. 1 Rois viii 64 rapporte qu'au moment de la dédicace du Temple Salomon offre un holocauste, une offrande végétale et des *šelāmîm*. Et, selon 2 Rois xvi 13, ce sont ces mêmes sacrifices, auxquels s'ajoute ici une libation, qu'apporte Achaz pour inaugurer son autel.

Mais l'offrande végétale est également apportée par de simples fidèles comme sacrifice spontané. Elle accompagne le sacrifice animal offert par Gédéon (Jug. vi 17-23) et par Manoah (Jug. xiii 16-23) à l'occasion de la venue inopinée d'un ange de Yhwh. Elle est offerte conjointement à un holocauste et à une libation par Anne lorsqu'elle vient à Silo pour y consacrer son fils à Dieu (1 Sam. i 24-28), et au sanctuaire de Béthel, par un groupe de trois personnes (1 Sam. x 3).

Enfin, en Jer. xli 5, elle constitue, avec l'encens, l'unique offrande apportée à Jérusalem par une délégation de quatre-vingts hommes originaires de Sichem, de Silo et de Samarie.

Il ne faudrait pas conclure du faible nombre de ses attestations que l'offrande végétale est restée exceptionnelle. La loi d'Ex. xxiii 18 // xxxiv 25 qui interdit d'associer le sacrifice de communion à du fermenté indique que celui-ci était habituellement accompagné de pains, ce qui est confirmé, pour le *tôdāh*, par Am. iv 5. Et le fait que la *minḥāh* est expressément mentionnée dans les instructions sur le culte données par le roi Achaz (2 Rois xvi 15) montre que ce type d'offrande était suffisamment commun pour qu'il faille en faire état. On sait, par ailleurs, qu'aux abords de l'Exil, cette forme d'offrande était tout particulièrement populaire. Elle l'était dans le culte rendu à la Reine du ciel, comme le montrent Jer. vii 17-18 et xliv 15-19[2].

---

[2] Sur ces offrandes voir W.E. Rast, "Cakes for the Queen of Heaven", in A.L. Merrill, T.W. Overholt (éd.), *Scripture in History and Theology : Essays in Honor of J.C. Rylaarsdam* (Pittsburgh, 1977), pp. 167-80 ; M. Delcor, "Le culte de la 'Reine du Ciel'

Elle l'était aussi dans le culte à Yhwh, de sorte que, pour décrire le retour des exilés, Es. lxvi 20 peut utiliser l'image de pèlerins venant apporter une *minḥāh* à Jérusalem.

La fonction de cette offrande n'est que rarement indiquée. Qu'elle participe à l'hommage rendu à Dieu semble d'autant plus probable que telle est la fonction dominante attribuée au culte sacrificiel dans son ensemble, qu'il soit désigné par le terme générique *minḥāh* ou par la référence à sa double forme animale et végétale :*zèbaḥ* et *minḥāh* expriment la soumission, *'ābad*, à Dieu (Es. xix 21 ; cf. de même Soph. iii 9-10) et sont une marque d'hommage, *kābad* pi (1 Sam. ii 29 ; cf. de même Ps. xcvi 8), le moyen par lequel, *kāpar* hitp *be*, cet hommage est rendu à Dieu (1 Sam. iii 14)[3] ; *'olāh* et *minḥāh* (Jer. xiv 12 ; Am. v 22 ; désignés en Mi. vi 7 par leur matière) visent davantage l'effet escompté, *rāṣāh* (cf. de même Mal. i 10, 13). Telle est, plus précisément, la fonction de la *minḥāh*, évoquée par antiphrase en Es. xliii 23. Ce caractère dominant trouve son expression privilégiée dans le culte régulier.

Les différentes narrations qui font état de sacrifices occasionnels comprenant une offrande végétale semblent attribuer à celle-ci trois types de fonctions.

Les unes mettent l'offrande végétale en rapport avec l'hommage rendu à Dieu. La *minḥāh* apportée par Gédéon à son interlocuteur anonyme – un chevreau et des pains azymes – n'a d'autre fonction que de témoigner de sa déférence à celui en qui il a reconnu un être divin. Même si elle permet à celui-ci, par le prodige auquel elle donne lieu, de manifester sa nature divine, comme le lui avait demandé Gédéon, elle n'a pas pour objectif d'appuyer la demande d'un signe (Jug. vi 17-23). De même, l'holocauste et la *minḥāh* qu'offre Manoah ne sont rien d'autre qu'un acte gratuit de piété (Jug. xiii 15-23) : ce n'est qu'à l'instigation de son interlocuteur venu lui annoncer la naissance d'un fils que Manoah fait du repas qu'il se proposait de lui offrir, un sacrifice à Dieu. De manière significative, la matière de ce sacrifice ne se distingue de celle du repas que par l'adjonction d'une *minḥāh*, laquelle semble ainsi suppléer l'absence d'un motif particulier. Dans l'un comme dans l'autre cas, l'offrande est totalement

---

selon Jer 7,18 ; 44,17-19,25 et ses survivances", in W.C. Delsman e.a. (éd.), *Von Kanaan bis Kerala, Festschrift J.P.M. van der Ploeg* (Neukirchen-Vluyn, 1982), pp. 101-22 ; U. Winter, *Frau und Göttin* (2e éd. Fribourg, Göttingen, 1987), pp. 567-74.

[3] Cet aspect a tout particulièrement été étudié par A. Schenker, *Versöhnung und Sühne. Wege gewaltfreier Konfliktlösung im Alten Testament* (Freiburg, 1981) ; "*koper* et expiation", *Bib* 63 (1982), pp. 32-46.

désintéressée. Elle n'est ni intercession, ni marque de gratitude. Son seul objet est l'hommage à Dieu.

Parfois l'accent est davantage mis sur la dimension de la soumission, l'offrande étant destinée à exprimer l'allégeance à Dieu. C'est sans doute ainsi qu'il faut interpréter la démarche des quatre-vingts représentants de Sichem, Silo et Samarie qui font le voyage à Jérusalem pour y offrir une *minḥāh* et de l'encens (Jer. xli 4-6). Leur contenance même – leur barbe est rasée, leurs vêtements sont déchirés et ils se sont fait des incisions – manifeste leur intention de s'humilier devant Dieu et démontre à l'évidence le caractère pénitentiel du rituel qu'ils se proposent d'accomplir. Même si cela n'est pas dit expressément, on peut penser que c'est à la suite des événements de 587 que les principales villes septentrionales ont entrepris cette démarche. À l'image des nations vaincues dont les représentants viennent faire acte d'allégeance à leur vainqueur, ces différentes villes, en se rendant à Jérusalem, auront voulu exprimer leur soumission à Dieu. De manière significative, l'offrande végétale n'est pas ici accompagnée d'un sacrifice animal. Il ne s'agit pas, en effet, d'offrir l'hospitalité à Dieu, mais, par l'intermédiaire de la *minḥāh,* uniquement de manifester l'allégeance.

Comme la *minḥāh* remise à un roi, ces sacrifices auxquels est associée une *minḥāh* ou qui consistent uniquement en une *minḥāh* n'ont d'autres fonctions que d'exprimer la soumission déférente du fidèle et de reconnaître la suzeraineté de Dieu. Ils ne sont jamais destinés à provoquer une théophanie. Ils ne sont jamais liés à une demande. Ils ne débouchent jamais sur une intervention de Dieu en faveur du fidèle. Ils ne sont jamais offerts en action de grâce, ou en accomplissement d'un vœu. Ils ne célèbrent pas une victoire. Ils ne marquent pas la conclusion d'une alliance. Autant de fonctions qui sont habituellement attribuées aux sacrifices mais qui, là où ils sont offerts dans ce but, ne sont jamais accompagnés d'une offrande végétale. On ne s'étonnera pas de cette convergence entre les emplois profanes et les emplois sacrificiels de *minḥāh.*

D'autres textes mentionnent l'offrande végétale en relation avec l'inauguration d'un lieu de culte. Holocauste, *minḥāh* et *šelāmîm* sont offerts par Salomon à l'occasion de la dédicace du Temple (1 Rois viii 64) et par Achaz au moment de la mise en fonction du nouvel autel (2 Rois xvi 13). Comme le souligne Milgrom à propos de 1 Rois viii 64[4], ce sacrifice n'est pas un sacrifice de consécration – le texte

[4] Milgrom (1991), pp. 592-3.

distingue la consécration, *qādaš* pi, et l'offrande sacrificielle subséquente – mais un sacrifice inaugural. De par sa qualité, le roi a le privilège d'offrir les premiers sacrifices, et plus précisément, comme l'indique expressément 2 Rois xvi 13, son propre sacrifice. En revanche, seuls l'holocauste et les *šelāmîm* sont mentionnés en relation avec la construction d'un autel en Ex. xxiv 5, xxxii 6 ; Deut. xxvii 6-7 // Jos. viii 31 ; Jug. xxi 4 ; 2 Sam. xxiv 25. Est-ce parce que dans ces différents textes les autels édifiés sont destinés, non à un culte régulier, mais à un rituel exceptionnel ? Ou est-ce parce que nous avons affaire à une tradition qui attache moins d'importance à l'offrande végétale ?

L'offrande végétale, enfin, semble mise en relation avec la consécration des personnes. Selon 1 Sam. i 24, lorsque Anne se rend à Silo pour y consacrer le jeune Samuel, comme elle en avait fait le vœu, elle emporte avec elle la matière d'un holocauste, d'une *minḥāh* et d'une libation. En fait, ce sont surtout la LXX et 4 Q Sam[a] qui ont compris ce sacrifice comme un sacrifice de consécration. En effet, en prévoyant, en plus de l'offrande de farine, une offrande de pains, ils ont, selon toute probabilité, voulu faire de ce sacrifice inaugural du naziréat le pendant du sacrifice de désécration du nazir, tel qu'il est décrit en Nb. vi 13-20, seul autre rituel à associer les deux formes de l'offrande végétale.

Contre toute attente, les résultats de cette enquête sont relativement assurés. Il est clair que tous les sacrifices comprenant une offrande végétale présentent entre eux une certaine homogénéité et ont une fonction spécifique qui les distingue des autres sacrifices. La mention ou la non-mention de l'offrande végétale ne relève pas de l'arbitraire ou du simple hasard, mais résulte bien de la fonction distinctive de l'offrande végétale. Ceci montre d'ailleurs que les textes sont beaucoup plus précis qu'on aurait pu le penser de prime abord. Mais il est clair aussi que cette seule explication est insuffisante pour rendre compte du fait que certains écrits, tels J (si l'on excepte Gen. iv) ou le Deutéronome, ne mentionnent jamais les offrandes végétales.

B. *Les données du Code sacerdotal*

Le Code sacerdotal, du fait même qu'il donne une description complète du système sacrificiel, offre un panorama exhaustif des différentes circonstances au cours desquelles sont apportées des offrandes végétales et permet ainsi de mesurer l'importance effective de ce type de sacrifice. À la suite de P, on distinguera entre les cas où l'offrande végétale intervient dans le cadre du culte communautaire régulier et ceux où elle fait partie d'un rituel occasionnel.

1. *La place de l'offrande végétale dans le culte régulier*

Le catalogue des temps sacrés qui donnent lieu à l'offrande de sacrifices par la communauté est dressé par P en deux lieux différents, d'abord en Lev. xxiii, ensuite en Nb. xxviii-xxix[5]. La perspective de ces deux calendriers liturgiques n'est toutefois pas la même.

Lev. xxiii se présente comme une liste des fêtes, *môʿadê Yhwh,* à l'occasion desquelles la communauté est convoquée, *ʾašèr tiqreʾû... miqrāʾê qodèš* (v. 2, 37-38), et met l'accent sur les obligations qui en résultent pour chaque Israélite, telles que interruption de tout travail, interdit alimentaire ou pèlerinage au sanctuaire. Ce premier calendrier ne fait référence aux sacrifices qui doivent être offerts à ces occasions que de manière très générale – il est simplement dit, sans autre précision, que des sacrifices devront être offerts, *qārab* hi *ʾiššèh.* Ce n'est que pour les fêtes liées à la moisson, où l'offrande de sacrifices est associée à la remise de prémices, que ce calendrier se fait plus précis et qu'il donne le détail de ces différents sacrifices. Comme aussi les calendriers d'Ex. xxiii 12-19 et xxxiv 18-26, Lev. xxiii a pour cadre la révélation du Sinaï.

L'objectif du calendrier de Nb. xxviii-xxix est autre. À la différence de Lev. xxiii, ce second calendrier sacerdotal ne s'intéresse pas, en effet, aux obligations qui incombent à chacun des Israélites, mais uniquement à celles qui reviennent à la communauté. Comme l'indique clairement Nb. xxviii 2, ce calendrier se propose de dresser la liste des sacrifices, *qorbān,* qui devront être apportés par Israël tout au long de l'année, et qui constituent le service ordinaire du Temple. Ce

[5] Sur Lev. xxiii cf. Rendtorff (1967), pp. 24-6 ; sur Nb. xxviii-xxix cf. Rendtorff (1967), pp. 14-7 et surtout F.H. Gorman, *The Ideology of Ritual. Space, Time and Status in the Priestly Theology* (Sheffield, 1990), pp. 215-27. Pour la relation, d'un point de vue littéraire, entre ces deux calendriers, on peut citer ce qu'écrit S. Amsler à propos de la présentation qui y est donnée de la Pâque et de la fête des Azymes : "on doit présupposer une dépendance littéraire directe, où c'est Nb 28, avec ses précisions sacrificielles, qui a l'air de dépendre de Lv 23, mais d'un Lv 23 retouché ultérieurement par une main sacerdotale qui n'est pas exactement celle de Nb 28 !" ("Les documents de la loi et la formation du Pentateuque", in A. de Pury (éd.), *Le Pentateuque en question,* Genève, 1989, pp. 235-57, voir p. 250).

second calendrier est ainsi complémentaire du premier et détaille longuement la nature et la matière des différents sacrifices, que Lev. xxiii se contentait de signaler. Placé de manière significative après la traversée du désert et situé dans la perspective de l'installation en Terre promise, il souligne les liens de Yhwh avec ce pays, aux ressources duquel il a part à travers les sacrifices qui lui sont présentés.

Parmi ces sacrifices du culte régulier, P met nettement à part les sacrifices quotidiens et sabbatiques, qu'il distingue de ceux offerts à l'occasion des néoménies et des fêtes.

Les sacrifices quotidiens et sabbatiques

L'holocauste quotidien, *ʿolat tāmîd*[6], constitue le fondement du culte régulier. C'est sur cette offrande quotidienne que repose l'ensemble du culte sacrificiel. Elle forme la trame sur laquelle viennent s'inscrire tous les autres sacrifices du culte régulier lesquels, comme le répète inlassablement Nb. xxviii-xxix, s'ajoutent à cette offrande quotidienne (Nb. xxviii 10 et passim). Apportée à Dieu matin et soir, elle consiste en un holocauste, pour lequel on utilise un agneau, *kèbèś*, âgé d'un an et parfait, en une *minḥāh* faite d'un dixième d'éphah de fleur de farine pétrie dans un quart de hin d'huile vierge – une qualité d'huile uniquement utilisée pour ce sacrifice – et une libation d'un quart de hin de vin (Nb. xxviii 3-8). Ce même type de sacrifice est offert à Dieu le jour du sabbat, en sus du sacrifice quotidien habituel (Nb. xxviii 9-10), de sorte que Dieu reçoit ce jour-là le double de ce qui lui est attribué un jour ordinaire. Mais au lieu d'être réparti sur les deux extrémités de la journée, ce sacrifice est ici offert en une seule fois, probablement le matin (cf. Nb. xxviii 23, par analogie).

La place particulière qui revient au sacrifice perpétuel est indiquée d'emblée par les conditions mêmes dans lesquelles il a été institué.

Alors que les sacrifices mentionnés en Lev. xxiii sont rattachés à la deuxième phase de la révélation, celle qui a lieu au pied du Sinaï, depuis la Tente de la Rencontre (Lev. i 1) et que ceux de Nb. xxviii-xxix ont été institués au cours de la dernière phase de la révélation, à l'issue de la traversée du désert, le sacrifice perpétuel, seul parmi tous les sacrifices, a été instauré dès la première phase de la révélation, au sommet du Sinaï (Ex. xxix 38-42a). Et son instauration est mise en relation étroite avec la Demeure : aussitôt après que Dieu eût

---

[6] Cette construction est utilisée pas moins de seize fois en Nb. xxviii-xxix. On la retrouve chez P en Ex. xxix 42. Cf. aussi Lev. ix 17 ; Nb. xxviii 23 la référence à l'holocauste du matin, *ʿolat habboqèr*.

donné les instructions relatives à la construction de la Demeure et à son aménagement, d'une part (Ex. xxv-xxvii), au sacerdoce d'autre part (Ex. xxviii 1-xxix 37), Dieu prescrit de lui offrir ce sacrifice quotidien ; et ce sacrifice sera offert pour la première fois, au pied du Sinaï, immédiatement après que la Demeure aura été érigée (Ex. xl 29), comme le rappellera Nb. xxviii 6.

Mais il y a plus. Fort curieusement, le récit de l'institution de l'offrande quotidienne est suivi d'un morceau de nature tout à fait différente, et qui interrompt la fastidieuse litanie de prescriptions. Dieu, s'adressant à Moïse comme il l'avait fait jusque là, mais parlant ici à la première personne, y précise la destination de la Tente (Ex. xxix 42b-46)[7]. Le texte de ce discours est composé avec un soin tout particulier. Il est formé de trois séries d'affirmations, en trois temps chacune, construites chacune autour d'un verbe-clé. Ces différentes affirmations s'inscrivent sur une double structure. D'une part, Ex. xxix 42b-46 est rédigé de manière à mettre en relief l'affirmation centrale des versets 43b-44. Celle-ci, en effet, est encadrée par deux séries d'affirmations où le verbe-clé – respectivement *yāʿad* ni et *šākan* – est projeté aux deux extrémités et met l'accent sur les rapports de Dieu avec Israël. L'affirmation centrale, par contre, porte sur la Tente et le sacerdoce et en souligne la sainteté. Elle est construite autour du verbe-clé *qādaš*, repris ici dans chacune de ses trois parties, avec chaque fois un objet différent : Dieu s'y manifeste comme saint, *qādaš* ni, par sa gloire ; il consacre, *qādaš* pi, la Tente de la Rencontre et l'autel ; et il consacre, *qādaš* pi, Aaron et ses fils comme prêtres. À cette structure concentrique se superpose, d'autre part, une structure où les différentes séries d'affirmations se succèdent selon une progression géométrique[8], qui va de la caractérisation de l'entrée de la Tente de la Rencontre comme le lieu où Dieu vient à la rencontre, *yāʿad* ni *šām*, de son peuple et où il s'entretient avec Moïse, v. 42b-43a, à la déclaration que Dieu réside au milieu de, *šākan betôk*, son peuple, v. 45-46a. Cette double structure permet à l'auteur à la fois de dire quelle est la finalité de la construction de la Demeure, et l'énoncé de cette finalité constitue le sommet du texte, et de souligner que la

[7] Sur ce passage cf. notamment K.-H. Walkenhorst, *Der Sinai im liturgischen Verständnis der deuteronomistischen und priesterlichen Tradition* (Bonn, 1969), pp. 108-14 ; B. Janowski, *Sühne als Heilsgeschehen* (Neukirchen-Vluyn, 1982), pp. 317-28 ; U Struppe, *Die Herrlichkeit Jahwes in der Priesterschrift* (Klosterneuburg, 1988), pp. 31-62.

[8] La première série d'affirmations comprend onze mots, la deuxième, quinze, la troisième, dix-neuf.

Demeure est, au milieu d'Israël, un pôle de sainteté, une affirmation qui est inscrite au centre du texte.

Or, à y regarder de plus près, on s'aperçoit que ce passage sur la destination de la Tente n'est en réalité que le second volet d'un diptyque qui commence dès le v. 38 et va jusqu'au v. 46, dont le récit de l'institution du sacrifice perpétuel constitue le premier volet. On constate, en effet, que ces deux unités s'articulent autour d'un pivot formé par le v. 42aβ, la précision "à l'entrée de la Tente de la Rencontre, devant Yhwh" servant à la fois de conclusion à l'institution du sacrifice quotidien et d'introduction au discours sur la destination de la Tente. Tandis que ce second volet précise quels sont les rapports que Dieu entretient avec Israël, le premier décrit les obligations d'Israël vis-à-vis de son Dieu. Cette construction en forme de diptyque suggère une corrélation : c'est parce que Dieu réside au milieu de son peuple qu'Israël doit lui offrir quotidiennement un sacrifice ; et c'est dans la mesure où Israël lui apporte ce sacrifice que Dieu demeure parmi son peuple.

Mais pourquoi faut-il que ce sacrifice lui soit apporté matin et soir ? Il est dans la logique même de notre texte de voir dans ces deux temps de la journée les deux moments où Dieu vient à la rencontre de son peuple. De fait, la tradition considère que ce sont là des moments théophaniques privilégiés. Selon 2 Rois iii, c'est à l'heure de l'offrande du matin que Yhwh recouvre miraculeusement d'eau la vallée où sont rassemblées les troupes coalisées d'Israël, de Juda et d'Edom, leur apportant ainsi l'eau qui leur faisait cruellement défaut (v. 9, 17, 20), tout en suscitant ce mirage qui allait permettre la victoire sur Moab (v. 22-23). Cet épisode montre au demeurant que l'offrande du matin était apportée au point du jour, à l'heure où la lumière du soleil levant rougit la terre. Selon 1 Rois xviii, c'est au moment de l'offrande du soir qu'en réponse à l'intercession d'Élie Dieu manifeste sa qualité divine en envoyant le feu du ciel consumer l'holocauste d'Élie (v. 36-38). C'est aussi à cette même heure que l'ange Gabriel apparaît à Daniel (Dan. ix 21). De ce fait, d'ailleurs, l'holocauste du soir sera un moment privilégié pour la prière (voir Dan. ix 20-21 ; Esd. ix 4-5). P, pour sa part, considère plus précisément matin, *boqèr*, et soir, *bên hāʿarbayim*, comme des heures de repas. C'est en effet à ces deux mêmes moments que Dieu nourrit son peuple dans le désert, lui apportant le soir des cailles, et le rassasiant le matin de manne (Ex. xvi 12). En utilisant, pour la nourriture du désert et pour le sacrifice quotidien, les mêmes termes pour désigner ces deux moments de la journée, P suggère entre les deux une relation dialectique, le sacrifice quotidien étant ainsi aussi une réponse d'Israël à la sollicitude de Dieu qui se préoccupe de nourrir son peuple.

L'importance fondamentale du sacrifice quotidien résulte ainsi directement de la présence de Dieu au milieu d'Israël. Chaque jour se déroule le même rituel. Au moment où Yhwh apparaît à son peuple, le matin et le soir, Aaron entre dans la Demeure pour y faire brûler le parfum et ranimer les lampes (Ex. xxx 7-8), tandis que les prêtres lui présentent l'offrande du peuple : un agneau destiné à lui servir de nourriture, en exécution de l'obligation de pourvoir à la table divine, une *minḥāh* et une libation, pour exprimer l'hommage et la soumission déférente. À travers le sacrifice quotidien Israël remplit son devoir d'hospitalité envers son divin hôte.

Mais le sacrifice quotidien le plus important n'est pas celui qu'offre le peuple mais celui qu'offrent les prêtres. Consistant en une offrande de nature exclusivement végétale, faite non de farine mais de pains rompus en morceaux, il est intégralement remis à Dieu, moitié le matin, moitié le soir, par le grand prêtre lui-même (Lev. vi 13-15)[9]. C'est cette offrande, uniquement végétale, qui constitue le sommet du culte quotidien.

Les autres temps du culte

P différencie très nettement les sacrifices qui doivent être offerts chaque jour et chaque sabbat et ceux qui doivent être apportés à Dieu aux néoménies et aux fêtes. Sans doute, comme l'holocauste quotidien, les holocaustes exigés pour ces différentes occasions comprennent eux aussi un agneau, et par là même est marquée la continuité avec le sacrifice perpétuel. Mais ils s'en distinguent sur deux points : en sus des agneaux, ces holocaustes font intervenir deux autres catégories de victimes, des taurillons, *par*, et des béliers, *ʾayil* ; par ailleurs, l'holocauste est ici systématiquement suivi de l'offrande d'un *ḥaṭṭāʾt*, dont la victime est indifféremment constituée par un bouc, *śeʿîr ʿizzîm*. Ces différents sacrifices s'ajoutent au sacrifice quotidien.

À l'intérieur de cette seconde catégorie de temps sacrés, P établit une nouvelle distinction entre les néoménies, d'une part, les trois grandes périodes traditionnelles de fêtes, d'autre part.

Pour les néoménies, P prescrit, en plus du *ḥaṭṭāʾt* commun à tous

---

[9] Les circonstances de ce sacrifice sont longuement discutées par Milgrom (1991), pp. 396-9.

les sacrifices de cette catégorie, un holocauste de deux taurillons, un bélier et sept agneaux, ainsi qu'une offrande végétale et une libation de quantité correspondante (Nb. xxviii 11-14), soit au total quinze dixièmes d'éphah de farine à laquelle ont été incorporés environ trois hin d'huile, et trois hin environ de vin. Comme il l'avait fait pour les journées, P met à part la néoménie du septième mois en prescrivant, en sus des sacrifices habituels, un autre taurillon, un autre bélier et sept agneaux supplémentaires, avec l'offrande végétale correspondante, mais apparemment sans libation (Nb. xxix 1-4). Ce qui porte la quantité de farine offerte ce jour-là, en sus de celle destinée au sacrifice perpétuel, à vingt-sept dixièmes d'éphah, et à près de six hin la quantité d'huile.

En ce qui concerne les fêtes, P prévoit pour chacune d'entre elles un système d'offrande qui, tout en les rattachant entre elles, marque leur spécificité respective.

La fête des Pains azymes, *ḥag hammaṣṣôt* (Lev. xxiii 6), célébrée du quinzième au vingt et unième jour du premier mois, est caractérisée par l'offrande quotidienne, pendant toute la durée de la fête, d'un sacrifice dont la composition est identique à celui de la néoménie, à ceci près qu'il ne comporte pas de libation (Nb. xxviii 16-21). Au cours de cette fête sont ainsi offerts, en sus du *ḥaṭṭā't*, et du sacrifice perpétuel, quatorze taurillons, sept béliers, quarante-neuf agneaux, pour l'holocauste, et une offrande de farine de cent cinq dixièmes d'éphah à laquelle ont été incorporés environ vingt et un hin d'huile.

Les fêtes de la récolte des céréales sont marquées, en leur début et en leur fin, à la fois par la remise aux prêtres de prémices et par un ensemble de sacrifices[10]. Leur liste est donnée en Lev. xxiii 10-20.

L'ouverture de la période des moissons est célébrée le lendemain du sabbat qui en suit le début effectif (Lev. xxiii 11). Le sacrifice prescrit est du même type que le sacrifice perpétuel et consiste uniquement en un holocauste d'agneau, accompagné d'une offrande végétale et d'une libation. Mais au lieu que la quantité de farine est, comme il est de règle dans ce cas, de un dixième d'éphah, cette quantité est ici doublée et se monte à deux dixièmes d'éphah. Ce sacrifice accompagne l'offrande de la première gerbe, *'omèr rê'šît* (Lev. xxiii 10-13).

La période de la récolte des céréales est close cinquante jours plus

[10] Cf. H. L. Ginsberg, "The Grain Harvest Laws of Leviticus 23: 9-22 and Numbers 28: 26-31", *Proceedings of the American Academy for Jewish Research* 46-7 (1979-80), pp. 141-53.

tard, le lendemain du septième sabbat (Lev. xxiii 15-16). Le sacrifice prescrit ce jour-là reprend les caractéristiques des sacrifices de la néoménie et des fêtes. Comme il est de règle pour cette catégorie de temps sacrés, il consiste en un holocauste de taurillons, de béliers et d'agneaux, accompagné d'une offrande végétale et d'une libation, et suivi d'un *ḥaṭṭā't*. Mais au lieu de deux taurillons, P n'en prescrit qu'un seul. À l'inverse, il prescrit deux béliers, au lieu d'un. Par contre, la quantité d'agneaux reste inchangée. La composition de ce sacrifice présente deux particularités. Curieusement, les sept agneaux sont ici mentionnés en premier. Cette modification de la séquence habituelle permet à P d'attirer l'attention sur le fait que le nombre d'agneaux offerts au terme des moissons est de sept fois supérieur au nombre d'agneaux offerts en son début. Par ailleurs, on s'aperçoit que, fort curieusement, ce même taux multiplicateur est aussi appliqué à la quantité de farine, qui passe de deux dixièmes d'éphah à quatorze dixièmes d'éphah. En fait, à y regarder de près, on constate que P a conçu tout le système sacrificiel des fêtes de la moisson en sorte que l'offrande de farine apportée à la fin des moissons soit le septuple de celle apportée au début[11]. En sus de ces sacrifices, P prescrit un sacrifice de communion constitué de deux agneaux. Cet ensemble de sacrifices accompagne l'offrande des deux pains des prémices, *lèḥèm habbikkûrîm* (Lev. xxiii 17-20). Nb. xxviii 26-31 prescrit en outre l'offrande du même type de sacrifice que celui offert pendant la fête des Pains azymes, à savoir un holocauste consistant en deux taurillons, un bélier et sept agneaux, avec l'offrande végétale correspondante, et un *ḥaṭṭā't*. Au total ce sont donc vingt-neuf dixièmes d'éphah de farine et six hin d'huile qui s'ajoutent ce jour-là à l'offrande perpétuelle.

Les fêtes du septième mois – néoménie du septième mois, Jour des expiations, fête des Huttes – comprennent toutes un holocauste

---

[11] C'est pour permettre de multiplier les quantités de farine par sept que l'offrande végétale du début de la moisson a été fixée à deux dixièmes d'éphah et que les quantités habituelles de taurillons et de béliers ont été modifiées pour l'holocauste de clôture de la moisson. En effet, le nombre d'agneaux destinés à l'holocauste des néoménies et des fêtes étant invariablement de sept (ou un multiple de sept), le seul moyen d'obtenir un tel résultat était 1) de fixer à deux dixièmes d'éphah la quantité de farine de l'offrande végétale du début des moissons, et 2) de fixer le nombre de taurillons et de béliers de telle manière à ce que l'offrande de farine correspondante soit de quatorze dixièmes d'éphah, un résultat qui ne pouvait être obtenu qu'à condition de n'offrir qu'un seul taurillon (avec une offrande de farine de trois dixièmes d'éphah), mais deux béliers (et donc quatre dixièmes d'éphah de farine), en plus des sept agneaux habituels (avec l'offrande de farine correspondante de sept dixièmes d'éphah).

consistant en un taurillon, un bélier et sept agneaux, avec leur offrande végétale correspondante, suivi d'un *ḥaṭṭā't*.

À la néoménie, ce sacrifice s'ajoute au sacrifice normalement prescrit (Nb. xxix 1-4).

Au Jour des expiations, *yôm hakkippurîm*, au dixième jour du mois, ce même sacrifice est offert parallèlement au rituel d'expiation (Nb. xxix 7-10). Ce rituel est décrit en Lev. xvi. Avec le sang des victimes sacrifiées pour un *ḥaṭṭā't*, d'abord d'un taurillon, puis d'un bouc, le grand prêtre purifie le sanctuaire de ses propres péchés et impuretés puis de ceux d'Israël, péchés et impuretés qu'il expédie ensuite, par le moyen d'un autre bouc, au désert, à Azazel. Le rituel d'expiation se conclut par l'offrande d'un double holocauste de béliers, l'un pour lui-même, l'autre pour Israël, et la combustion des graisses du *ḥaṭṭā't*. Ce rituel ne comprend ni offrande végétale ni libation.

La fête des Huttes, *ḥag hassukkôt*, se situe à l'apogée des fêtes du septième mois. Célébrée du quinzième au vingt-deuxième jour, elle constitue en réalité le second volet d'une fête bipolaire dont le Jour des expiations est le premier volet[12]. P imagine pour cette fête un système de sacrifices particulièrement complexe. Il établit une première distinction entre les sept premiers jours de la fête et le huitième, appelé *'aṣèrèt*, mettant ainsi à part ce dernier et prescrivant d'y offrir cette forme du sacrifice spécifique au septième mois, en y ajoutant une libation (Nb. xxix 35-37). Pour les sept premiers jours, P prescrit aussi un holocauste comportant trois catégories de victimes, accompagné d'une offrande végétale et suivi d'un *ḥaṭṭā't*. Mais, parmi les victimes de l'holocauste, il introduit une distinction entre l'usage qui est fait des taurillons et celui qui est fait des ovidés. La quantité prescrite quotidiennement est, pour ces derniers, invariablement de deux béliers et de quatorze agneaux, soit le double de la quantité habituelle. La quantité de taurillons, par contre, est variable, P prescrivant de les offrir selon un système dégressif qui va de treize, le premier jour, à sept le septième jour, en sorte que ce sont au total

---

[12] Pour décrire la nature de la relation qui lie ces deux fêtes on peut citer cette observation de M. Éliade : "Nous devons attirer dès le début l'attention sur l'importance que prend le temps, le rythme des saisons, pour l'expérience religieuse des sociétés agraires. Le laboureur ne se trouve plus engagé seulement dans les zones sacrées « spatiales »... mais son travail est intégré et commandé par un ensemble temporel, par la ronde des saisons. Cette solidarité des sociétés agraires avec des cycles temporels fermés explique nombre de cérémonies en liaison avec l'expulsion de l'« année vieille » et l'arrivée de la « nouvelle année », avec l'expulsion des « maux » et la régénération des « pouvoirs », cérémonies qu'on rencontre un peu partout en symbiose avec les rites agraires", *Traité d'histoire des religions* (Paris, 1964), p. 281.

soixante-dix taurillons qui sont offerts en holocauste au cours de cette période. P, enfin, distingue le premier jour des sept autres jours de la fête en ne prévoyant pas de libation ce jour-là (Nb. xxix 12-34). Si on fait le décompte de tout ce qui est offert pendant la fête des Huttes, en sus du sacrifice perpétuel, on arrive à un total de soixante et onze taurillons, quinze béliers, cent cinq agneaux, trois cent quarante-huit dixièmes d'éphah de farine, soixante six hin trois quart d'huile et environ cinquante-six hin de vin. Soit cinq fois plus de taurillons qu'à la fête des Pains azymes, deux fois plus de béliers et d'agneaux, et trois fois plus de farine et d'huile. Si on ajoute à cela ce qui est offert quotidiennement pour le sacrifice perpétuel[13] on obtient un total de cent vingt et un agneaux, soixante-dix hin trois quart d'huile, environ soixante hin de vin. Surtout, on constate que la quantité de farine est de trois cent soixante-quatre dixièmes d'éphah, soit autant de dixièmes d'éphah que de jours dans une année de cinquante-deux semaines[14].

Le calendrier des offrandes, on le voit, est fort complexe. Il est formé d'une texture d'éléments constants (sacrifices quotidiens, sabbatiques et des néoménies) sur laquelle ont été inscrites les différentes fêtes, articulées autour des deux pôles printanier et automnal, mais conçues de manière à ce que le pôle automnal constitue le point culminant de l'année liturgique. Le système élaboré par P est d'une très grande précision et d'une parfaite cohérence.

Ce qui frappe, dans ce système, c'est l'importance du nombre sept. De fait, tout le calendrier liturgique est construit autour de ce nombre.

Le nombre sept marque de son empreinte le temps. Il rythme les jours de l'année. Il détermine la durée des deux grandes fêtes des équinoxes du printemps et de l'automne. Il sert à fixer la date de la fin des moissons. Il distingue, parmi les mois, celui qui marque l'apogée de l'année liturgique.

Le nombre sept détermine aussi la quantité de la matière sacrificielle des sacrifices de la néoménie et des fêtes. À chaque

---

[13] Pour faire ces différents calculs, on a présupposé que seul était offert, en plus des sacrifices spécifiques à la fête, le sacrifice perpétuel, mais non le sacrifice supplémentaire du sabbat. Le fait que les chiffres ainsi obtenus pour le total des offrandes du septième mois soient des multiples de sept (voir *infra*) tend à confirmer cette hypothèse de départ.

[14] Si l'Ancien Testament n'indique nulle part avec précision le nombre de jours que comporte une année, on trouve par contre une référence explicite à une année de trois cent soixante-quatre jours et de cinquante-deux semaines dans les Psaumes pseudo-davidiques trouvés à Qumrân, dans la grotte 11 (11 Q Ps[a] xxvii 6-7).

néoménie et à chacune des fêtes (sauf celle qui marque le début de la moisson), sept agneaux, ou un multiple de sept, sont offerts en holocauste. Quatorze taurillons, sept béliers, quarante-neuf (= sept fois sept) agneaux sont apportés en holocauste pendant la fête des Pains azymes, avec un accompagnement végétal de cent cinq (= quinze fois sept) dixièmes de farine. En conclusion de la période de la moisson une quantité d'agneaux et de farine sept fois supérieure aux quantités offertes en son début est prescrite. Pendant les sept premiers jours de la fête des Huttes, soixante-dix taurillons sont sacrifiés, dont sept le septième jour. Au cours de cette même fête cent cinq (= quinze fois sept) agneaux sont offerts en holocauste. Trois cent soixante-quatre (= cinquante-deux fois sept) dixièmes d'éphah de farine sont offerts, au total, du quinzième au vingt-deuxième jour. Enfin, du premier jour du septième mois au premier jour du huitième mois inclus sont offerts, en sus des victimes des holocaustes quotidiens et sabbatiques, soixante-dix-sept (= onze fois sept) taurillons, vingt et un (= trois fois sept) béliers, et cent trente-trois (= dix-neuf fois sept) agneaux.

D'où vient que P attribue une telle importance au nombre sept ?

Pour P, ce nombre sept est étroitement lié à la création de l'univers (Gen. i 1-ii 4a). Et l'importance qu'il lui attribue se traduit par le fait qu'il l'associe à ce qui constitue pour lui le point culminant et le couronnement de la Création, à savoir le septième jour.

À ce septième jour, P a en effet donné une place nettement à part (Gen. ii 1-4a). Il l'a, pour ce faire, clairement isolé des six autres jours en le sertissant dans un cadre où, à travers le couple "cieux et terre" associé à un verbe de création, est récapitulée l'ensemble de l'œuvre créatrice, v. 1 et 4b[15]. Et il a souligné la spécificité de ce jour en délaissant le canevas qu'il avait suivi pour décrire l'œuvre des six autres jours au profit d'une composition originale.

P a apporté un soin tout particulier à la rédaction de cette notice. Il en a réparti la matière sur quatre propositions, de sept mots chacune[16]. Les deux premières, v. 2a et b, et la dernière, v. 3b, ont un contenu étonnamment semblable : toutes font référence à l'œuvre ac-

[15] *Précédé*, en ii 1, du verbe "achever", *kālāh*, le couple "cieux et terre" est *suivi*, en ii 4a, du verbe "créer", *bārā'*, ces deux verbes étant par ailleurs repris respectivement au *début* du v. 2 et à la *fin* du v. 3. Le v. 4a est lui-même construit de manière à correspondre au début du récit de la Création, en i 1, dont il reprend, en séquence inverse, les éléments "cieux et terre" et "créer".

[16] *Kî bô*, au début de 3b, fait le lien avec les propositions précédentes et n'est pas pris en compte.

complie par Dieu et à son achèvement. En examinant plus attentivement ces différentes propositions, on s'aperçoit qu'en réalité la deuxième ne fait que reprendre la première, tout en y ajoutant un maillon, et que la dernière reproduit la deuxième en l'augmentant à son tour d'un élément qui, par l'introduction du verbe-clé *bārā'*, conduit au terme de la gradation : v. 2a "Dieu acheva au septième jour son œuvre qu'il avait faite", v. 2b "*Il se reposa* au septième jour de *toute* son œuvre qu'il avait faite", v. 3b "(car en lui) il se reposa de toute son œuvre *qu'avait créée Dieu pour* la faire". Cette enfilade monotone de propositions de contenu semblable permet à P de mettre en relief l'affirmation centrale, celle qui exprime la caractéristique distinctive de ce septième jour : v. 3a "Dieu bénit le septième jour et le sanctifia".

L'adéquation entre la forme et le contenu est ainsi parfaite. À la mise à part, sur le plan de la forme, du septième jour, correspond l'affirmation que Dieu sanctifie ce septième jour, qu'il met ainsi à part pour se le réserver. Et par là même, en prélevant un jour sur les sept jours de la Création, il affirme sa souveraineté sur la totalité de la Création, sur le temps mais aussi sur tout ce qu'il a créé au cours des six jours précédents, à la fois l'espace et l'ensemble des créatures qui s'y meuvent. C'est afin de souligner cette souveraineté de Dieu que P a tissé l'œuvre de Création sur cette trame de sept jours.

Le nombre sept est ainsi pour P l'expression de la souveraineté de Dieu sur l'univers. Pour rappeler cette souveraineté, il en a maillé l'existence d'Israël. La renonciation par Israël à toute activité chaque septième jour témoignera de sa reconnaissance de la suzeraineté de Dieu sur la Création : telle est pour P la vocation spécifique d'Israël (Ex. xxxi 12-17). L'observance de l'année sabbatique, tous les sept ans, et la mise en jachère de l'ensemble des terres agricoles (Lev. xxv 2-7, 19-22) manifestera qu'Israël reconnaît que son pays appartient à Dieu. Le respect de l'année jubilaire, au terme de sept années sabbatiques, à l'occasion de laquelle les terres sont restituées à leurs anciens propriétaires et les esclaves israélites libérés (Lev. xxv 8-17, 25-55), exprimera à la fois que Dieu est le véritable propriétaire de la terre (v. 23) et que les Israélites n'ont d'autre maître que Dieu (v. 55). En entrelaçant l'année liturgique de ce nombre sept, appliqué à la fois au temps et à la matière du sacrifice, P la relie à la Création et met sur le temps et les activités qui s'y inscrivent le sceau de la souveraineté divine.

On ne s'étonnera donc pas de l'importance qu'occupe la *minḥāh* dans le système des sacrifices puisque, comme son nom l'indique, et comme le manifeste la matière dont elle est constituée, la *minḥāh* a pour fonction distinctive d'exprimer l'hommage à Dieu. Il n'est pas de jour de l'année où elle n'est offerte, pas de sabbat, pas de néoménie, pas de fête où elle ne figure. Seul l'holocauste occupe une place comparable. On objectera que c'est en fait à l'holocauste que la *minḥāh* doit sa place, que sa quantité dépend de la nature et de la quantité des victimes de l'holocauste, que d'ailleurs sa fonction ne diffère guère de celle de l'holocauste, puisqu'elle est comme lui un sacrifice d'odeur apaisante, *rêaḥ nîḥoaḥ*, pour Yhwh, qu'enfin sa fonction subsidiaire est soulignée par le fait qu'elle est toujours jointe à l'holocauste et n'est mentionnée qu'après celui-ci. Mais ces différentes objections doivent être écartées. La fonction spécifique de la *minḥāh* et son autonomie par rapport à l'holocauste se manifestent dans le fait qu'elle ne lui est pas systématiquement associée. Sans doute, il n'y a dans le calendrier liturgique qu'une seule circonstance où l'holocauste n'est pas suivi d'une offrande végétale : le rituel d'expiation exécuté le dixième jour du septième mois. Mais cette exception est d'autant plus significative que ce même jour est apporté, en plus du sacrifice perpétuel, un holocauste accompagné d'une offrande végétale. Car par là même l'attention est attirée sur le fait que, contrairement à l'holocauste, l'offrande végétale ne participe jamais au *kappér*, et n'est jamais directement liée à un *ḥaṭṭā't*. Mais il y a plus. S'il est, certes, vrai que Nb. xv 1-16 présente les quantités de l'offrande végétale en fonction de la matière des sacrifices sanglants, ceci n'implique pas nécessairement que le rituel des différents temps sacrés soit construit en fonction des sacrifices sanglants. Comme nous avons pu le constater, la matière de l'holocauste offert en conclusion des moissons est fixée en fonction de la quantité de farine de l'offrande végétale, et non l'inverse. Il en va de même pour l'holocauste de l'autre fête des récoltes, la fête des Huttes. Car on ne saurait que difficilement attribuer au simple hasard le fait que le nombre de dixièmes d'éphah de farine offerts pendant les huit jours de cette fête équivale au nombre de jours d'une année. Un tel résultat ne peut être obtenu que si le système des holocaustes a été élaboré en fonction de cet objectif, et donc en fonction de la quantité de farine. Or, dans la mesure où tous les holocaustes des néoménies et des fêtes se conforment à un même schéma, c'est en définitive tout le système sacrificiel des néoménies et des fêtes qui repose sur l'offrande végétale.

C'est donc autour de la *minḥāh* et du nombre sept que P a construit le système sacrificiel des néoménies et des fêtes. L'un comme l'autre renvoie à la souveraineté divine.

La manière dont est utilisée la *minḥāh* au cours de la fête des Huttes permet d'en préciser la fonction. L'offrande, à la fin des récoltes, d'une matière qui constitue à la fois l'alimentation de base et la principale production d'Israël, symbolise la remise à Dieu du pays, de ses richesses, de ses habitants qu'il fait vivre. Elle exprime par là même l'entière soumission à Dieu et la reconnaissance de sa suzeraineté. Mais en prescrivant, en outre, une quantité de farine dont le nombre de dixièmes d'éphah équivaut au nombre de jours de l'année, P a aussi voulu faire de cette offrande la récapitulation de l'ensemble de la production de l'année, symboliquement concentrée dans cette offrande, et l'expression de la reconnaissance de la souveraineté de Dieu sur le temps.

Conclusions

P a ainsi attribué une double fonction à l'offrande végétale du culte régulier. L'offrande végétale du culte quotidien et sabbatique est une marque d'honneur à l'endroit de l'hôte divin, présentée à Dieu conjointement au repas afin de lui exprimer sa déférence. L'offrande végétale des néoménies et des fêtes appartient à un autre registre. Elle symbolise la remise à Dieu de la terre d'Israël et de toutes ses richesses en tribut d'hommage au divin suzerain et la soumission du peuple à son Dieu.

En prescrivant pour les sacrifices privés et occasionnels les mêmes règles que pour les sacrifices publics et réguliers, et en exigeant que tout sacrifice animal soit accompagné d'une offrande végétale, dans les mêmes proportions, P a relié tous ces sacrifices au culte de la communauté et les a fait participer, indépendamment de leur fonction propre, à l'hommage rendu à Dieu.

2. *L'offrande végétale dans les rituels occasionnels*

Une offrande végétale est exigée dans deux types de rituels, les rituels de consécration et, dans certains cas, les rituels consécutifs à une faute. À la différence du culte régulier, cette offrande végétale n'est qu'exceptionnellement accompagnée d'une libation.

Les rituels de consécration

Cinq catégories de rituels appartiennent à ce premier type de rituel : le rituel de consécration des prêtres, le rituel d'investiture des lévites, le rituel de désécration du nazir, le rituel de consécration en vue d'une théophanie, et enfin le rituel de réintégration du lépreux guéri. La mention de ce dernier rituel parmi les rituels de consécration peut surprendre, car on est davantage enclin à le classer parmi les rituels de purification. Mais c'est bien la forme d'une consécration que P a donné à cette réintégration.

Le **rituel de consécration des prêtres** occupe parmi ces différents rituels une place à part. Il est, de tous les rituels occasionnels, le seul à avoir été institué au cours de la première phase de la révélation, au sommet du Sinaï (Ex. xxix 1-37). Et son institution intervient après qu'eurent été données les instructions relatives à la construction de la Demeure et à son aménagement (Ex. xxv-xxvii), et celles portant sur les vêtements sacerdotaux (Ex. xxviii). C'est que, comme le souligne Ex. xxix 43b-44, la présence de Dieu au milieu d'Israël est liée à la fois à l'existence d'une Demeure, et à des moyens qui permettent d'établir une communication avec Dieu, à savoir l'autel et un personnel consacré. Comme il l'avait fait pour la Demeure, P prend grand soin d'indiquer l'exécution fidèle des instructions divines (Lev. viii), dont le signal est donné par Dieu lui-même (v. 1-3)[17]. Le rituel de consécration des prêtres occupe ainsi parmi les rituels occasionnels une place comparable à celle qu'occupe le sacrifice permanent parmi les autres sacrifices du culte régulier.

Le rituel mis en œuvre pour consacrer les prêtres est fort complexe. Son enjeu est, en effet, particulièrement important puisqu'il vise à mettre à part une catégorie d'hommes et à les rapprocher de la sphère sacrée de manière à les rendre capable d'exercer la médiation entre le monde des hommes et celui de Dieu. La réalisation de cet objectif se fait en trois phases.

La première phase est celle de la séparation. Elle consiste en l'ablution d'Aaron et de ses fils, autrement dit, du grand prêtre et des autres prêtres (Ex. xxix 4 // Lev. viii 6). Mais, fort curieusement, cette ablution est immédiatement suivie d'un rite d'agrégation consis-

---

[17] Sur ce rituel cf. Rendtorff (1967), p. 12 ; E. Leach, *Culture and Communication* (Cambridge, 1976), pp. 84-90 ; N. Füglister, "Sühne durch Blut – Zur Bedeutung von Leviticus 17, 11", in G. Braulik (éd.), *Studien zum Pentateuch* (Wien, Freiburg, Basel, 1977), pp. 143-62 (voir pp. 160-2) ; Gorman (1990), pp. 103-39 ; Milgrom (1991), pp. 542-69. Cf. aussi H.C. Brichto, "On Slaughter and Sacrifice, Blood and Atonement", *HUCA* 47 (1976), pp. 19-55 (voir pp. 30-1) ; Janowski (1982), pp. 225-7. Pour la relation entre Ex. xxix et Lev. viii, voir K. Koch, *Die Priesterschrift von Exodus 25 bis Leviticus 16* (Göttingen, 1959, pp. 25-9, 67-71 ; Walkenhorst (1969) ; B.A. Levine, "The Descriptive Tabernacle Texts of the Pentateuch", *JAOS* 85 (1965), pp. 307-18 (voir pp. 310-4) ; J. Milgrom, "The Consecration of the Priests. A Literary Comparison of Leviticus 8 and Exodus 29", in D.R. Daniels, U. Glessner, M. Rösel (éd.), *Ernten, was man sät* (Neukirchen-Vluyn, 1991), pp. 273-86 (cité : 1991a).

tant en la vêture et l'onction du grand prêtre (Ex. xxix 5-7 // Lev. viii 7-9, 12), suivies de la vêture des autres prêtres (Ex. xxix 8-9 // Lev. viii 13). La présence d'un tel rite au cours de la phase de la séparation est, de fait, assez surprenante. On pourrait être tenté de l'expliquer par des considérations purement pratiques[18] si un tel phénomène ne se reproduisait aussi dans les rituels de désécration du nazir et de réintégration du lépreux guéri où, comme dans le rituel de consécration des prêtres, l'amplitude du passage à réaliser est particulièrement grande. De sorte que l'on expliquera plutôt ce phénomène par la nécessité de créer des paliers, ce qui se fait par la transposition de rites appartenant à l'une des phases dans une phase du rituel de fonction opposée.

La phase centrale est celle de l'offrande d'un *ḥaṭṭā't*, puis d'un holocauste (Ex. xxix 10-18 // Lev. viii 14-21). La séquence des sacrifices est tout à fait caractéristique des rituels de consécration et de purification[19]. La victime du *ḥaṭṭā't* est un taurillon, celle de l'holocauste, un bélier, deux catégories de victimes qui, dans les rituels occasionnels, ne sont utilisées que pour les sacrifices offerts au bénéfice des prêtres (et de l'autel) ou de la communauté. On notera que la victime destinée au *ḥaṭṭā't* est supérieure à celle qui est destinée à l'holocauste, une caractéristique qui distingue les rituels qui ont pour objet la consécration des prêtres (voir ausi Lev. ix 1) des autres rituels de consécration. Ce double sacrifice réalise la transition entre la phase de la séparation et celle de l'agrégation.

La troisième phase du rituel est la plus importante, c'est celle de la consécration proprement dite. Cette consécration se fait au moyen d'un sacrifice de consécration, *millu'îm*, dont la victime est un bélier, et d'une offrande de pains. À ce sacrifice se rattachent deux séries de rites, qu'Ex. xxix sépare mais qui, comme le montre le déroulement du rituel tel qu'il est décrit en Lev. viii, sont étroitement liées. Leur fonction est d'unir les prêtres à Dieu – et, de ce fait, ces rites sont raccordés à un rite effectué sur l'autel – et ce par paliers – de là une double série de rites.

La première série de rites n'établit entre les prêtres et Dieu qu'un contact médiat, au moyen du sang sacrificiel et de l'huile d'onction[20].

---

[18] Cf. par exemple Milgrom (1991), p. 513 ; (1991a), p. 277.

[19] Sur cette question voir A. Marx, "Sacrifice pour les péchés ou rite de passage ? Quelques réflexions sur la fonction du *ḥaṭṭā't*", *RB* 96 (1989), pp. 27-48 (voir pp. 38-48).

[20] Pour la composition de cette huile voir Ex. xxx 23-25.

L'officiant, après avoir recueilli le sang du bélier de consécration, l'applique au lobe de l'oreille droite puis au pouce de la main et du pied droits du grand prêtre d'abord, des autres prêtres ensuite (Ex. xxix 20a // Lev. viii 23-24a), puis il répand le reste du sang autour de l'autel (Ex. xxix 20b // Lev. viii 24b), comme il est de règle pour ce type de sacrifice (voir par exemple Lev. iii 2). À ce premier mouvement, qui relie les prêtres à l'autel, correspond un mouvement en sens inverse, qui part de l'autel pour aller vers les prêtres. L'officiant prend du sang qui est sur l'autel, qu'il mélange à de l'huile d'onction, et en asperge d'abord le grand prêtre, puis les autres prêtres (Ex. xxix 21 // Lev. viii 30). Par cette seconde application, l'autel est relié aux prêtres. Comme l'indique Lev. viii, celle-ci intervient à la suite de la combustion sur l'autel du sacrifice de consécration et des pains (Ex. xxix 22-26 // Lev. viii 25-28), combustion par laquelle est établie la communication avec Dieu[21].

La seconde série de rites est destinée à approfondir la relation à Dieu ainsi créée, et ce par le moyen de la commensalité, par le partage entre Dieu et les prêtres des matières sacrificielles (Ex. xxix 31-34 // Lev. viii 31-32). Le rituel distingue ici deux niveaux. Le bélier du sacrifice de consécration est réparti entre Dieu, l'officiant et les prêtres, au profit desquels ce rituel est exécuté. Dieu, comme il est de règle dans le cas d'un sacrifice de communion, en reçoit le sang et les graisses (voir par exemple Lev. iii 2-5). Mais il perçoit en plus le gigot droit, que Lev. vii 32-33 attribue habituellement au prêtre officiant. L'officiant se voit attribuer la poitrine, laquelle revient normalement au corps des prêtres (Lev. vii 31). Les prêtres, quant à eux, reçoivent le reste. Pour ce qui est des pains, seuls Dieu et les prêtres se les partagent, Dieu recevant un pain de chacune des trois espèces présentées, les prêtres se voyant attribuer les autres pains, habituellement destinés à l'officiant (voir Lev. vii 9). On assiste ainsi à une progression dans l'intensité de la commensalité entre les prêtres et Dieu. Progression, d'abord, pour ce qui est des catégories de participants à ce repas sacré, puisque le bélier du sacrifice de consécration est partagé entre Dieu, l'officiant et les prêtres, mais que les pains le

---

[21] On peut rapprocher de ces différents rites, le rite du sang d'Ex. xxiv 5-8 qui sert à la conclusion de l'alliance entre Dieu et le peuple : après l'offrande d'holocaustes et de *šelāmîm*, le sang des victimes est répandu d'abord sur l'autel, qui représente Dieu, puis sur les douze stèles, qui représentent le peuple. Sur ce rituel voir notamment E.W. Nicholson, "The Covenant Ritual in Exodus xxiv 3-8", *VT* 32 (1982), pp. 74-86. La seconde série de rites – le repas sacrificiel – s'apparente à la forme du rituel d'alliance décrit en Deut. xxvii 6-7.

sont uniquement entre Dieu et les prêtres. Progression, ensuite, dans l'intensité de la communion. La chair de la victime est répartie entre les différents partenaires. Mais la communion sacrificielle est limitée par le fait que les trois partenaires reçoivent des morceaux de nature différente, que la part de Dieu lui est transmise à l'état cru alors qu'officiant et prêtres consomment la leur cuite, après l'avoir préparée en des lieux distincts, et que Dieu reçoit en outre une part qui lui est strictement réservée, le sang et les graisses. Par contre dans le cas des pains, la communion sacrificielle est totale puisque Dieu et les prêtres partagent une nourriture strictement identique, préparée de la même manière, en un même lieu. Alors que le repas de viande unit mais en même temps différencie les partenaires, la consommation des pains réalise la communion la plus étroite qu'il est possible de réaliser entre Dieu et les hommes. Elle constitue le point culminant du rituel de consécration des prêtres. Cette progression par paliers vers cette communion parfaite est rendue possible par le fait que l'officiant abandonne une de ses parts à Dieu, l'autre aux prêtres, et joue ainsi pleinement son rôle de médiateur.

L'ensemble du rituel dure sept jours (Ex. xxix 30, 35 // Lev. viii 33, 35), pendant lesquels il est strictement interdit aux prêtres de s'éloigner de l'entrée de la Tente de la Rencontre (Lev. viii 33, 35).

Ce premier rituel ne comporte ni *minḥāh* de farine et d'huile, ni libation.

À ce rituel, P rattache le **rituel de consécration en vue de la théophanie**. Ce rituel, censé se dérouler le huitième jour de la consécration des prêtres (Lev. ix 1), est présidé par le grand prêtre, assisté des autres prêtres, qui inaugurent ainsi leur fonction sacerdotale (Lev. ix). En fait, le lien entre les deux rituels est artificiel et le rituel décrit en Lev. ix est tout à fait indépendant du rituel de consécration des prêtres. Leur rapprochement provient de ce que P suit ici le déroulement des événements tel qu'il est indiqué en Ex. xl. Le rituel comprend deux temps[22].

Aaron commence par offrir pour lui-même un *ḥaṭṭāʾt*, puis un holocauste, une séquence des sacrifices qui indique d'emblée que ce rituel appartient à la catégorie des rituels de consécration ou de purification. Comme dans tous les cas où un *ḥaṭṭāʾt* est offert au bénéfice du sacerdoce, la victime en est une pièce de gros bétail, en l'occurrence un veau[23]. Et, comme il est de règle lorsque ce sont des

[22] Sur ce rituel cf. Rendtorff (1967), pp. 13-4 ; Milgrom (1991), pp. 592-5.

[23] L'utilisation d'un veau, *ʿégèl*, pour le *ḥaṭṭāʾt* des prêtres, tout comme d'ailleurs

prêtres qui font l'objet de la consécration, la victime de l'holocauste est inférieure à celle du *ḥaṭṭā't* et consiste en un bélier (Lev. ix 2, 8-14).

La seconde partie du rituel concerne le peuple. Aaron commence également par offrir un *ḥaṭṭā't*, consistant cette fois-ci en un bouc, suivi d'un holocauste. La victime de ce dernier est ici supérieure à celle du *ḥaṭṭā't* – il s'agit d'un veau auquel s'ajoute un agneau, tous deux âgés d'un an – comme dans tous les cas où ce double sacrifice est offert par la communauté. Cet holocauste est ici accompagné d'une offrande végétale faite de fleur de farine et d'huile. Cette seconde partie se conclut par l'offrande d'un taureau et d'un bélier en sacrifice de communion (Lev. ix 3-4, 15-21).

À la lecture de ce rituel, on notera tout d'abord la conjonction, au cours de cette seconde phase, tant pour l'holocauste que pour le sacrifice de communion, de victimes de gros et de menu bétail, une caractéristique que ce rituel partage avec les sacrifices offerts par les princes à l'occasion de la consécration de l'autel (Nb. vii 15, 17 et passim). Ceci permet de réaliser une progression dans l'importance des victimes inverse à celle des victimes du *ḥaṭṭā't*, de manière à faire du sacrifice de communion le point culminant du rituel : bélier pour l'holocauste du grand prêtre, veau et agneau pour celui du peuple, taureau et bélier pour le sacrifice de communion du peuple. Tout comme le rituel de consécration des prêtres, le rituel de consécration en vue de la théophanie culmine donc en un sacrifice de communion. Par contre – et ici le rituel se distingue du rituel de consécration des prêtres – l'offrande végétale n'est pas associée au sacrifice de communion, mais à l'holocauste qui le précède, et elle consiste en une *minḥāh* et non en pains. En somme, on retrouve dans ce rituel les mêmes types de sacrifices que ceux mis en œuvre dans le rituel de consécration des prêtres, mais en quelque sorte à un niveau inférieur : au lieu du *millu'îm*, on offre un sacrifice de communion ordinaire ; au lieu de pains qui sont partagés entre Dieu et les bénéficiaires du rituel, on apporte une offrande de farine et d'huile, à laquelle les offrants n'ont aucune part ; et cette offrande se fait en conjonction avec un holocauste, et non avec le sacrifice de communion qui conclut le rituel. Ici encore aucune libation n'est prévue.

---

celle d'un bouc pour celui du peuple, est de prime abord assez surprenante, la victime normale étant, en effet, dans l'un et l'autre cas un taurillon. Cette apparente anomalie vient en réalité de ce que, lorsque deux *ḥaṭṭā't* se suivent, le même jour ou à un jour d'intervalle, P prescrit systématiquement pour le second *ḥaṭṭā't* une victime inférieure à celle du premier. Dans le cas particulier, ce *ḥaṭṭā't* avait été précédé, selon la fiction de P, du *ḥaṭṭā't* du rituel de consécration des prêtres (voir Lev. ix 2 et viii 22 ; ix 3 et 2 ; xvi 5 et 3 ; voir de même Ez. xliii 22 et 19 ; xlv 23 et 22).

Le troisième rituel comprenant une offrande végétale est le **rituel de désécration du nazir** à l'issue de son naziréat (Nb. vi 13-20)[24]. La fonction de ce rituel est en quelque sorte inverse de celle du rituel de consécration des prêtres puisqu'il est destiné à faire passer de l'état de consécration à l'état profane et à permettre ainsi au nazir de reprendre sa vie normale.

Comme aussi le rituel précédent, le rituel de désécration du nazir commence par l'offrande d'un *ḥaṭṭā'ṯ* suivie de celle d'un holocauste, selon l'ordre habituel aux rituels de consécration ou de purification (Nb. vi 14a, 16)[25]. La victime du *ḥaṭṭā'ṯ* est ici une victime femelle, en l'occurrence une agnelle âgée d'un an, comme dans tous les cas où le *ḥaṭṭā'ṯ* est utilisé au bénéfice d'un individu. La même catégorie de victimes, mais cette fois-ci mâle, sert à l'holocauste, de sorte que la victime de l'holocauste est supérieure à celle du *ḥaṭṭā'ṯ*, ce qui est toujours le cas lorsque ce double sacrifice n'est pas offert pour les prêtres.

Ḥaṭṭā'ṯ et holocauste introduisent la seconde phase du rituel, celle de l'agrégation. Au cours de cette phase sont offerts un sacrifice de communion, dont la victime est un bélier, et une double offrande végétale, l'une consistant en pains, l'autre en une *minḥāh* de farine et huile. À ces offrandes s'ajoute une libation. Cette seconde phase est particulièrement développée et comprend trois séries de rites (Nb. vi 14b-15, 17-20).

Le prêtre offre tout d'abord les différents sacrifices prévus pour cette phase du rituel (Nb. vi 17). Puis le nazir rase ses cheveux, marque distinctive de sa consécration (voir Nb. vi 5, 11), et les jette dans les flammes où se consume le sacrifice de communion (Nb. vi 18). Enfin, la matière sacrificielle est partagée entre le prêtre officiant et l'offrant (Nb. vi 19-20).

La présence d'un rite de séparation dans cette phase du rituel détonne. Dans la mesure où le rasage des cheveux fait également partie du rituel de purification du nazir, où il intervient dans la phase initiale (Nb. vi 9), on pourrait penser qu'il a été introduit ici dans la phase terminale afin de marquer la signification différente de ce rite. En réalité, on assiste ici à un phénomène symétrique de celui observé pour la première phase du rituel de consécration des prêtres. Là, des rites d'agrégation avaient été insérés dans la phase initiale de la sé-

---

[24] Sur ce rituel cf. Rendtorff (1967), pp. 21-2 ; D. Kellermann, *Die Priesterschrift von Numeri 1, 1 bis 10, 10* (Berlin, 1970), pp. 90-2.

[25] La mention de l'holocauste avant le *ḥaṭṭā'ṯ*, au v. 14, provient de ce que l'auteur suit ici l'ordre décroissant des victimes. La séquence rituelle est indiquée au v. 16.

paration. Ici, au contraire, un rite de séparation l'est dans la phase finale de l'agrégation. Cette symétrie n'est pas fortuite. Elle tient à la fonction antithétique de ces deux rituels, dont le premier est destiné à faire parvenir son bénéficiaire à un stade supérieur, alors que le second a comme objectif de faire passer d'un stade supérieur à un stade inférieur. Dans les deux cas on a affaire à un processus fort complexe, qui exige de créer des paliers entre deux stades extrêmes, et ce grâce à la conjonction de rites d'agrégation et de rites de séparation.

Le partage de la matière sacrificielle se fait d'une manière tout à fait originale. Comme il est de règle, Dieu reçoit le sang et les graisses du bélier, des pains, sa part habituelle de l'offrande de farine et d'huile, enfin le vin de la libation. Le prêtre officiant se voit attribuer la poitrine et le gigot droit ainsi qu'un pain de chaque espèce et la plus grande partie de la *minḥāh* de farine et d'huile, mais aussi l'épaule, qui lui est remise par l'offrant non pas crue, comme l'est normalement la part remise aux prêtres, mais cuite. L'ancien nazir reçoit le reste de la victime et le reste des pains. Cette forme de répartition permet de créer un tissu complexe de relations entre les différents partenaires. Elle unit par la commensalité sacrificielle, mais en même temps différencie, associe deux des partenaires et les sépare du troisième. Par le partage des pains, Dieu, prêtre et offrant sont unis dans une même communion ; mais l'attribution à Dieu d'une part spécifique, qui lui est exclusivement réservée – le sang, les graisses, le vin – marque les limites de cette communion et isole Dieu de ses commensaux. Par le partage entre Dieu et le prêtre de l'offrande de farine et d'huile, Dieu et prêtre sont unis dans une relation dont l'offrant est exclu ; mais, du fait que Dieu reçoit sa part à l'état cru tandis que celle du prêtre est consommée après cuisson, le rituel les dissocie dans le même temps. Enfin, le partage d'une partie de la chair de la victime, préparée en un même lieu et de manière identique, unit le prêtre et l'offrant et les distingue de Dieu, qui n'en reçoit rien ; mais en attribuant en plus à chacun de ces deux partenaires des morceaux différents, préparés en des lieux distincts, le rituel les dissocie. Cette forme de répartition de la matière sacrificielle est destinée à permettre au prêtre d'exercer pleinement sa fonction de médiateur entre la sphère sacrée et la sphère profane. En étant uni à la fois à Dieu et au nazir, le prêtre permet à ce dernier de passer de l'état de consécration à l'état profane. Cette médiation est rendue possible grâce à un échange de part, le prêtre concédant au nazir une partie de sa part de pains, celui-ci cédant au prêtre une part de la victime sacrificielle qui normalement lui est destinée.

Le rituel de désécration du nazir se situe ainsi un cran en dessous du rituel de consécration des prêtres puisque la relation privilégiée qu'il crée n'est plus celle qui unit l'offrant à Dieu, mais celle qui unit l'offrant au prêtre. Il met en œuvre les mêmes types de sacrifices que ceux utilisés pour la phase finale du rituel de consécration des prêtres, mais à un niveau inférieur : au lieu d'un *millu'îm*, on offre une autre forme de sacrifice de communion, de sainteté moindre, et c'est le prêtre, et non Dieu, qui reçoit une part supplémentaire ; au lieu de trois catégories de pains on n'en offre que deux, qui sont partagées entre Dieu, l'officiant et l'offrant au lieu de ne l'être qu'entre Dieu et les offrants ; et aux pains vient s'ajouter ici une *minḥāh* qui relie le prêtre à Dieu et le dissocie de l'offrant.

Quatrième rituel de consécration, le **rituel d'investiture des lévites.** Ce rituel est décrit en Nb. viii, d'abord sous la forme d'un discours que Dieu adresse à Moïse (v. 5-19), puis sous une forme narrative, pour rapporter l'exécution de l'ordre divin (v. 20-22). Sa fonction est d'installer les lévites dans le service du sanctuaire, et ce, comme l'indique le commentaire des v. 14-19, en les séparant des autres Israélites pour les mettre au service de Dieu (v. 14, 16-18), puis en les détachant de Dieu afin de les mettre à la disposition des prêtres (v. 19)[26]. Ce transfert des lévites à Dieu, puis de Dieu aux prêtres, est principalement réalisé par une double *tenûpāh*, articulée autour de l'offrande d'un *ḥaṭṭā't* et d'un holocauste.

Comme aussi le rituel de consécration des prêtres, le rituel d'investiture des lévites comprend trois phases.

La première phase du rituel est celle de la séparation. Elle fait intervenir successivement Moïse, Aaron et le peuple. Moïse commence par asperger les lévites d'eau lustrale[27], puis ceux-ci se rasent le corps et lavent leurs habits (Nb. viii 7). Après quoi le peuple leur impose la main, exprimant par là même sa disposition à renoncer à eux (Nb. viii 10)[28]. Enfin, le grand prêtre procède à la première *tenûpāh*.

[26] Sur ce rituel cf. Rendtorff (1967), pp. 12-3 ; Kellermann (1970), pp. 115-24 ; Janowski (1982), pp. 151, 202-3.

[27] Pour la préparation de cette eau lustrale voir Nb. xix 2-10.

[28] Généralement abandonnée de nos jours, cette interprétation du rite de l'imposition de la main avait été, au siècle dernier, l'interprétation classique dans l'école historico-critique ! Parmi les études les plus récentes on peut citer Janowski (1982), pp. 199-221 ; M.C. Sansom, "Laying on of Hands in the Old Testament", *ET* 94 (1982/3), pp. 323-9 ; K. Hedsby, "Handpaläggningsrit och försoningsoffer", *SEÅ* 49

Celle-ci se fait devant Dieu – à qui les lévites sont destinés – et a pour fonction de séparer les lévites des autres Israélites, *hénîp... mé'ét...*, et de les remettre à Dieu (Nb. viii 11).

La phase centrale consiste en l'offrande d'un *ḥaṭṭā't*, puis d'un holocauste. Comme dans tous les rituels concernant le sacerdoce ou la communauté, la victime du *ḥaṭṭā't* est un taurillon, la spécificité de ce rituel étant marquée par le fait que cette même victime est aussi utilisée pour l'holocauste. Comme dans le rituel de consécration en vue d'une théophanie, l'holocauste est accompagné d'une *minḥāh* de farine et d'huile et ne comporte pas de libation (Nb. viii 8, 12).

La seconde *tenûpāh* fait suite à l'offrande sacrificielle. Elle est effectuée par Moïse devant le grand prêtre et les autres prêtres – au profit desquels elle est faite –, ceci afin de retirer les lévites à Dieu et de les remettre aux prêtres (Nb. viii 13).

Ce rituel se déroule à l'entrée de la Tente de la Rencontre, en présence de tout le peuple (Nb. viii 9).

Le dernier rituel appartenant à la catégorie des rituels de consécration est le **rituel de réintégration du lépreux guéri** (Lev. xiv 2-32). Ce rituel, à vrai dire, fait partie des rituels de purification. Et de fait, en l'insérant entre le rituel de purification de la femme accouchée (Lev. xii) et le rituel de purification de ceux qui ont contracté une maladie sexuelle (Lev. xv 2-15, 25-30), P le range clairement dans cette catégorie. Tout comme la parturiente ou la personne atteinte d'une maladie sexuelle, le lépreux s'était en effet rendu impur et devra de ce fait se soumettre à un rituel de purification. Mais si, de par sa fonction, le rituel de réintégration du lépreux guéri appartient effectivement aux rituels de purification, par la forme que lui a donné P, il est clairement apparenté aux rituels de consécration[29].

(1984), pp. 58-65 ; M. Paran, "Two Types of « Laying Hands Upon » in the Priestly Sources", *Beer-Sheva* 2 (1985), pp. 115-9 (hébreu) ; D.P. Wright, "The Gesture of Hand Placement in the Hebrew Bible and in Hittite Literature", *JAOS* 106 (1986), pp. 433-46 ; H.-J. Fabry, D.P. Wright, J. Milgrom, "*Sāmak*", *TWAT V* (1986), col. 880-9.

[29] La question de la nature de la "lèpre" a été abondamment discutée. Voir notamment E.V. Hulse, "The Nature of Biblical 'Leprosy' and the Use of Alternative Medical Terms in Modern Translations of the Bible", *PEQ* 107 (1975), pp. 87-105 ; L. Wilkinson, "Leprosy and Leviticus : The Problem of Description and Identification", *ScotJT* 30 (1977), pp. 153-69 ; Milgrom (1991), pp. 816-26. Sur les raisons pour lesquelles la "lèpre" est considérée comme impure, voir J.J. Pilch, "Biblical Leprosy and Body Symbolism", *BTB* 11 (1981), pp. 108-13. Sur le rituel de réintégration cf. plus particulièrement R. de Vaux, *Les Institutions de l'Ancien Testament* (Paris, 1960), pp. 356-7 ; Rendtorff (1967), pp. 20-1 ; B.A. Levine, *In the Presence of the Lord* (Leiden, 1974), pp. 110-2 ; D. Davies, "An Interpretation of Sacrifice in Leviticus", *ZAW* 89 (1977), pp. 387-99 (voir pp. 396-7) ; J.W. Rogerson, "Sacrifice in

La réintégration du lépreux guéri, une fois sa guérison constatée par le prêtre (Lev. xiv 2-3), se fait en trois étapes.

La première étape se déroule en dehors du camp, dont le lépreux avait été éloigné du fait de sa maladie (Lev. xiii 45-46 ; Nb. v 2-3). Deux séries de rites sont mises en œuvre (Lev. xiv 3-8). Le prêtre prend tout d'abord deux oiseaux purs – le texte parle de manière assez vague de *ṣipporîm*, les distinguant par là même des colombes utilisées pour les sacrifices. Il égorge le premier et en recueille le sang dans un récipient contenant de l'eau vive. Puis il y trempe l'autre oiseau, resté vivant, ainsi qu'un rameau de cèdre, du cramoisi et une branche d'hysope, et procède à une septuple aspersion du lépreux guéri. Après quoi, il lâche l'oiseau en rase campagne. À l'issue de cette première série de rites, le convalescent lave ses vêtements, se rase le corps et se lave. Il peut désormais rentrer au camp, mais ne peut pas encore regagner sa demeure.

La deuxième étape de sa réintégration se fait à l'intérieur du camp, au bout de sept jours (Lev. xiv 9). Le convalescent devra de nouveau se raser l'ensemble du corps, laver ses vêtements et se laver.

La troisième et dernière étape est la plus importante. Elle intervient le huitième jour et se déroule cette fois-ci au sanctuaire, à l'entrée de la Tente de la Rencontre. P décrit longuement cette phase du rituel, et cette description devient d'autant plus fastidieuse que, distinguant le cas normal, Lev. xiv 10-20, du cas où le lépreux guéri est trop pauvre pour apporter les sacrifices exigés, v. 21-31, il reprend, à propos de ce second cas, la description de l'ensemble des rites.

Cette dernière étape se déroule en deux temps.

Le prêtre immole tout d'abord un agneau en vue d'un sacrifice de réparation, *ʾāšām* (Lev. xiv 12-13 // 24-25aα). Il en recueille le sang, qu'il applique au lobe de l'oreille droite ainsi qu'au pouce de la main et du pied droits du convalescent (v. 14 // v. 25aβb). Puis, après avoir versé de l'huile dans le creux de sa main gauche, il en fait une septuple aspersion en direction du sanctuaire (v. 15-16 // v. 26-27), l'applique ensuite aux parties du corps déjà enduites de sang et en met, *nātan*, le reste sur la tête du lépreux guéri (v. 17-18 // v. 28-29).

Ensuite le prêtre offre un *ḥaṭṭāʾt* ainsi qu'un holocauste qui, comme il est de règle pour un rituel effectué au profit d'un individu, consistent respectivement en une agnelle et en un agneau. En cas d'indi-

---

the Old Testament : Problems of Method and Approach", in M.F.C. Bourdillon, M. Fortes (éd.), *Sacrifice* (London, 1980), pp. 45-59 (voir pp. 50-1) ; Janowski (1982), pp. 225-6 ; Gorman (1990), pp. 151-79.

gence, ces victimes peuvent être remplacées par des colombes. À l'holocauste est ajoutée une offrande de farine et d'huile, la quantité de farine étant habituellement fixée à trois dixièmes d'éphah, mais limitée à un dixième en cas d'indigence (v. 10, 19-20 // v. 21-22, 30-31). P ne prescrit aucune libation.

Les rites effectués au cours de la première phase de cette dernière étape rappellent ceux par lesquels débutait la phase finale du rituel de consécration des prêtres. De fait, la structure de cette partie du rituel est identique. Dans les deux cas on assiste à une double application de liquide au bénéficiaire, articulée autour d'un rite mettant celui-ci en relation avec le sanctuaire. Mais ces rites sont ici repris à un degré inférieur. La forme du rite initial est la même : dans l'un et l'autre cas l'officiant applique du sang à différentes parties du corps. Mais au lieu de sang provenant d'un *millu'îm*, c'est du sang d'une victime destinée à un *'āšām*, qui est utilisé, l'accent étant ici mis sur la réparation due à Dieu qui, en tant que propriétaire du peuple, avait été lésé du fait de cette longue mise à l'écart. Le rite central se fait au moyen d'huile et non plus de sang, et la relation avec le sanctuaire y est plus distante puisqu'au lieu d'être mise en contact avec l'autel, la matière du rite est seulement aspergée en direction du sanctuaire. Le rite final se fait uniquement avec de l'huile – de l'huile ordinaire et non de l'huile d'onction – et non plus avec de l'huile et du sang, et le liquide aspergé sur le lépreux guéri n'a pas été mis en contact avec l'autel, mais seulement avec le prêtre qui l'avait versé dans sa main. Enfin, on notera que ces différents rites d'agrégation interviennent ici préalablement à l'offrande du *ḥaṭṭā't* et de l'holocauste, ceci afin de créer un palier entre ces deux états extrêmes, celui où le lépreux, du fait de sa maladie, était comme mort (voir Lev. xiii 45-46)[30], et celui où il pourra de nouveau occuper sa place normale dans la société.

Cette explication du rituel de réintégration du lépreux guéri à partir du rituel de consécration des prêtres permet également de rendre compte des particularités de l'offrande végétale. Celle-ci se singularise d'abord par le fait que sa quantité est déterminée non en fonction de l'holocauste conjointement auquel elle est offerte, mais en fonction du nombre total de victimes sacrifiées, et ce quelle qu'en soit la destination. Elle se distingue ensuite par son lien étroit avec l'*'āšām*, qui se traduit par le fait que, lorsque les victimes du *ḥaṭṭā't* et de l'holocauste sont remplacées par des colombes, sa quantité est calculée en fonc-

[30] Voir Milgrom (1991), p. 819.

tion de l'ʾāšām. Enfin, elle constitue le seul exemple d'une offrande végétale associée à un holocauste de colombes. Ces différentes particularités proviennent toutes de la reprise, à un niveau inférieur, des sacrifices de la phase finale du rituel de consécration des prêtres. En effet, si P a associé l'offrande de farine et d'huile à l'ʾāšām, c'est parce que ces deux sacrifices sont le correspondant du *milluʾîm* et des pains. Mais afin d'éviter l'anomalie que constituerait l'offrande d'une *minḥāh* conjointement à un sacrifice ayant pour fonction le *kappér*, P a prescrit d'offrir celle-ci en conjonction avec l'holocauste, et ce quelle qu'en soit la matière. Et s'il a fixé sa quantité, dans le cas normal, en fonction non seulement de la matière de l'ʾāšām, mais aussi de celle du *ḥaṭṭāʾt* et de l'holocauste, c'est sans doute afin de distinguer cette offrande des autres offrandes de farine et d'huile, et de souligner ainsi la particularité de ce rituel par rapport aux autres rituels de consécration.

Conclusions

Au terme de cette revue des différents rituels de consécration, on peut faire plusieurs observations.

On aura noté, tout d'abord, que tous les rituels considérés sont construits autour d'un noyau constitué par l'offrande d'un *ḥaṭṭāʾt* et d'un holocauste. Cette même combinaison nous était déjà apparue pour les sacrifices des néoménies et des fêtes. On la retrouve dans les différents rituels de purification : rituel de purification de la femme accouchée (Lev. xii ; voir v. 6, 8), rituel de purification consécutif à un écoulement génital pathologique (Lev. xv 2-15, 25-30 ; voir v. 14-15, 29-30) ; rituel de purification du nazir entré accidentellement en contact avec un mort (Nb. vi 8-12 ; voir v. 10-11). Ce caractère commun indique que ces différents rituels appartiennent en fait à un même système. Mais à l'intérieur de ce système P a établi une série de subdivisions afin de marquer l'identité propre de chaque catégorie de rituels. Il a distingué les rituels du culte régulier, d'une part, les rituels de consécration et de purification, d'autre part, et ce principalement en prescrivant, pour les premiers, d'offrir d'abord l'holocauste puis le *ḥaṭṭāʾt*, mais d'offrir, pour les seconds, ces mêmes sacrifices selon la séquence inverse. Et il a distingué les rituels de purification des rituels de consécration en jouant notamment sur la matière sacrificielle, les premiers ne comportant jamais d'offrande végétale et n'utilisant pour ces différents sacrifices que des colombes (sauf pour l'holocauste du rituel de purification de la femme accouchée, dont la victime est normalement un agneau), les seconds comprenant toujours une offrande végétale et n'utilisant les colombes qu'à titre de succédané.

Pour distinguer les différents types de consécrations, P a joué sur l'importance respective des victimes du *ḥaṭṭā't* et de l'holocauste, sur la place de ce double sacrifice dans la séquence rituelle, sur la composition de l'offrande végétale et sur la nature des rites de séparation et d'agrégation.

Le premier de ces procédés lui a servi à distinguer les différentes catégories de bénéficiaires. Là où ce rituel concerne les prêtres, il a prescrit pour le *ḥaṭṭā't* une victime supérieure à celle de l'holocauste. Celle-ci, par contre, est égale à la victime de l'holocauste, lorsque le rituel a pour objet des lévites, et inférieure à celle de l'holocauste, lorsqu'il s'agit de laïcs. Dans ce dernier cas, P a introduit une distinction supplémentaire entre rituel concernant la communauté toute entière, auquel cas les victimes exigées sont de nature différente, et rituel au profit d'un individu, où seul change le sexe de la victime.

Les autres procédés ont permis à P de distinguer les différents types de consécrations. Lorsque le rituel a pour fonction de réintégrer une personne exclue du fait de sa maladie, afin de lui permettre de retrouver sa place normale dans la société – cas du lépreux – *ḥaṭṭā't* et holocauste sont offerts en conclusion du rituel, après une série de rites de séparation et d'agrégation. Lorsque le rituel prend son point de départ dans la situation normale et qu'il est destiné à faire accéder à un statut supérieur – cas des prêtres et des lévites – ce double sacrifice trouve place au cœur du rituel, entre la phase de la séparation et celle de l'agrégation. Enfin, dans le cas où le rituel doit servir à mettre fin à un état provisoire de consécration – cas du nazir, à l'issue de son naziréat – ce double sacrifice intervient au début du rituel, antérieurement à la phase de l'agrégation. Sauf pour le rituel d'investiture des lévites, la conjonction dans une même phase du rituel de rites de séparation et de consécration permet à P de créer des paliers. De ces différents rituels P a distingué le rituel de consécration en vue de la théophanie, lequel ne comprend pas de rites de séparation ou d'agrégation.

La consécration proprement dite se fait au moyen d'un *millu'îm* et d'une offrande de pains, par un rite du sang et par le partage de la matière sacrificielle. Rite du sang et repas sacré ne sont associés que dans le rituel de consécration des prêtres. Mais ce rituel a servi à P de modèle de référence pour les autres rituels de consécration, dont il a repris, sous forme dégradée, les différents éléments. Il en a repris le rite du sang dans le rituel de réintégration du lépreux guéri, mais en utilisant ici le sang d'un *'āšām* et non celui d'un *millu'îm*, et ce uniquement pour la première partie du rite. Au *millu'îm*, où Dieu reçoit une part supplémentaire, P a substitué, pour le rituel de désécration du nazir, une forme du sacrifice de communion où c'est le prêtre qui a droit à une part supplémentaire. Et il a remplacé ce sacrifice par un sacrifice de communion ordinaire dans le cas du rituel de consécration en vue d'une théophanie. Quant aux pains, partagés uniquement entre Dieu et les futurs prêtres lors du rituel de consécration des prêtres, ils le sont entre Dieu, le prêtre officiant et le nazir dans le rituel de désécration du nazir, et y sont associés à une offrande de farine et d'huile rattachée, comme le sont les pains, à un sacrifice de communion. Ils sont, par contre, remplacés par une simple offrande de farine et d'huile, à laquelle l'offrant n'a plus part, laquelle est associée à un *'āšām* dans le rituel de réintégration du lépreux guéri, à un holocauste dans le cas des rituels d'investiture des lévites et de consécration en vue d'une théophanie. La fonction, qui était rattachée à des rites précis – le rite du sang et le partage de la matière sacrificielle –, se maintient ainsi à travers les différents avatars, et ce même lorsque le rite qui réalisait cette fonction a disparu et que seule une matière en a conservé la mémoire.

Il apparaît ainsi clairement que nous n'avons pas à faire à une série de rituels indépendants, mais bien à un système parfaitement cohérent, construit avec soin, où les différentes formes de consécrations sont toutes rattachées, grâce à un jeu savant de dégradation des rites, à la consécration par excellence, celle des prêtres. Une fois de plus[31] on constate qu'un rituel ne saurait être étudié en isolation, à partir des seuls éléments dont il est constitué, par addition du sens des différents rites qui y sont mis en œuvre. Chaque rituel doit au contraire être interprété par référence au système auquel il appartient soit, dans le cas précis, les rituels de consécration et, plus largement, l'ensemble du système des rituels de passage dont font également partie les rituels de purification et les sacrifices des néoménies et des fêtes. Ainsi, bien que dans certains des rituels de consécration l'offrande végétale soit faite de farine et d'huile et soit rattachée à un holocauste, tout comme dans le culte régulier, et bien qu'elle soit qualifiée de *minḥāh*, elle n'a pas comme là pour fonction d'exprimer

---

[31] Cf. supra pp. 79-80.

l'hommage à Dieu, mais bien celle de consacrer. Seule la référence au système des rituels de consécration permet de l'interpréter comme une forme atténuée de l'offrande de pains et donc comme un moyen de consécration.

P s'est également servi de ce système des rituels de consécration pour élaborer le rituel du **tôdāh** (Lev. vii 12-15). Ce sacrifice présente, de fait, un certain nombre de caractéristiques qui l'apparentent au *millu'îm*. Comme le *millu'îm*, le *tôdāh* doit être consommé le jour même (Lev. vii 15 ; xxii 29-30), alors que les autres sacrifices de communion peuvent l'être dans un délai de trois jours (Lev. vii 16-18 ; xix 5-6). Et comme aussi le *millu'îm*, il est accompagné de pains, ce qui le distingue de toutes les autres formes du sacrifice de communion privé, et les pains utilisés sont de la même espèce que ceux qui accompagnent le *millu'îm*, et d'ailleurs aussi le sacrifice de communion du rituel de désécration du nazir (Lev. vii 12-13). Mais à la différence du *millu'îm* sa chair est uniquement partagée entre les prêtres et l'offrant. Et si ces pains sont partagés entre Dieu, prêtre, et offrant, la présence d'une troisième catégorie de pains qui, parce qu'ils sont levés, ne montent pas sur l'autel et sont destinés au seul offrant, souligne les limites de la commensalité avec Dieu. En rattachant le sacrifice de louange aux sacrifices de consécration P a donné à chaque Israélite la possibilité d'accéder à une forme de consécration et d'établir ainsi avec Dieu une relation de plus grande intensité.

Les rituels consécutifs à une faute

P prévoit trois cas où, à la suite d'une faute, réelle ou supposée, une offrande végétale doit être apportée à Dieu. Ces cas sont nettement distingués les uns des autres et la composition de l'offrande végétale est différente dans chacun de ces cas.

Les deux premiers cas constituent des amendements à la loi de Lev. iv sur les transgressions d'un interdit divin.

Le **premier** cas envisagé par P est celui où la communauté aurait erré, *šāgāh*, par inadvertance ou inconsciemment, en ne mettant pas en pratique l'un quelconque des commandements divins (Nb. xv 22-26)[32]. À la différence du cas considéré en Lev. iv 13-21, où est sanctionnée la transgression, c'est ici la non-observation d'un commande-

[32] Sur ce texte cf. notamment D. Kellermann, "Bemerkungen zum Sündopfergesetz in Num. 15, 22ff.", in H. Gese, H.P. Rüger (éd.), *Wort und Geschichte* (Neukirchen-Vluyn, 1973), pp. 107-13 ; J. Milgrom, "The Two Pericopes on the Purification Offering", in C.L. Meyers, M. O'Connor (éd.), *The Word of the Lord shall go Forth*

ment qui constitue le délit. Pour obtenir le pardon, la communauté devra apporter à Dieu un taurillon en holocauste, avec la *minḥāh* et la libation correspondantes, puis offrir un bélier en *ḥaṭṭā't*.

Le sacrifice exigé est ici plus important que celui demandé en Lev. iv puisqu'au lieu du seul *ḥaṭṭā't*, consistant là en un taurillon, la communauté doit offrir en plus un holocauste, une offrande végétale et une libation. Ces différents sacrifices doivent être offerts en premier, préalablement au *ḥaṭṭā't*, ce qui distingue ainsi ce rituel des rituels de consécration et de purification et l'apparente aux sacrifices offerts dans le cadre du culte régulier. Mais à la différence de ces derniers, une seule victime est prescrite pour l'holocauste, tout comme dans le cas des rituels de consécration et de purification. Et comme lorsque des sacrifices de consécration sont offerts au bénéfice de la communauté, la matière de l'holocauste est supérieure à celle du *ḥaṭṭā't*. Cette ambivalence permet à P de souligner la fonction distincte de ce sacrifice.

Quelle est ici la fonction de l'offrande végétale et de la libation ? Le fait que P ait prescrit d'offrir ces différents sacrifices selon la séquence des sacrifices du culte régulier indique qu'il leur a donné une fonction analogue. C'est en effet, comme nous l'avons vu, la séquence selon laquelle ces sacrifices sont apportés qui permet de préciser la place qu'ils occupent dans l'ensemble du système et donc leur fonction. En conséquence, on peut penser que, comme les sacrifices des néoménies et des fêtes, le sacrifice offert a pour fonction d'exprimer l'hommage à Dieu, lequel lui est rendu ici par la communauté rebelle pour exprimer sa soumission.

Les deux autres cas concernent des individus. L'offrande végétale est ici seule exigée. Elle se distingue de la *minḥāh* normale par l'absence d'huile et d'encens.

Le **deuxième** cas où une offrande végétale doit être apportée à la suite d'une faute concerne trois fautes bien précises, énumérées en Lev. v 1-4[33]. Ce sont 1) la non-dénonciation d'un coupable contre lequel une imprécation avait été lancée, 2) le contact inconscient avec un objet impur, ou avec le cadavre d'un animal impur, ou avec un

---

(Winona Lake, 1983), pp. 211-5 ; M. Fishbane, *Biblical Interpretation in Ancient Israel* (Oxford, 1985), pp. 190-4, 223-5 ; Milgrom (1991), pp. 264-9.

[33] Sur Lev. v 1-13 cf. notamment J. Milgrom, "The Graduated *Ḥaṭṭā't* of Leviticus 5:1-13", *JAOS* 103 (1983), pp. 249-54 ; A. Schenker, "Der Unterschied zwischen Sündopfer *chattat* und Schuldopfer *ascham* im Licht von Lv 5, 17-19 und 5, 1-6", in C. Brekelmans, J. Lust (éd.), *Pentateuchal and Deuteronomic Studies* (Louvain, 1990), pp. 115-23.

homme impur, 3) un serment prononcé de manière irréfléchie. Pour ces différents cas P prescrit normalement un *ḥaṭṭā't* dont les victimes sont, comme dans le cas d'une transgression par inadvertance d'un interdit (Lev. iv 28, 32), une agnelle ou une chèvre (Lev. v 6). Mais, en cas d'indigence, cette victime peut être remplacée par des colombes, dont l'une est destinée à un *ḥaṭṭā't*, l'autre à un holocauste (Lev. v 7). C'est lorsque le coupable est trop pauvre pour disposer même de colombes qu'il peut apporter à la place une offrande de farine (Lev. v 11).

La possibilité de remplacer un animal par une offrande de farine constitue un cas unique dans le système sacrificiel de P. Le fait est particulièrement surprenant s'agissant d'un *ḥaṭṭā't*, dont l'effet est toujours lié par P au rite du sang. À la lumière du cas précédent, on sera tenté de voir également dans cette offrande l'expression de la soumission du rebelle en vue du *kappér* de ses fautes. Mais le fait qu'elle soit aussi nettement distinguée de la *minḥāh* – elle n'est d'ailleurs pas qualifiée de telle (Lev. v 13 la compare à la *minḥāh*) - incite plutôt à chercher dans une autre direction.

Le **troisième** cas où intervient une offrande végétale est très différent des deux précédents puisqu'il s'agit du cas où un mari soupçonne sa femme d'avoir commis l'adultère, sans toutefois pouvoir en apporter la preuve et sans que la culpabilité de l'épouse soit avérée. De sorte que, pour savoir ce qu'il en est véritablement, l'homme devra faire appel au jugement de Dieu qui, soit établira la culpabilité de l'accusée et la sanctionnera, soit au contraire manifestera son innocence (Nb. v 12-28)[34].

Le récit que fait Nb. v 15-28 du déroulement de l'ordalie n'est pas sans poser un certain nombre de problèmes. Le texte n'est pas d'une homogénéité parfaite mais est par endroits surchargé, ce qui témoigne de la complexité de son histoire rédactionnelle et, par voie de conséquence, de celle du rituel qui y est décrit. C'est ainsi que la protase, au v. 20 – qui envisage le cas où la femme serait effectivement

[34] Ce rituel a particulièrement intéressé les exégètes. Parmi les études récentes on peut citer D. Kellermann (1970), pp. 70-83 ; J.M. Sasson, "Numbers 5 and the 'Waters of Judgment'", *BZ* 16 (1972), pp. 249-51 ; M. Fishbane, "Accusations of Adultery : A Study of Law and Scribal Practice in Numbers 5:11-31", *HUCA* 45 (1974), pp. 25-45 ; H.C. Brichto, "The Case of the *sôṭā* and a Reconsideration of Biblical ‹Law›", *HUCA* 46 (1975), pp. 55-70 ; J. Milgrom, "The Case of the Suspected Adulteress, Num. 5: 11-31: Redaction and Meaning", in R.E. Friedman (éd.), *The Creation of Sacred Literature* (Berkeley, 1981), pp. 69-75 ; T. Frymer-Kensky, "The Strange Case of the Suspected Sotah (Numbers v 11-31)", *VT* 34 (1984), pp. 11-26 ; J. Milgrom, "On the Suspected Adulteress (Numbers v 11-31)", *VT* 35 (1985), pp. 368-9.

coupable – est séparée de l'apodose, au v. 22 – qui énonce les conséquences de l'absorption de l'eau amère – par une imprécation qui attribue à Dieu les effets de cette eau, v. 21. Ce verset constitue un doublet à la fois du v. 19, auquel il emprunte la formulation de l'imprécation, et du v. 22, auquel il prend la description de l'effet de l'eau amère en cas de culpabilité. Par ailleurs, l'ingestion par l'accusée de l'eau qui sert au jugement de Dieu est rapportée deux fois, une première fois au v. 24, avant le récit de l'offrande de la *minḥāh*, une seconde fois aux v. 26b-27aα, après, ce récit venant ainsi malencontreusement interrompre la description de l'ordalie. On a le sentiment, à la lecture de ces interventions, qu'elles proviennent d'un rédacteur gêné par le caractère quasi-magique de cette ordalie et qui, de ce fait, a voulu souligner que son efficacité était due à Dieu (v. 21), et a introduit en conséquence un rite sacrificiel (v. 25-26a)[35].

Dans sa forme actuelle, l'ordalie se déroule de la manière suivante. Le prêtre commence par préparer dans un vase de terre l'eau amère qui servira à l'ordalie, ceci en prenant de l'eau sainte à laquelle il incorpore de la poussière recueillie sur le sol de la Tente (v. 17)[36]. Puis il fait approcher l'épouse, défait ses cheveux et place entre ses mains l'offrande de farine. Lui-même tient tout au long de la procédure le récipient contenant l'eau amère (v. 18). La première phase du rituel prépare l'ordalie proprement dite. Le prêtre présente à la femme les alternatives sous la forme d'une imprécation et expose les conséquences qu'aura sur elle, selon le cas, l'eau amère. Puis il fait ratifier l'imprécation par un double amen (v. 19-22). Il écrit ensuite l'imprécation sur une tablette, et l'efface avec l'eau amère, laquelle absorbe ainsi la malédiction (v. 23). La seconde phase est celle de l'épreuve. Le prêtre prend dans un premier temps la *minḥāh*, que la femme avait tenue jusque-là entre ses mains, et en brûle, comme il est de règle, une poignée sur l'autel (v. 25-26a). Ensuite il fait boire à la femme l'eau amère chargée de l'imprécation (v. 26b-27aα)[37].

Le rituel frappe par son archaïsme et détonne parmi les rituels

---

[35] Voir de même Kellermann (1970), pp. 81-3.

[36] L'eau sainte, *mayim qedošîm*, dont il est question est peut-être l'eau lustrale, destinée à la purification de celui qui a été en contact avec un mort (Nb. xix 11-13), mais également utilisée dans la première phase du rituel d'investiture des lévites (Nb. viii 7). Sur cette eau voir W. McKane, "Poison, Trial by Ordeal and the Cup of Wrath", *VT* 30 (1980), pp. 474-92.

[37] Le Code d'Hammurabi, qui envisage également le cas d'une épouse accusée d'adultère, prescrit un serment par le dieu lorsque c'est le mari qui accuse son épouse d'adultère (CH 131), mais une ordalie par le fleuve lorsque l'accusateur est un tiers (CH 132).

rapportés par P. La question qui nous intéresse ici plus particulièrement porte sur le rôle que joue dans cette ordalie l'offrande de farine, tantôt qualifiée de *minḥat qenā'ot*, offrande de jalousie (v. 15, 18, 25), tantôt de *minḥat zikkārôn*, offrande d'évocation (v. 15, 18), car sa fonction est d'évoquer, autrement dit, de faire apparaître, de rendre manifeste la faute supposée (v.15)[38]. Cette offrande présente un certain nombre de traits singuliers. Outre qu'elle ne comporte ni huile ni encens, elle se distingue aussi de la *minḥāh* habituelle par le fait qu'elle consiste en farine ordinaire, et non en fleur de farine, dont on indique expressément qu'il s'agit de farine d'orge (v. 15). Elle n'entre donc pas dans la catégorie des matières végétales sacrifiables, telles que définies en Lev. ii. De là, sans doute, le rite de la *tenûpāh* effectué par le prêtre préalablement à la combustion de l'*'azkārāh* (v. 25), grâce auquel le prêtre transfère à Dieu une matière qui normalement ne lui est pas destinée.

C'est surtout l'usage fait de cette *minḥāh* au cours de la première phase de l'ordalie qui attire l'attention. La *minḥāh*, nous l'avons vu, est tenue par la femme soupçonnée d'adultère pendant toute cette phase, tandis que le prêtre, lui, tient l'eau amère. On est ainsi conduit à penser que la farine remplit une fonction symétrique à celle de l'eau amère. Celle-ci, conformément à sa destination, est de nature ambivalente puisqu'à la fois eau sainte, et donc facteur de vie, mais en même temps eau à laquelle a été mêlée de la poussière, symbole de mort, et qui est virtuellement destinée à provoquer la mort. La même ambivalence pourrait bien se retrouver chez l'accusée. Le prêtre, en défaisant ses cheveux, la considère comme impure, et donc comme coupable[39]. Mais en même temps, il lui remet de la farine, laquelle pourrait ainsi être la marque de son innocence. Dans cette hypothèse, l'eau sainte rendue amère et la farine représenteraient les alternatives, culpabilité et donc châtiment d'une part, innocence d'autre part, le prêtre exprimant essentiellement la première, l'accusée la seconde.

D'où vient, dans cette hypothèse, cette fonction de la farine de symboliser l'innocence ? L'explication avancée par M.J. Geller à propos de l'utilisation de la farine en Lev. v 11-13 pourrait bien apporter

[38] Selon Kellermann, l'adjonction d'une *minḥāh* pourrait aussi être destinée à rémunérer le prêtre (1970, p. 83) !

[39] Cf. ce même geste, comme rite de deuil, en Lev. x 6 ; xiii 45 ; xxi 10, associé dans ces deux derniers textes à un état d'impureté.

une réponse à cette question[40]. Comparant les cas envisagés en Lev. v 1-4 à ceux énumérés dans les séries mésopotamiennes d'incantations connues sous le nom de *Šurpu* – séries qui remontent au xive-xie s. – Geller constate non seulement qu'il existe de nombreuses correspondances entre les cas cités, mais aussi que l'un et l'autre rituel font usage de la farine. Sans doute, fait-il remarquer, la manière dont la farine est utilisée n'est pas la même, puisque dans le rituel *Šurpu* la farine est frottée sur le corps du patient et jetée ensuite dans le feu d'un brasier alors que dans le rituel biblique elle est offerte à Dieu. Mais il souligne que dans les deux cas la farine sert à purifier le coupable.

Cette explication permet non seulement de rendre compte de l'usage de la farine en Lev. v 11-13. Elle éclaire aussi le rôle de la farine dans le rituel de Nb. v. L'usage de la farine pourrait bien être un élément du rituel originel, celle-ci servant toutefois non pas à purifier mais, par référence à cette fonction, à manifester l'innocence, la matière renvoyant ainsi à la fonction. Mais le rédacteur sacerdotal aura donné à cette farine une fonction supplémentaire en en faisant la matière d'un sacrifice. Tout en associant par là même Dieu à cette ordalie, il aura transformé ce qui était à l'origine la matière d'un rite d'élimination en une *minḥāh,* où la matière qui symbolise l'innocence devient l'expression de la soumission à Dieu, dont l'accusée accepte le jugement.

3. *Bilan*

Le bilan est impressionnant.

La *minḥāh* de farine et d'huile est présente à tous les moments du culte régulier. Elle y accompagne tous les holocaustes, à l'exception de celui du rituel d'expiation, au dixième jour du septième mois. Elle est associée à l'ensemble des holocaustes (sauf là où il consiste en une colombe) et des sacrifices de communion, voués ou spontanés, du culte privé. Qui plus est, elle est à la base du système des offrandes des néoménies et des fêtes. Contrairement à tous les autres sacrifices d'odeur apaisante, elle peut être offerte de manière autonome. Et, sous la forme d'une offrande autonome de pains, elle constitue le point culminant du culte quotidien.

Offrande de pains, ou le cas échéant sous la forme dérivée d'une

[40] M.J. Geller, "The Šurpu Incantations and Lev. v. 1-5", *JSS* 25 (1980), pp. 181-92.

offrande de farine et d'huile, elle fait partie de tous les rituels de consécration là où ceux-ci portent sur des personnes. Mais elle ne sert pas à la consécration de l'autel (voir Ex. xix 36-37 // Lev. viii 11, 15). Les sacrifices apportés ce jour-là par les douze princes d'Israël – *minḥāh*, parfums, holocaustes, *ḥaṭṭā't*, sacrifices de communion – ne servent pas à consacrer l'autel mais à inaugurer le culte sacrificiel (Nb. vii)[41]. Elle accompagne le *tôdāh*, forme la plus sainte du sacrifice privé. Qui plus est, elle est, dans ces rituels de consécration, celui des sacrifices qui permet d'établir avec Dieu la communion la plus intense, et ce grâce au partage d'une même nourriture. Par là même elle constitue le point d'aboutissement du rituel de consécration des prêtres. À l'inverse, elle ne fait jamais partie d'un rituel de purification. Elle n'est jamais liée à un *ḥaṭṭā't*, et ne l'est à un *'āšām* que dans le cadre du rituel de réintégration du lépreux guéri, de manière indirecte, pour signifier une forme dégradée de consécration. Elle n'est associée au *kappér* qu'en trois circonstances. Mais dans l'une, sa fonction s'apparente à celle de la *minḥāh* du culte régulier (Nb. xv 22-26). Et dans les deux autres, sa présence s'explique par la préhistoire des deux rituels, et sa particularité est marquée par une composition distincte (Lev. v 11-13 ; Nb. v 12-28).

À cette offrande végétale P a assigné une double fonction. Sous sa forme d'offrande de farine, là où elle est associée au culte régulier et aux sacrifices privés, mais aussi lorsqu'elle est exigée à la suite d'une faute, elle signifie l'hommage déférent et la soumission à Dieu. Lorsqu'elle intervient dans le cadre d'un rituel de consécration, qu'elle consiste en pains ou en farine et huile, ou qu'elle accompagne un *tôdāh*, elle réalise la consécration.

Les offrandes végétales s'intéressent ainsi plus particulièrement à la nature du lien qui unit l'offrant à Dieu, pour affirmer un lien de subordination ou au contraire pour créer un lien de communion.

C. *Les données du Chroniste*

Les quelques références que fait le Chroniste aux offrandes végétales ne permettent guère de dire avec précision quelle est la place qu'il leur assigne[42].

---

[41] Sur ce texte voir J. Milgrom, "'The Chieftains' Gift : Numbers, chapter 7", *HTR* 9 (1986), pp. 221-6.

[42] M.H. McEntire, *The Function of Sacrifice in Chronicles, Ezra, and Nehemiah* (Lewiston,

La mention de la *minḥāh* ou de sa matière dans des listes de produits destinés au culte sacrificiel (1 Chr. ix 29-32, xxiii 29 ; Esd. vi 9, vii 17, 22) laisse entendre que l'offrande végétale fait partie du culte régulier. L'association, en Esd. vi 9, vii 17, de l'offrande végétale aux taurillons, béliers et agneaux – une liste qui chez P recouvre les divers types d'holocaustes du culte régulier – semble indiquer que, du moins pour l'auteur des parties araméennes du livre d'Esdras, l'offrande végétale accompagne l'ensemble des holocaustes de l'année liturgique. Par contre, la distinction faite en Neh. x 34 et 1 Chr. xxiii 29-31 entre les offrandes végétales et les holocaustes des sabbats, des néoménies et des fêtes donne à penser que Néhémie et les Chroniques connaissent sur ce point une tradition différente et réservent l'offrande végétale au seul culte quotidien. Comme le suggère le rapprochement, en 1 Chr. xxiii 29-30, des offrandes végétales et de la louange de Dieu, par les lévites, matin et soir, cette offrande végétale quotidienne a vraisemblablement la fonction traditionnelle de présent d'hommage (cf. 1 Chr. xvi 29).

Une référence explicite à une offrande régulière ne se trouve qu'en Neh. x 34. La *minḥat hattāmîd* dont il est question est sans doute la *minḥāh tāmîd* de Lev. vi 13, l'offrande quotidienne des prêtres, à laquelle fait également allusion 1 Chr. ix 31 et où, comme ici, cette offrande s'inscrit dans l'ordre hiérarchique immédiatement après les pains de proposition.

En dehors du culte régulier, le Chroniste ne fait que deux fois état de l'offrande d'une *minḥāh*, d'abord en 1 Chr. xxi 23 // 2 Sam. xxiv 22, puis en 2 Chr. vii 7 // 1 Rois viii 64. Le premier de ces textes se distingue de sa source par l'adjonction de *wehaḥiṭṭîm lamminḥāh*, "et les blés pour l'offrande végétale", le Chroniste suggérant ainsi que le sacrifice offert par David comprenait non seulement un holocauste mais aussi une offrande végétale. Les références explicites à la *minḥāh* sont trop rares chez le Chroniste pour que cette précision soit simplement fortuite. Elle est bien plutôt révélatrice de la fonction que le Chroniste attribue à l'offrande végétale. Etant donné que le Chroniste modifie également sa source de manière à en faire un récit étiologique du choix de l'emplacement du Temple et plus précisément de l'autel de l'holocauste (1 Chr. xxii 1), on peut penser que l'adjonction de l'offrande végétale vient de ce que le Chroniste a considéré le sacrifice

1993) ne s'intéresse qu'aux seules narrations et ne traite que des sacrifices d'animaux. Curieusement, le récit du sacrifice de David, en 1 Chr. xxi 22-26, n'est pas pris en compte.

offert par David essentiellement comme un sacrifice de fondation, lequel, selon lui, devait comprendre une *minḥāh*. Cette interprétation est d'autant plus plausible que la seconde mention d'une offrande végétale apparaît aussi dans ce type de contexte. La manière dont le Chroniste a modifié sa source est tout à fait révélatrice à cet égard. Sans doute, 2 Chr. vii 7 ne fait que reprendre, à quelques détails près, 1 Rois viii 64. Mais en rapprochant le sacrifice décrit dans ce verset de l'holocauste et des sacrifices de communion consumés par le feu divin à l'issue de la prière de Salomon (2 Chr. vii 1) – seule autre référence dans ce chapitre à un holocauste – il fait du v. 7 une glose explicative du v. 1 et donne ainsi à ce sacrifice une signification différente. Car tandis que le livre des Rois se contentait de mettre l'offrande de l'holocauste, de la *minḥāh* et des *šelāmîm* en relation avec la consécration du Temple, sans préciser leur fonction exacte, le Chroniste, par ce rapprochement, en fait le sacrifice de consécration proprement dit. Pour le Chroniste, l'offrande végétale semble ainsi être un élément nécessaire à la consécration du Temple. Par contre, l'auteur des parties araméennes d'Esdras ne fait aucune mention d'une offrande végétale pour la dédicace du second Temple (Esd. vi 17) – alors même qu'il prend soin de préciser qu'elle fait partie des sacrifices réguliers (Esd. vi 9, vii 17) – indiquant par là même que l'offrande végétale avait cessé d'être un élément du rituel de consécration du Temple.

La difficulté de cerner avec précision le rôle que le Chroniste assigne à l'offrande végétale vient en grande partie de ce qu'il attribue à *ʿolāh* à la fois le sens habituel d'holocauste et un sens générique. Ainsi, en Esd. viii 35b, *ʿolāh* recouvre à la fois l'holocauste et le *ḥaṭṭāʾt*. En Esd. vi 9, *ʿalāwān* s'applique à la matière de l'holocauste et à celle de l'offrande végétale et de la libation. En 1 Chr. xxi 26, *ʿolôt* recouvre l'holocauste et l'offrande végétale mentionnés au v. 23. En 2 Chr. vii 7a, de même, *ʿolôt* – le texte parallèle de 1 Rois viii 64 a *hāʿolāh we... hamminḥāh* – désigne l'holocauste et la *minḥāh* du v. 7b. Faut-il en déduire qu'il en va de même chaque fois que le Chroniste mentionne l'offrande d'un holocauste, que donc tout holocauste est accompagné d'une offrande végétale, ce qui serait le signe de la perte d'une partie de sa spécificité et d'une banalisation de son usage ? Ou bien doit-on s'en tenir aux seuls textes qui font explicitement état d'une offrande végétale et donc conclure, comme nous l'avons fait, que dans le culte régulier elle est associée aux seuls holocaustes du culte quotidien (ceci sauf pour l'auteur des parties araméennes d'Esdras) et qu'elle n'est offerte dans aucune des autres circonstances où le Chroniste fait état de sacrifices : célébration de la Pâque (2 Chr. xxx 15-27, xxxv 1-19), de la fête des Huttes (Esd. iii 4), intronisation de Salomon (1 Chr. xxix 21-22), reprise du culte à Yhwh (à l'occasion de la fête de la Pentecôte ? 2 Chr. xv 10-15), inauguration du culte sur l'autel qu'avait rétabli Manassé (2 Chr. xxxiii 16), purification du Temple et reprise du culte (2 Chr. xxix 20-36), dédicace du deuxième Temple (Esd. vi 17), purification d'Esdras et de ses compagnons à leur retour d'Exil (Esd. viii 35) ? Ce qui serait le signe que l'offrande végétale a conservé ses caractéristiques spécifiques.

Le Chroniste ne mentionne que rarement la libation de vin. Dans les parties araméennes d'Esdras elle apparaît comme un élément constitutif du culte quotidien (Esd. vi 9, vii 17). Et la présence de vin en 1 Chr. ix 29 parmi les produits destinés au culte indique qu'il en va de même pour le Chroniste. La libation de vin, associée à l'holocauste, semble être pour le Chroniste la marque des sacrifices festifs offerts pour célébrer un événement joyeux : l'intronisation de Salomon, qui donne lieu à un festin sacrificiel où l'on mange et boit devant Yhwh (1 Chr. xxix 21-22), la restauration dans la liesse du culte dans le Temple purifié (2 Chr. xxix 35-36).

D. *Les données d'Ézéchiel xl – xlviii*

Ézéchiel, de même que P, range l'offrande végétale dans la catégorie des sacrifices sacro-saints, devant le *ḥaṭṭā't* et l'*'āšām* (Ez. xlii 13).

Les renseignements qu'il donne portent presque exclusivement sur le culte régulier. Ils proviennent pour l'essentiel de la seconde partie des prescriptions et des instructions adressées par l'ange au prophète (Ez. xliv 5-xlvi 18), celle portant sur les devoirs du prince (Ez. xlv 9-xlvi 15)[43].

Ézéchiel distingue très nettement deux catégories de temps sacrés, d'un côté la journée, le sabbat et la néoménie, de l'autre les fêtes. Ces deux catégories de temps sacrés font l'objet de deux sections distinctes, introduites chacune par la formule du messager, la première concernant les fêtes (Ez. xlv 18-25), la seconde, les autres temps sacrés (Ez. xlvi 1-15).

Comme aussi dans le Code sacerdotal, l'holocauste quotidien forme la base du système sacrificiel du culte régulier. Il consiste, de même,

[43] Pour une présentation de ces textes voir Rendtorff (1967), pp. 29-30.

en un agneau, *kèbèś*, âgé d'un an et parfait, accompagné d'une offrande végétale. Celle-ci est ici fixée à un sixième d'éphah de fleur de farine arrosée d'un tiers de hin d'huile. À la différence du système de P, ce sacrifice ne comporte pas de libation de vin et est offert uniquement le matin (Ez. xlvi 13-15).

Le sacrifice offert le jour du sabbat comprend également des agneaux, qui sont ici au nombre de six. Il s'y ajoutent un bélier, *ʾayil*, dont on précise qu'il doit être parfait – comme doivent d'ailleurs l'être toutes les victimes destinées au culte régulier – ainsi qu'une offrande végétale fixée à un éphah de farine. La quantité de farine destinée à l'offrande végétale associée aux agneaux est, par contre, laissée à la discrétion du prince. La quantité d'huile n'est pas déterminée mais est fonction de la quantité totale de farine selon une proportion de un hin par éphah (Ez. xlvi 4-5). Le sacrifice du sabbat se veut ainsi la somme des agneaux (six fois un agneau) et de la farine (six fois un sixième d'éphah) offerts pendant les six jours précédents. Mais ces sacrifices s'ajoutant au sacrifice quotidien, ce sont au total sept agneaux et sept sixièmes d'éphah de farine qui sont apportés ce jour-là à Dieu.

Le sacrifice de la néoménie reproduit celui du sabbat – soit un holocauste comprenant six agneaux et un bélier, et une offrande végétale d'un éphah de farine – mais en y ajoutant l'offrande d'un taurillon, *par*, âgé d'un an, accompagné d'un éphah de farine. Comme pour l'holocauste du sabbat, la quantité de farine jointe aux agneaux est laissée à la discrétion du prince, la quantité d'huile étant fonction de la quantité de farine, selon les mêmes proportions (Ez. xlvi 6-7). Compte tenu de l'holocauste quotidien, ce sont donc au total sept agneaux et treize sixièmes d'éphah qui sont offerts à chaque néoménie.

Pour cette première catégorie de temps sacrés, l'auteur d'Ez. xl-xlviii a ainsi imaginé un système en escalier. Chacun des différents types de sacrifices offerts reproduit le précédent, mais en l'augmentant d'une nouvelle catégorie de victimes, plus importante, un bélier, pour le sacrifice sabbatique, un taurillon, pour celui de la néoménie, la quantité de l'offrande végétale étant fixée en fonction de ces victimes supplémentaires. Ézéchiel a attribué une place à part au sacrifice du sabbat dont il a fait la récapitulation des sacrifices offerts le reste de la semaine. Et il a eu le souci de faire en sorte qu'au sabbat et à la néoménie soit offert le même sacrifice que celui apporté quotidiennement à Dieu, mais multiplié par sept. De là pour l'offrande végétale ce double système qui laisse à l'initiative du prince la quantité de farine devant accompagner les agneaux mais qui, par contre, fixe celle qui est jointe aux victimes distinctives des holocaustes du sabbat et de la néoménie.

À ces sacrifices s'ajoutent les *šelāmîm* que doit offrir le prince à chaque sabbat et à chaque néoménie (xlvi 1-3) en vue d'un repas sacré (voir Ez. xliv 3). La nature et la quantité des victimes ne sont pas indiquées et il ne semble pas que ces sacrifices doivent être accompagnés d'une offrande végétale.

Le calendrier des fêtes, tel que l'a conçu Ézéchiel, est sensiblement différent de celui du Code sacerdotal. Contrairement à P, Ézéchiel a majoré le pôle printanier en prescrivant au premier et au septième jour du premier mois l'offrande d'un *ḥaṭṭā't* en vue de la purification du sanctuaire (Ez. xlv 18-20) et un autre *ḥaṭṭā't*, au quatorzième jour, à l'occasion de la Pâque (v. 21-22). Et il a ramené le nombre traditionnel de fêtes à deux, qu'il a disposées symétriquement aux deux tournants de l'année, l'une au printemps, du 15.1 au 21.1, l'autre à l'automne, du 15.7 au 21.7, leur donnant ainsi la même durée (Ez. xlv 23-25).

Les sacrifices prescrits pour chacune de ces deux fêtes s'inscrivent dans la continuité de ceux apportés au sabbat et à la néoménie. Ézéchiel ajoute ici un nouveau degré à son système en escalier. Les sacrifices qui doivent être offerts sont les mêmes que ceux réclamés à la néoménie, mais sans les agneaux, et les quantités sont multipliées par sept, de sorte que le rapport de ce sacrifice à celui de la néoménie est le même que celui de la néoménie à l'offrande quotidienne. Leur spécificité est marquée par l'offrande d'un *ḥaṭṭā't*, apporté à la suite de l'holocauste et de l'offrande végétale.

Pour l'une et l'autre de ces deux fêtes, Ézéchiel prescrit le même type de sacrifice : un holocauste de sept taurillons et de sept béliers, avec une offrande végétale dont la quantité est fixée à quatorze éphah de farine et à quatorze hin d'huile, suivi d'un *ḥaṭṭā't* dont la victime est un bouc, *śeʿîr ʿizzîm*. Ce même sacrifice est répété chacun des sept jours de la fête. De sorte qu'au total sont offerts quarante-neuf (= sept fois sept) taurillons, autant de béliers, quatre-vingt-dix-huit (= sept fois deux fois sept) éphah de farine et autant de hin d'huile. Ces deux fêtes forment le point culminant du culte régulier.

Comme P, Ézéchiel a donc construit l'année liturgique autour du nombre sept. Il a marqué par un sacrifice le premier et le septième jour de l'année. Il a fixé à sept jours la durée des fêtes. Il a élaboré le système des sacrifices de manière à ce qu'à chaque sabbat et à chaque néoménie soient offerts en holocauste sept agneaux, et que donc le nombre d'agneaux offerts à ces occasions soit de sept fois supérieur au nombre d'agneaux de l'holocauste quotidien. Pour chacune des fêtes il a prescrit une offrande quotidienne de sept victimes de chaque catégorie, en sorte que leur nombre soit sept fois sept, fois supérieur à celui des victimes correspondantes de l'holocauste de la néoménie. Enfin, il a fait en sorte qu'au cours d'une année de trois cent soixante-cinq jours soit offert un total de sept, cent quarante-neuf (= sept fois cent sept) agneaux. Mais à la différence de P, Ézéchiel a construit ce système uniquement autour du sacrifice animal.

Ézéchiel ne mentionne que deux rituels occasionnels : le rituel de consécration de l'autel (Ez. xliii 18-27) et le rituel de purification des prêtres souillés du fait d'un contact avec un cadavre humain (Ez. xliv 26-27). Ni l'un ni l'autre de ces deux rituels ne comporte une offrande végétale. La comparaison entre le rituel de consécration de l'autel et le système des sacrifices des fêtes est particulièrement instructive. Les deux rituels, en effet, sont construits sur le même schéma : un holocauste comprenant taurillon et bélier ainsi qu'un *ḥaṭṭāʾt*, ces différents sacrifices étant répétés pendant sept jours. Mais à la différence du rituel des fêtes, dans le rituel de consécration de l'autel le *ḥaṭṭāʾt* précède l'holocauste, lequel ne comporte qu'une seule victime par catégorie, au lieu de sept, et n'est pas accompagné d'une offrande végétale.

L'offrande végétale, ainsi que le nombre sept, sont donc des éléments caractéristiques du culte régulier. L'un comme l'autre, ils expriment la reconnaissance de la souveraineté de Dieu. Par contre, l'offrande végétale ne fait pas partie des rituels de purification et n'est jamais associée à un *ḥaṭṭāʾt*.

Ez. xl-xlviii ne dit rien de la place de l'offrande végétale dans la piété individuelle, ce qui laisse entendre qu'il ne partage pas le souci de P d'imbriquer le culte privé et le culte public.

E. *Conclusions*

Au terme de cette enquête on peut faire deux séries d'observations.

En parcourant les différentes sources relatives à l'offrande végétale on relève, tout d'abord, un certain nombre de constantes. On constate ainsi que, tout au long de son histoire, la *minḥāh* a conservé son identité propre, exprimée par le nom même qui lui est donné, d'une offrande unilatérale à travers laquelle le fidèle rend hommage à Dieu et lui témoigne de sa déférence. La coexistence de l'emploi sacrificiel de *minḥāh* et de son emploi profane a certainement contribué à ce que cette caractéristique distinctive se maintienne. La *minḥāh* trouve, de ce fait, sa place privilégiée dans le culte régulier. À l'époque préexilique, elle fait partie des sacrifices royaux offerts régulièrement par le roi de Juda. Surtout, elle fait partie des sacrifices apportés quotidiennement à Dieu, et ce aussi bien dans la tradition de 2 Rois xvi que chez Ezéchiel, ou encore dans le Code sacerdotal et chez le Chroniste. La constance avec laquelle l'offrande végétale apparaît, en dépit de la diversité des formes que prend le culte quotidien au fil de l'histoire, démontre qu'elle en est un élément constitutif, à côté de l'holocauste. Ce type de culte quotidien doit être postulé dès le moment où existe un temple, considéré comme le lieu où réside Dieu.

Étroitement liée à l'holocauste, l'offrande végétale n'est par contre jamais offerte conjointement à un *ḥaṭṭā't* ou à un *'āšām*. Elle n'est associée qu'exceptionnellement à ceux des rituels qui ont pour fonction l'expiation : dans les rituels de Lev. v 11-13 et Nb. v 12-28, P prend grand soin de distinguer l'offrande de farine de l'offrande végétale habituelle, et ce n'est que dans le rituel de Nb. xv 22-26 qu'elle apparaît dans un tel contexte. Ni chez Ézéchiel, ni chez P elle ne fait partie des rituels de purification. Que le Chroniste n'en fasse pas non plus état dans ce contexte pourrait ainsi indiquer que, lui aussi, l'a exclue des rituels de purification.

Mais ce qui frappe aussi, c'est le développement qu'a connu l'offrande végétale. Comme le montre Es. lxvi 20, l'offrande végétale est devenue à la fin du vi[e] siècle un élément familier du culte sacrificiel privé. Et aussi bien Ézéchiel que le Code sacerdotal et les parties araméennes d'Esdras l'associeront à l'ensemble des temps sacrés, sabbats, néoménies et fêtes.

C'est P qui a poussé le plus loin cette évolution. Non seulement P a exigé que tout sacrifice animal d'odeur apaisante, qu'il soit public ou privé, qu'il s'agisse d'un holocauste ou d'un sacrifice de communion, soit désormais accompagné d'une offrande de farine et d'huile ; mais il a construit tout son système des sacrifices du culte régulier autour de la *minḥāh* de la fête des Huttes, *minḥāh* dont il a fait le point culminant des sacrifices de l'année liturgique et à partir de laquelle il a élaboré son barème des offrandes.

P se singularise surtout par l'importance qu'il a attribué à l'offrande de pains. À la différence de la *minḥāh* de farine et d'huile, l'offrande de pains n'accompagne que celui des sacrifices privés dont la sainteté est la plus grande, à savoir le *tôdāh*. Dans le culte régulier, elle constitue l'offrande des prêtres, apportée chaque jour à Dieu par le grand prêtre lui-même et forme ainsi le point culminant du culte quotidien. Surtout, P en a fait un élément essentiel des rituels de consécration. Non seulement elle fait partie, sous la forme de pains mais aussi sous la forme dérivée d'une offrande de farine et d'huile, de l'ensemble des rituels qui ont pour fonction la consécration de personnes. Mais elle forme le point culminant du rituel de consécration par excellence, à savoir le rituel de consécration des prêtres. Et ceci, parce qu'en associant Dieu et les prêtres, par le partage d'une nourriture strictement identique, elle crée entre eux la communion la plus étroite qu'il est possible d'établir entre Dieu et les hommes.

La question qui dès lors se pose est la suivante : d'où vient que P a accordé une telle importance aux offrandes végétales ?

CHAPITRE V

L'OFFRANDE VÉGÉTALE, VECTEUR D'UNE UTOPIE

Der Mensch ist was er ißt
Ludwig Feuerbach

L'offrande végétale n'est pas un simple appendice du sacrifice sanglant ou un quelconque succédané. Elle est un sacrifice à part entière. Et elle remplit une fonction distinctive dans le système des sacrifices. P a donné à cette forme de sacrifice une place particulièrement importante. Il a conçu son rituel de manière à en faire la synthèse et le point culminant de son système sacrificiel. Et il lui a attribué une place qui en fait le sommet du culte quotidien, le centre de gravité du culte régulier, le point d'aboutissement du rituel de consécration des prêtres. De par le nombre de ses attestations, l'offrande végétale occupe dans le Code sacerdotal le deuxième rang.

Tout à l'inverse, d'autres traditions sacrificielles ignorent totalement l'offrande végétale. Bien qu'ils fassent maintes références au culte sacrificiel, ni le Yahwiste, ni l'Elohiste, ni Osée, ni le Deutéronome n'en font la moindre mention. Est-ce à dire qu'ils n'ont pas connaissance de cette forme de sacrifice ? Le fait que les emplois sacrificiels de *minḥāh* se retrouvent dans toutes les périodes de l'histoire d'Israël rend cette hypothèse peu probable. Le silence de ces différentes traditions ressemble davantage à une censure délibérée.

Le contraste entre ces deux attitudes face à l'offrande végétale est frappant. Il soulève deux questions. Pourquoi, alors que le nom même de *minḥāh* donné à cette forme de sacrifice en fait un geste d'hommage à Dieu, l'offrande végétale a-t-elle fait l'objet dans certains courants d'une telle censure ? Inversement, quelles sont les raisons qui ont pu conduire d'autres courants, et en particulier le courant incarné par P, à donner un tel poids à l'offrande végétale ? C'est dans les textes mythiques de Gen. i-xi que se trouve la réponse à ces deux questions.

A. *Un conflit d'idéologies*

1. *Le point de vue du Yahwiste*

Le Yahwiste expose d'emblée sa position vis-à-vis de l'offrande végétale, à l'occasion du récit qu'il fait des premiers sacrifices offerts à Dieu (Gen. iv 1-5). Et ce récit lui sert en même temps à légitimer son rejet de cette forme d'offrande. Car, bien qu'il serve de prologue au premier meurtre, v. 6-16, telle n'est pas la fonction principale de ce récit. L'insistance sur le terme *minḥāh*, repris pas moins de trois fois en l'espace de quelques lignes (v. 3b, 4b, 5a), indique quel est le véritable enjeu de cette narration : déterminer laquelle des deux formes de sacrifices, la forme végétale ou la forme animale, est susceptible d'exprimer l'hommage à Dieu. La position traditionnelle, celle qui est représentée par l'aîné, Caïn, soutient que cet hommage est rendu à Dieu par l'intermédiaire d'une offrande végétale. De manière significative, lorsque J présente les deux formes de sacrifices, celui de Caïn et celui d'Abel, ce n'est qu'à propos de l'offrande végétale du premier qu'il utilise le terme *minḥāh*. Preuve, d'ailleurs, qu'à son époque le contenu de la *minḥāh* était déjà fixé de manière assez précise. À cette conception s'en oppose une autre, selon laquelle c'est à travers un sacrifice animal que le fidèle rend hommage à Dieu. Une idée nouvelle ayant, de ce fait, pour champion le cadet, Abel. Pour trancher ce débat, J fait appel au jugement de Dieu.

Le récit que fait J de ces premiers sacrifices n'est pas sans rappeler la scène du Mt. Carmel (1 Rois xviii 20-38) : dans les deux cas on se trouve en présence d'une alternative – là le culte de Baal ou celui de Yhwh, ici le sacrifice végétal ou le sacrifice animal – et dans l'un et l'autre cas, une intervention divine tranche en faveur de l'un des deux termes de l'alternative. La manière dont J rend compte de cette ordalie se veut parfaitement objective. Le récit est bref, factuel, sans aucun commentaire ni parti pris apparent. Le souci d'équité est tel que J va jusqu'à consacrer sensiblement le même nombre de mots à chacun des deux personnages en présence lorsqu'il indique la nature de leur activité, v. 2b, la matière de leur sacrifice, v. 3b-4a, et qu'il rapporte l'attitude de Dieu envers chacun de ces deux sacrifices, v. 4b-5a. En réalité, la neutralité de J n'est pas aussi stricte qu'il voudrait le faire croire. La manière même dont il décrit le contenu de chacun des deux sacrifices révèle déjà de quel côté il penche. Du sacrifice de Caïn, il se contente de dire qu'il consiste en produits agricoles, *perî hā'adāmāh*, sans autres précisions, v. 3b. Par contre, lorsqu'il passe au sacrifice offert par Abel, il insiste sur la qualité de l'offrande, soulignant qu'il s'agit d'un sacrifice de premiers-nés et précisant que ce sont les meilleures victimes – ou la meilleure part des victimes[1] –, "leur graisse", *ḥèlbéhèn*[2], qui sont apportées à Dieu. Que ce type de précision ne soit pas donné à propos de l'offrande de Caïn n'est évidemment pas un simple hasard. Et il est tout à fait significatif que, alors même que ce sacrifice est apporté à la fin de l'année, comme celui d'Abel, J n'en fasse pas une offrande de prémices. Et puis, il y a un autre indice qui montre où vont ses préférences, c'est l'ordre dans lequel il mentionne chacun des deux protagonistes. Aux v. 1-2a, J présente tout d'abord Caïn, puis Abel. En 2b, par contre, il suit l'ordre inverse. Il reprend l'ordre Caïn-Abel aux v. 3-4a, pour revenir à l'ordre Abel-Caïn aux v. 4b-5. On pourrait penser, de prime abord, qu'en alternant les séquences J n'a voulu qu'éviter la monotonie d'une succession de séquences identiques. Mais à y regarder de plus près, on s'aperçoit qu'en réalité ces différentes séquences correspondent à deux types d'informations. Aux v. 1-2a, J suit tout naturellement l'ordre des naissances et donc mentionne tout d'abord l'aîné, Caïn, puis le cadet, Abel. Et c'est le même ordre qu'il suit aux v. 3b-4a lorsqu'il montre les deux frères en train d'offrir leur sacrifice. Or, à cet ordre naturel, celui de la génération, J oppose un autre ordre, une autre hiérarchie, d'abord quand il décrit l'activité des deux frères – c'est Abel, le berger, qui est ici mentionné en premier – v. 2b, puis lorsqu'il indique quelle est l'attitude de Dieu envers chacun des deux sacrifices – c'est d'abord l'attitude de Dieu envers l'offrande d'Abel qui est rapportée, et ensuite seulement celle envers l'offrande de Caïn – v. 4b-5a. Tout cela fait que le lecteur perspicace n'est nullement étonné d'apprendre que Dieu ignore les produits du champ apportés par Caïn mais qu'il regarde favoràblement les premiers-nés du troupeau que lui offre Abel, offrande qui maintenant est qualifiée de *minḥāh*. À la *minḥāh* traditionnelle est ainsi substituée une autre forme de *minḥāh*, et cette réforme voulue par J est marquée du sceau divin.

On s'est longuement interrogé sur les raisons de ce choix "divin". On a spéculé sur les dispositions d'esprit dans lesquelles Caïn avait

[1] W. Gesenius, E. Kautzsch, *Hebräische Grammatik* (26e édition, Leipzig, 1896), §154a, note 1b.

[2] J. Heller, "Die Symbolik des Fettes im Alten Testament", *VT* 20 (1970), pp. 106-8.

apporté son offrande[3]. On a même évoqué l'odeur provoquée par chacune de ces deux formes de sacrifices[4] ! Mais, comme le note F.A. Spina, c'est probablement Rachi qui a mis sur la bonne piste[5]. Commentant l'expression "pasteur de brebis", en Gen. iv 2, Rachi écrit en effet : "Parce que la terre avait été maudite, Abel avait quitté la culture"[6] rappelant ainsi que l'agriculture est une activité résultant d'une malédiction.

De fait, si on lit le récit du double sacrifice à la lumière de Gen. ii et iii, la réaction de Yhwh paraît beaucoup moins surprenante et arbitraire qu'il pourrait y paraître de prime abord. Ce qu'Abel offre à Yhwh, ce sont des animaux que Dieu avait créés afin de les mettre à la disposition de l'homme pour lui venir en aide. En offrant à Yhwh des premiers-nés, Abel répond au don divin et reconnaît par là même les droits de Yhwh, à qui appartient, en dernière instance, tout le bétail. L'offrande de Caïn, par contre, porte la marque de la malédiction et de la transgression de l'interdit divin dont cette malédiction est la sanction. Le *perî hāʾadāmāh* (Gen. iv 3) s'oppose au *perî ʿéṣ haggān* que Dieu avait attribué en nourriture au couple humain (Gen. iii 2-3 ; cf. ii 16). Il ne vient pas de Dieu mais est le fruit du travail de l'homme, condamné du fait de son péché à produire lui-même sa nourriture sur une terre maudite (Gen. iii 17-19). Alors que l'offrande des premiers-nés évoque l'état de Création et la multiplication de la vie, l'offrande des produits de l'agriculture évoque le péché et la mort. Il est clair, dans ces conditions, que Yhwh ne pouvait que se détourner d'une telle offrande.

L'importance que J attribue au sacrifice sanglant apparaît tout particulièrement dans le rôle qu'il confère au sacrifice qu'offre Noé à Yhwh, à l'issue du déluge (Gen. viii 20-22). À bien des égards, ce sacrifice constitue pour J le pendant de celui d'Abel : dans l'un et l'autre cas, en effet, l'offrande de ce sacrifice intervient après que Dieu ait châtié l'humanité pécheresse, et ce premier sacrifice est apporté à Dieu par un homme qui n'est pas associé à ce péché. Mais cette symétrie formelle ne fait que mieux ressortir la gradation. Car tandis qu'Abel n'offrait à Dieu (en sacrifice de communion ?) que les

---

[3] Par exemple B.K. Waltke, "Cain and His Offering", *WTJ* 48 (1986), pp. 363-72.

[4] S. Levin, "The More Savory Offering : A Key to the Problem of Gen 4 : 3-5", *JBL* 98 (1979), p. 85. Pour une présentation des différents types d'explications proposés, voir G.J. Wenham, *Genesis 1-15* (Waco, 1987), p. 104.

[5] F.A. Spina, "The « Ground » for Cain's Rejection (Gen 4) : *ʾadāmāh* in the Context of Gen 1-11", *ZAW* 104 (1992), pp. 319-32 (voir p. 323).

[6] *Le commentaire de Rachi sur le Pentateuque* (Paris, 1957). Traduction I. Salzer.

premiers-nés de son troupeau, Noé, lui, offre en holocauste une victime de chacune des espèces animales pures. Et au regard muet que posait Dieu sur l'offrande d'Abel répond ici la respiration de l'odeur apaisante de ce sacrifice et, surtout, l'extraordinaire décision qui en résulte. À ce sacrifice, en effet, est attribué un formidable effet. Non seulement Yhwh prend l'engagement de ne plus jamais détruire toute vie sur la terre et de garantir l'alternance régulière des jours et des saisons (Gen. viii 21b-22), mais en plus, comme l'a notamment montré Rendtorff, il prend la décision de lever la malédiction qu'il avait prononcée sur la terre à la suite du péché d'Adam (Gen. viii 21a)[7]. De ce fait les raisons qui faisaient que Yhwh ne pouvait agréer une offrande végétale tombent. Et Dieu pourra donc exiger que lui soient apportées les prémices de toute la production agricole (Ex. xxxiv 26). Mais pour le Yahwiste l'offrande végétale ne saurait pour autant jouer le rôle de *minḥāh*, en raison de cette tare originelle dont elle porte la marque, parce qu'elle évoque la désobéissance du premier couple. Seul le sacrifice des premiers-nés peut, selon J, servir à exprimer l'hommage et la soumission à Dieu.

On ne peut manquer de s'interroger sur les raisons pour lesquelles J manifeste une telle hostilité à l'endroit des sacrifices végétaux. Le premier réflexe est d'y voir une réaction à la religion cananéenne au caractère agraire fortement marqué. Une explication d'autant plus plausible que, comme l'a montré Zobel, pain, vin et huile – qui constituent la matière des offrandes végétales – sont considérés comme les dons par excellence de Baal, et ce non seulement dans les textes ugaritiques, mais encore à l'époque d'Osée, comme en témoigne Os. ii 4-15[8]. Resterait cependant à démontrer, dans cette hypothèse, que le sacrifice cananéen a comme caractéristique distinctive d'être un sacrifice végétal, et que J a voulu opposer à cette forme de sacrifice une autre forme de sacrifice, qui serait spécifique à Israël, à savoir le sacrifice animal, deux thèses qui ne peuvent que difficilement être soutenues[9].

---

[7] R. Rendtorff, "Genesis 8, 21 und die Urgeschichte des Jahwisten", *KeDo* 7 (1961), pp. 69-78. L'allusion à Gen. iii 17 est sans équivoque. *Lo' 'osip leqallél 'ôd 'ét hā'adāmāh,* Gen. viii 21, fait référence à *'arûrāh hā'adāmāh,* Gen. iii 17 – le changement de verbe venant de ce que *'ārar* n'est jamais utilisé dans la construction *le* plus infinitif construit ; *ba'abûr hā'ādām,* Gen. viii 21, fait référence à *ba'abûrèkā,* Gen. iii 17. S'ajoute à cela que le déluge n'est jamais présenté comme la conséquence d'une malédiction divine.

[8] H.-J. Zobel, "Der frühe Jahwe-Glaube in der Spannung von Wüste und Kulturland", *ZAW* 101 (1989), pp. 342-65 (voir pp. 355-6).

[9] Sur la nature du sacrifice dans les textes d'Ugarit voir J.-M. de Tarragon, *Le culte à Ugarit d'après les textes de la pratique en cunéiformes alphabétiques* (Paris, 1980), pp. 31-54.

Le fait même que J précise d'emblée l'activité de chacun des deux frères et qu'il mette leur sacrifice en rapport avec cette activité suggère une autre explication. Comme pour la matière sacrificielle, c'est sans doute du côté des représentations évoquées par ces deux activités, et donc de l'image que J se fait de l'agriculteur et du berger, qu'il faut chercher une réponse. Car il serait pour le moins surprenant que cette information sur les activités respectives de Caïn et d'Abel n'ait pour seule fonction que ce truisme : l'agriculteur offre des produits de l'agriculture, et le berger offre des produits de l'élevage.

Comme le montre notamment le portrait qu'il trace de Caïn et les activités qu'il attribue à ses descendants, J a de l'agriculteur une image plutôt négative. Pour J l'agriculteur est, à l'image de Caïn, égocentrique et indifférent au sort de son prochain, jaloux et prompt à se mettre en colère, violent et ne reculant pas devant un meurtre : la brutalité de Lamech, l'un des descendants de Caïn, est proverbiale, qui menace de venger jusqu'à soixante-dix-sept fois tout membre de son clan (Gen. iv 24). L'agriculteur est aussi ivrogne (Gen. ix 20-21). À l'agriculteur J associe le bâtisseur de villes (Gen. iv 17), lieu qui pour lui évoque aussi bien l'orgueil et la démesure, symbolisés par Babel et sa tour (Gen. xi 1-9) que les désordres sexuels et l'inhospitalité illustrés par Sodome (Gen. xix 1-29)[10]. Et il lui associe plus particulièrement le forgeron (Gen. iv 22), et donc aussi le fabriquant d'armes (cf. 1 Sam. xiii 19) : de manière significative c'est, parmi les fils de Lamech, le forgeron, et non le musicien et le berger, qui porte, à travers son nom de Tubal-Caïn, le nom de Caïn.

À ces caractéristiques qu'il attribue à l'agriculteur, J oppose les vertus du berger qu'illustrent les différents patriarches, et en particulier Abraham : le sens de la précarité de l'existence, qui est la marque même de la foi, auquel renvoie le nom d'Abel, la disponibilité à l'appel de Dieu (Gen. xii 1-6), le sens de la solidarité (Gen. xiv 13-16), la générosité et la fierté (Gen. xiv 21-24), ou encore l'hospitalité (Gen. xviii 1-8). Aux valeurs "bourgeoises" qui sont celles de l'agriculteur, jaloux de ses biens et prêt à prendre les armes pour les défendre, vissé à son territoire, replié dans sa ville et fermé à l'étranger, J oppose les valeurs portées par le berger, libre de toutes attaches et disponible pour suivre Dieu dans l'aventure de la foi.

La double forme du sacrifice, animale et végétale, évoque ainsi non pas tant deux types d'activités que deux systèmes de valeurs. La pré-

---

[10] Voir Ed. Jacob, "Appréciation positive et négative de la ville dans les anciennes traditions d'Israël", *Ktema* 2 (1977), pp. 17-23.

dilection de J pour le premier et son rejet du second, du moins en tant que *minḥāh*, ont leur origine dans la constellation symbolique qu'il y rattache, et qu'il fonde à la fois sur l'histoire mythique des origines de l'humanité et sur le mythe des origines du peuple d'Israël, tel qu'il est énoncé dans l'histoire patriarcale. Même si, depuis le déluge, les offrandes végétales ne sont plus marquées par la malédiction divine, elles n'en évoquent pas moins le péché originel, et aussi le premier meurtre, lequel a été perpétré par un agriculteur. Pour J, les seules offrandes végétales qui doivent être apportées à Dieu sont, à côté des pains qui accompagnent les sacrifices de communion (Ex. xxxiv 25), les offrandes des prémices, qu'il prend grand soin de distinguer de l'offrande de Caïn en évitant l'expression *perî hā'adāmāh* et en les qualifiant de *rē'šît bikkûrê 'admātekā* (Ex. xxxiv 26). Ces produits de l'agriculture reviennent à Dieu qui, en tant que propriétaire du pays, a droit d'en goûter le premier les fruits. Ils ne sauraient par contre exprimer l'hommage spontané et la soumission à Dieu. Le seul véritable sacrifice est donc pour J le sacrifice animal, légitimé par Dieu à la fois comme *minḥāh* (Gen. iv 1-5) et comme sacrifice d'odeur apaisante (Gen. viii 20-22).

Vue sur cet arrière-plan, la position de P, qui fait des offrandes végétales le sacrifice par excellence, n'en apparaît que plus singulière.

2. *Le point de vue de* P

Aux valeurs de l'univers pastoral P oppose une utopie. Et, de manière significative, il en trace l'horizon dans le cadre du récit de la création de l'univers, en Gen. i 1-ii 4a. Ce faisant, il ne donne pas seulement à cette utopie une portée universelle. Mais, en la situant hors du temps de l'homme, dans le temps de Dieu, dans le temps des origines, où le monde était conforme à l'idée de son créateur, il la place d'emblée en dehors des projets humains. Après avoir décrit les deux phases de la Création – la première, qui débouche sur l'apparition de la terre et de sa végétation, le troisième jour, la seconde, celle de la création des êtres vivants, qui culmine dans la création des animaux et des humains, le sixième jour – P met dans la bouche de Dieu un double discours adressé aux êtres humains.

Le premier discours, Gen. i 28, prend la forme d'une bénédiction. Comme il l'avait fait pour les poissons et les oiseaux, Gen. i 22, Dieu commence par dire une parole qui place la multiplication de la vie sous le sceau de la bénédiction divine : "croissez, multipliez, remplissez la terre". Cette toute première parole se poursuit par un discours adressé spécifiquement aux seuls êtres humains et qui précise quelle est la place qui leur est assignée par Dieu au sein de la Création : ils ont pour mission de dominer, *kābaś*, la terre – un verbe que P n'utilisera plus qu'en Nb. xxxii 22, 29, pour désigner le résultat de la conquête par Israël de la Terre promise – et de soumettre, *rādāh*, tous les autres êtres vivants, comme le maître soumet son esclave (en tout cas l'esclave non-israélite, Lev. xxv 43, 46, 53) et le vainqueur le peuple vaincu (Lev. xxvi 17).

À ce premier discours, qui fait de l'être humain un despote pour le reste de la Création – mais un despote responsable devant Dieu – fait suite un second discours, Gen. i 29-30[11]. Ce second discours prend cette fois-ci la forme d'une instruction. Son contenu est en apparence très différent de celui du premier discours puisqu'il porte sur le type d'alimentation assigné par Dieu aux humains et aux autres êtres qui vivent sur la terre et dans le ciel. Aux premiers, Dieu attribue toute herbe portant semence, *kol ʿéśèb zoréaʿ zèraʿ*, et tout arbre dont le fruit porte semence, *kol hāʿéṣ ʾašèr bô perî ʿéṣ zoréaʿ zèraʿ*, v. 29, autrement dit, l'ensemble de la végétation telle qu'elle est décrite en Gen. i 11-12. Aux seconds, Dieu destine toute herbe verte, *kol yèrèq ʿéśèb*, v. 30, une expression qui, en Gen. ix 3, désigne la nourriture qui avait été attribuée aux humains et qui recouvre ainsi les deux espèces distinguées au v. 29. C'est donc le même type de nourriture que doivent se partager tous les êtres vivants.

En attribuant à tous les êtres vivants une nourriture exclusivement végétale, P se situe clairement au plan de l'utopie. Cette utopie lui permet de mettre en avant deux principes fondamentaux.

D'abord le principe du respect de la vie. Pour P, la vie est sacrée. Afin de souligner cette place à part qui revient à la vie, P a nettement distingué la création des êtres vivants de celle de la terre et de la végétation. Selon P, la terre et la végétation sont déjà virtuellement contenues dans le chaos initial. Pour faire apparaître la terre, Dieu se contente donc d'organiser ce chaos, et ce principalement grâce à une série de séparations, tandis que par sa parole il fait surgir la végétation qui s'y trouvait à l'état latent. La création de la vie, par contre,

[11] Sur ce texte cf. L. Dequeker, "« Green Herbage and Trees Bearing Fruit » (Gen. 1:28-30 ; 9:1-3). Vegetarianism or Predominance of Man over the Animals ?" *Bijdr* 38 (1977), pp. 118-27 ; K.A. Deurloo, "Leven voor mens en dier. De narratieve betekenis van Genesis 1 : 29, 30", *ACEB* 8 (1987), pp. 53-63 ; K. Grünwaldt, "Wozu wir essen. Überlegungen zu Genesis 1,29-30a", *BN* 49 (1989), pp. 25-38.

est une œuvre entièrement originale, dont le caractère inédit est accentué par l'utilisation d'un verbe spécifique, *bārāʾ*. Et, tandis que les végétaux portent en eux-mêmes leur capacité de se reproduire, la reproduction de cette vie est expressément garantie par une bénédiction divine, signe de la sollicitude toute particulière de Dieu pour les êtres vivants[12]. La vie, humaine et animale, est ainsi placée sous la protection de Dieu. Toute atteinte à la vie va donc à l'encontre du projet de Dieu. En prescrivant à tous les êtres vivants une nourriture purement végétale – ce qui exclut aussi les produits d'origine animale – Dieu signifie clairement qu'aucune vie ne saurait être utilisée au profit d'une autre vie, qu'aucun animal n'est donc destiné à servir de nourriture à un autre animal, ou à un être humain. Chaque être vivant, homme, animal, oiseau ou simple bestiole, est une créature de Dieu, créée pour elle-même et non pour servir à une autre créature, qui a sa place distinctive au sein de la Création et a droit à une existence propre.

Le second principe est celui de la solidarité des êtres vivants. Cette solidarité n'est pas seulement une solidarité d'intérêts qui résulte du fait que tous dépendent pour leur subsistance de la même source. Elle est d'abord solidarité d'êtres qui, partageant la même nourriture, manifestent leur commune appartenance à une même catégorie, celle des êtres créés par Dieu afin de peupler la terre. Et la consommation de la même nourriture, mise par Dieu à leur disposition, renforcera les liens de communion qui les unissent entre eux. En indiquant aux êtres humains que les autres êtres vivants ont aussi part à cette nourriture, Dieu leur signifie que la végétation n'est pas réservée à leur usage exclusif, mais qu'elle doit être partagée avec tous les êtres qui participent à son écosystème.

Ce second discours complète ainsi le premier. Tandis que le premier discours chargeait les êtres humains d'une mission qui ne peut s'exercer sans une certaine violence, le second discours fixe des limites à cette violence. La domination, *kābaś*, de la terre ne saurait signifier l'usage exclusif par les humains des fruits de cette terre au détriment des autres êtres vivants. Et la soumission, *rādāh*, des autres êtres vivants n'implique pas un pouvoir de vie et de mort sur eux

[12] L'absence d'une bénédiction des animaux et l'emploi du verbe *ʿāśāh* au lieu du verbe *bārāʾ* proviennent uniquement du souci de P de différencier animaux et êtres humains et de souligner que, bien que créés par Dieu le même jour et partageant le même territoire, ils n'en constituent pas moins deux catégories bien distinctes.

ni une sujétion en vue de les mettre au service des seuls intérêts humains. La violence à l'égard du reste de la Création inhérente à la mission des êtres humains ne saurait être une violence destructrice au profit d'intérêts égoïstes. Elle vise uniquement à maintenir au rang qui leur a été attribué par Dieu les autres réalités créées. On le voit, cet ultime discours adressé par Dieu aux êtres humains va bien au-delà de simples préoccupations matérielles. Par-delà le problème du type d'alimentation, il inculque le double principe du respect de la vie et de la solidarité, dont le végétalisme n'est que la traduction, le mémorial et le moteur.

À l'inverse de J, P considère ainsi la mise à mort d'un animal comme un meurtre. Le rapprochement qu'il fait en Gen. ix 1-7 de la mise à mort d'un animal et du meurtre d'un être humain est tout à fait significatif. Les deux ont le même sang, qui contient la vie. Et de cette vie, les êtres humains ne peuvent disposer, car elle appartient à Dieu (Gen. ix 4-5). L'abattage d'un animal ne saurait donc se faire que si Dieu l'autorise expressément. Sur ce point, P se sépare nettement de J. Pour J, l'usage d'un animal au profit des humains ne requiert aucune légitimation spéciale. Ou plutôt, celle-ci est implicitement donnée par le fait que Dieu utilise la peau des animaux pour en faire des vêtements destinés à Adam et à sa femme (Gen. iii 21) et, surtout, par le regard favorable qu'il porte sur les premiers-nés qu'Abel lui offre en sacrifice (Gen. iv 4). Pour P, au contraire, la mise à mort d'un animal est un acte d'une gravité telle qu'il a besoin d'être expressément légitimé par Dieu. Cette légitimation intervient à la suite du déluge, à l'occasion d'un discours calqué sur celui qu'il avait adressé aux humains au terme de la Création, et adressé cette fois-ci à Noé et à ses fils. Comme aussi le discours de Gen. i, ce discours s'ouvre par une bénédiction qui en reprend exactement les mêmes termes : croissez, multipliez, remplissez la terre (Gen. ix 1). Et ce nouveau discours se poursuit également par des instructions relatives à la nourriture (v. 2-4). Mais celles-ci sont ici en opposition radicale à celles qu'il avait données en Gen. 1 puisque désormais Dieu autorise la consommation par les humains des autres êtres vivants. Animaux, bestioles, oiseaux, poissons pourront dorénavant servir de nourriture. Seul l'interdit de la consommation du sang rappellera que la vie animale, pas plus que la vie humaine, n'appartient aux humains, et donc que toute mise à mort d'un animal est un meurtre. Mais ce meurtre est désormais devenu légitime lorsqu'il est commis dans l'intention d'obtenir une nourriture. Les valeurs posées en Gen. i pour l'humanité anté-diluvienne sont par là même rendues caduques. Une scission est introduite parmi les êtres vivants. À la solidarité des vivants et au respect de la vie fait place une nouvelle situation qui isole les êtres humains des autres êtres vivants et met ceux-ci à leur disposition. De manière significative, seuls les êtres humains font maintenant l'objet de la bénédiction divine (Gen. ix 1, 7). Et ce sont les mots de crainte, *môrā'*, et de terreur, *ḥat*, qui définissent la nature des relations qui unissent les autres êtres vivants aux hommes (Gen. ix 2).

La légitimation du meurtre d'un animal a donc pour revers un drame. Elle implique l'abandon des valeurs appartenant à l'ordre de la Création. Elle constitue de ce fait un revirement total de la part de Dieu. P n'indique pas expressément quelles sont les raisons de ce revirement. Mais selon toute vraisemblance, et comme déjà chez J, ce changement d'attitude résulte d'une prise en compte réaliste de la nature humaine. Selon J, ce réalisme avait conduit Yhwh à renoncer dorénavant à détruire toute vie à cause du "penchant mauvais du cœur de l'homme" (Gen. viii 21), lequel avait été à l'origine du déluge (Gen. vi 5-7). On peut penser, de même, que la nouvelle définition des relations entre les êtres vivants vient du constat que la terre est pleine de violence, *ḥāmās* (Gen. vi 11, 13), une violence que Dieu renonce désormais à châtier par un déluge (Gen. ix 8-17). Mais quel est le rapport entre ce constat de la violence et l'autorisation de mettre à mort un animal en vue de s'en nourrir ? C'est sans doute le commentaire que fait René Girard de l'histoire de Caïn et d'Abel qui apporte la réponse la plus satisfaisante :

> On ne peut tromper la violence que dans la mesure où on ne la prive pas de tout exutoire, où on lui fournit quelque chose à se mettre sous la dent. C'est là peut-être ce que signifie, entre autres choses, l'histoire de Caïn et d'Abel. Le texte biblique ne donne sur chaque frère qu'une seule précision. Caïn cultive la terre et il offre à Dieu les fruits de sa récolte. Abel est un pasteur ; il sacrifie les premiers-nés de ses troupeaux. L'un des deux frères tue l'autre et c'est celui qui ne dispose pas de ce trompe-violence que constitue le sacrifice animal[13].

La mise à mort d'un animal permet ainsi non seulement d'entretenir et de fortifier la vie des humains grâce à la viande fournie par l'animal. Elle permet aussi à la société, qui faute de cet exutoire serait déchirée par la violence, de continuer d'exister en canalisant sa violence et en la déchargeant sur un animal.

La distinction entre animaux purs, consommables par les humains, et animaux impurs, interdits à la consommation, conservera la trace

---

[13] *La violence et le sacré* (Nouvelle édition, Paris, 1981), p. 14.

du végétalisme originel, ces derniers étant, comme l'a relevé Soler, carnivores alors que les premiers sont herbivores[14].

P, on le voit, prend quasi systématiquement le contre-pied de J. Sans doute, pour J comme pour P, la nourriture assignée aux humains au moment de la Création est une nourriture végétale. Mais, à la différence de J, P n'oppose pas les fruits des arbres aux autres produits végétaux : ce n'est peut-être pas un simple hasard si, en Gen. i 29, P associe *perî ʿéṣ* et *ʿésèb* qui, chez J, désignent respectivement la nourriture du premier couple au jardin d'Éden (Gen. iii 2-3) et celle que devra désormais produire l'homme sur une terre maudite (Gen. iii 18). À l'inverse de J, l'activité agricole n'a pas pour P une connotation négative. Tout au contraire, en produisant une nourriture végétale, elle s'inscrit parfaitement dans l'ordre de la Création. Et tandis que pour J l'offrande végétale évoque la transgression de l'interdit divin, la malédiction de la terre, l'expulsion du jardin et le premier meurtre, et porte ainsi la trace indélébile de la rupture d'avec l'état originel, elle est pour P le sacrifice par excellence, en parfaite adéquation avec cet état originel. Enfin, à J qui décrit le formidable effet sur Dieu de l'holocauste offert par Noé, P oppose, immédiatement après, que l'abattage d'un animal pour s'en nourrir (mais aussi, en définitive, pour en faire la matière d'un sacrifice) est un meurtre qui, s'il est autorisé par Dieu afin de canaliser la violence humaine, n'en constitue pas moins une rupture radicale d'avec l'état de la Création et est signe d'un monde défiguré par la violence destructrice.

Par cette solidarité qu'il perçoit entre tous les êtres vivants, par le trouble qu'il ressent devant la mise à mort d'un animal et l'idéal végétalien vers lequel il est porté, P occupe une position isolée. L'ancien Israël était plus enclin à s'extasier sur le nombre de victimes immolées pour un festin (voir par exemple 1 Rois i 25, v 2-3 ; Neh. v 18 ; 2 Chr. xviii 2) et sur leur qualité (voir par exemple Am. vi 4, mais aussi Es. xxxiv 6-7 ; Ez. xxxix 17-20) qu'à s'apitoyer sur le sort des animaux tués à cet effet. Sans doute, on retrouve chez le berger une sensibilité analogue à celle de P. Vivant dans l'intimité de son troupeau (voir par exemple Gen. xxxi 40), veillant sur lui avec sollicitude (voir par exemple, a contrario, Ez. xxxiv 3-6), le berger se sentait proche de ses bêtes. Et la parabole de Nathan parle avec attendrissement de ce pauvre qui traitait sa brebis comme si elle était

---

[14] J. Soler, "Sémiotique de la nourriture dans la Bible", *Annales* 28 (1973), pp. 943-55 (voir pp. 948-9). Mais cf. déjà Lettre d'Aristée §145-147. Voir *infra* p. 154.

sa propre fille (2 Sam. xii 3). Mais comme le montre l'exemple de J, qui promeut les valeurs pastorales, cela n'aboutissait pas à une attitude à ce point respectueuse de la vie de l'animal, à un idéal de non-violence allié à un idéal végétalien. La question qui dès lors se pose est la suivante : où P a-t-il trouvé les impulsions qui l'ont conduit à un tel renversement des valeurs ?

C'est sans doute du monde perse que sont venues les impulsions décisives. C'est en tout cas dans ce monde perse qu'on retrouve le souci du respect de la vie lié à un idéal végétarien et à la promotion d'un culte sacrificiel végétal.

La non-violence sacrificielle est plaidée avec ferveur dans les Gatha, textes sacrés de l'antique religion iranienne que la tradition attribue à Zarathustra[15]. À travers ses poèmes, celui-ci condamne résolument la violence telle qu'elle s'exprime dans le sacrifice du bœuf. Dans un poème auquel on a donné le titre de "plainte de l'âme du bœuf" (Yasna 29), Zarathustra se fait le porte-parole du bœuf auprès de Ahura Mazdah, le Seigneur Sage, le dieu suprême, créateur et garant de l'ordre : "L'âme du bœuf s'est plainte auprès de vous : « Pour qui m'avez-vous créée ? Qui m'a façonnée ? La fureur, la violence, la cruauté et la tyrannie m'oppriment. Je n'ai d'autre pasteur que vous : procurez-moi donc de bons pâturages »" (strophe 1). La violence à laquelle l'âme du bœuf fait allusion est celle des sacrificateurs (Yasna 29, strophe 15 ; Yasna 51, strophe 14). Cette violence, longuement décrite dans le Yasna 32, consiste à tuer le bœuf (strophe 12) en vue de partager sa chair (strophe 8) et de préparer la liqueur sacrée, le haoma (strophe 14). Ceux qui agissent ainsi sont des pécheurs (strophe 8) et seront condamnés comme tels (strophe 15). À cette violence Zarathustra oppose l'idéal représenté par l'éleveur, "lequel ne fait de mal ni aux bêtes ni aux gens" (Yasna 31, strophe 15) et qui se nourrit non de la chair de ses bêtes mais de leur lait, conformément au décret divin : "La consigne de l'aspersion du purin, pour le bien-être du bœuf, et le lait pour celui des hommes affamés, voilà ce que le Seigneur Sage, le Saint, a façonné par son décret, d'accord avec la

[15] Les origines de ce personnage restent malheureusement entourées de ténèbres et les opinions divergent sur l'époque où se situe son activité. La tradition zoroastrienne la situe dans la première moitié du vi^e^ siècle avant notre ère. Voir de même I. Gershevitch, "Zoroaster's Own Contribution", *JNES* 23 (1964), pp. 12-38 (voir pp. 12, 30). G. Gnoli, par contre, la situe au début du Ier millénaire avant notre ère ("Zarathushtra", *Encyclopedia of Religion* xv. New York, London, 1987, pp. 556-9 ; voir p. 557), M. Boyce, au 2e millénaire (*A History of Zoroastrianism*. I. *The Early Period*. 2e édition, Leiden, 1989).

Justice" (Yasna 29, strophe 7). Ce que J. Duchesne-Guillemin commente ainsi : Le Seigneur "a édicté... les lois qui doivent établir, entre l'homme et le bœuf, une réciprocité de services : l'homme fera pousser l'herbe en l'arrosant de l'excrément animal ; la vache lui donnera en retour le lait dont il se nourrira"[16]. Le mode de nourriture ne relève pas simplement de l'alimentation. Il révèle une philosophie de l'existence. Le sacrifice du bœuf et la consommation de sa chair sont l'expression d'une société fondée sur la violence. Le refus de tuer le bœuf pour l'offrir en sacrifice et manger sa chair manifeste, au contraire, les valeurs de la non-violence et du respect de la vie. Ce qui implique aussi l'offrande d'un sacrifice qui n'est pas un sacrifice animal.

Ce corollaire semble avoir trouvé son expression dans le culte officiel et régulier à Auramazda – pour reprendre l'orthographe achéménide – tel qu'il a été célébré à l'époque du roi Darius. Ceci du moins si l'on en croit la thèse développée par Heidemarie Koch, à partir de l'étude des tablettes de Persépolis, dans *Die religiösen Verhältnisse der Dareioszeit* (Göttingen, 1977), puis dans un article paru dans la *Zeitschrift für Assyriologie,* 77 (1987), pp. 239-78, "Götter und ihre Verehrung im achämenidischen Persien" dont la substance est reprise dans "Zur Religion der Achämeniden", *Zeitschrift für die alttestamentliche Wissenschaft* 100 (1988), pp. 393-405.

Les tablettes de Persépolis ont été découvertes lors de la campagne 1933/34 par la mission archéologique de l'Institut Oriental de Chicago, conduite par E. Herzfeld, dans l'angle N.E. du mur de fortification de la terrasse de Persépolis (de là leur désignation PF=Persepolis Fortification)[17]. Il s'agit de documents administratifs comptables, rédigés en élamite, portant sur des livraisons de produits alimentaires durant une période qui va de la treizième à la vingt-huitième année du règne de Darius 1er (soit de 509 à 494). Des quelque trente mille tablettes mises au jour moins d'un dixième a été jusque là édité.

L'attention de H. Koch a été attirée par un lot de tablettes qui font état d'une livraison de nourriture destinée au *lan,* un terme qui selon l'éditeur, R.T. Hallock, désigne "clairement une cérémonie ou

[16] *Zoroastre* (Paris, 1948), p. 194. Les citations ont été empruntées à cet ouvrage.

[17] Pour une présentation de ces tablettes voir R.T. Hallock, *Persepolis Fortification Tablets* (Chicago, 1969) où sont éditées 2087 d'entre elles. Sur ces tablettes voir aussi M. Boyce, *A History of Zoroastrianism.* II. *Under the Achaemenians* (Leiden, 1982), pp. 132-45.

un devoir religieux".[18] Celui-ci a regroupé la plupart de ces tablettes sous la rubrique "rations pour des individus exerçant des fonctions religieuses" et les a numérotées de 741 à 773. Malgré des variantes, ces tablettes sont toutes rédigées sur un même canevas et donnent généralement, dans cet ordre, tout ou partie des indications suivantes : nature et quantité du produit livré – à noter qu'il n'est fait mention que d'un seul produit par tablette – nom de l'expéditeur, nom du destinataire, destination (= le *lan*), lieu de livraison, date, période couverte par cette livraison, quantités mensuelles. On trouve aussi des références au *lan* dans PF 1947, 3 ; 1951, 1-2 ; 1953, 1-2 ; 1956, 1-2 ; 1960, 3-4 ; 2036 ; 2073, 3-4. En parcourant ces différents textes, on constate que les produits destinés au *lan* sont exclusivement des produits agricoles : le plus souvent de la farine (PF 741 à 747 ; 761 à 765 ; 1947) ou des céréales (PF 755 ; 767 ; 1951 ; 1956 ; 1960 ; 2073), plus rarement des fruits, dattes (PF 768) ou figues (PF 769), parfois du vin (PF 751 à 754 ; 756 à 760 ; 772 ; 773 ; 1953 ; 2036) ou de la bière (PF 748 à 750 ; 771). Quant aux quantités, H. Koch a estimé qu'en règle générale elles devaient se monter à un litre de farine ou de céréales par jour, avec en moyenne un tiers de litre de vin ou de bière[19]. Il est parfois question d'une livraison, la même année – mais pas sur la même tablette – de farine (PF 761 ; 762) et de vin (PF 760), respectivement le quatrième, septième et onzième mois, de farine (PF 746) et de bière (PF 748). Mais dans l'état actuel de la documentation il n'est pas possible de dire si ces deux types de produits étaient associés ou si, comme il paraît plus probable, chacun d'entre eux était utilisé de manière autonome.

H. Koch s'est tout particulièrement intéressée aux dieux mentionnés dans ces textes et aux types de sacrifices dont il est fait état. Elle a montré que le mot *d.la-an* (également écrit *d.la-na*), qui est toujours écrit avec le déterminatif divin, désigne en réalité le sacrifice officiel offert à Auramazda, lequel est ainsi exclusivement de nature végétale. H. Koch voit là une preuve supplémentaire du zoroastrisme du roi Darius[20].

Il n'est pas déraisonnable de penser que P a pu avoir connaissance

---

[18] Hallock (1969), pp. 25-6.

[19] (1987), pp. 243-4.

[20] H. Koch (1987), notamment pp. 241-5. Même si, dans le cadre de sa politique de tolérance vis-à-vis des autres cultes l'administration perse contribue aussi aux cultes locaux, il est à noter qu'elle ne met à leur disposition que des produits végétaux (id., p. 270). On trouve peut-être un lointain écho de cette pratique dans le décret pris, selon Esd. vii, par Artaxerxès, où le roi semble distinguer entre l'argent recueilli

de ce sacrifice qui était offert régulièrement dans tout l'empire perse. Sa curiosité pour les choses du culte devait tout naturellement le porter à s'intéresser aux formes du culte pratiqué par les Perses, dont la tolérance et l'attitude favorable à Israël attiraient par ailleurs une large sympathie. Et cet intérêt devait être d'autant plus vif que cette religion qu'il découvrait ne tranchait pas seulement avec toutes les autres religions qu'Israël avait connues jusque-là. Par son monothéisme centré autour d'Auramazda, sa conception de dieu, son culte aniconique où la divinité n'était pas représentée par une statue, elle s'apparentait en plus, comme nulle autre, à la religion d'Israël, ceci du moins à l'époque de Darius et de Xerxès[21]. Il n'est donc pas excessif d'imaginer qu'au travers de ce sacrifice officiel P ait rencontré l'idéal zoroastrien de la non-violence et du respect de la vie, dont les échos lui étaient déjà parvenus par la prédication du Deutéro-Esaïe (Es. xi 6-9, lxv 25). Un idéal qui, au demeurant, ne faisait que prolonger jusqu'à leurs conséquences ultimes les valeurs pastorales traditionnelles d'Israël.

Cet idéal, P le reprendra mais en le radicalisant. L'inscrivant dans l'ordre de la Création, il en fera une exigence s'appliquant non seulement à l'ensemble de l'humanité mais au règne animal lui-même, et dont le corollaire sera un végétalisme absolu, qui exclut jusques aux produits d'origine animale. Et il donnera à cette exigence un poids tout particulier en en faisant l'unique objet de l'ultime discours que Dieu adresse à l'humanité au terme de la Création. P transformera ainsi l'idéal zoroastrien en une utopie, laquelle trouvera sa traduction uniquement au plan cultuel, dans la place privilégiée attribuée à l'offrande végétale dont P fera le point culminant du système sacrificiel. Mais cette utopie ne débouchera ni sur la revendication d'une alimentation exclusivement végétale, ni sur le rejet du sacrifice animal.

On peut s'interroger sur les raisons pour lesquelles P n'a pas repris en l'état le programme zoroastrien.

Sans doute y a-t-il dans cette attitude une part de réalisme. P n'est pas un révolutionnaire. Il ne vise pas à faire table rase du passé et à lui substituer un projet de société radicalement nouveau. P est bien

---

comme offrande volontaire et destiné à l'achat de la matière sacrificielle, animaux et végétaux (v. 14-17) et les livraisons de l'administration royale, lesquelles consistent uniquement en blé, vin, huile et sel (v. 21-23).

[21] Pour le zoroastrisme de Darius et de Xerxès voir Gershevitch (1964), respectivement pp. 16-8 et pp. 18-20. Voir aussi Boyce (1982).

plutôt un réformiste prudent, qui s'inscrit dans la continuité, qui se coule dans la tradition, mais pour la réorienter en plaçant différemment les accents afin de l'enrichir du fruit des réflexions suscitées par la prédication prophétique, le cours de l'histoire et la confrontation avec d'autres systèmes religieux. Il savait qu'une réforme qui, par son exigence d'une alimentation et d'un culte sacrificiel exclusivement végétal rompait aussi radicalement avec le passé, était inévitablement vouée à l'échec. Et il était sans illusion sur la nature humaine et sur le caractère irréductible de la violence, et trop lucide pour imaginer qu'il suffirait de modifier des comportements alimentaires et cultuels pour faire naître une société solidaire et non-violente.

Mais il y a une raison plus fondamentale. En projetant le végétalisme et les valeurs dont il est le support dans ce qui est le lieu même de l'utopie, à savoir le mythe et le culte, P réalise un double objectif. Il conforte tout d'abord les prêtres dans leur position d'intermédiaire entre les Israélites et Yhwh. Partageant avec les premiers la chair de la victime sacrificielle, et partageant avec Dieu les pains de l'offrande végétale, les prêtres sont reliés sacramentellement à la fois au monde des humains et à celui de Dieu. Pleinement solidaires de ce monde, ils consomment rituellement une nourriture qui porte le signe de la violence. Mais en même temps, en ayant part à l'offrande végétale, ils participent au monde antédiluvien. Cette position qui fait des prêtres non seulement les médiateurs entre les humains et Dieu mais aussi les témoins de ce monde idéal dont ils relayent les valeurs, permet à P de réaliser son second objectif qui est d'ajouter au culte la dimension de l'eschatologie. Par-delà la fonction du culte sacrificiel d'apporter sa nourriture au divin hôte, d'exprimer l'hommage et la soumission d'Israël à son Dieu, de commémorer les événements salvifiques du passé, d'assurer année après année la reproduction du cycle agricole, et donc de permettre le déroulement de la vie, le culte sacrificiel devient aussi le lieu de l'utopie. Grâce à cette référence à l'état de Création, le culte sacrificiel dépasse l'horizon géographique de la Terre promise et l'horizon temporel de l'année à venir pour s'enrichir d'une nouvelle perspective : il devient le lieu de la promesse de la restauration de l'état originel, où l'utopie sera réalité et le monde conforme à sa destination première.

B. *L'Impact de* P

Quel a été l'impact des idées de P ?

1. *L'utopie végétalienne*

Dans la Bible hébraïque, l'utopie végétalienne de P ne semble avoir trouvé un écho que dans le Ps. civ. L'auteur de ce psaume brode sur le canevas de Gen. i. Après avoir parcouru l'œuvre des trois premiers jours de la Création, et avant de passer à celle du quatrième jour, il introduit un long développement, v. 10-18, qu'il construit de manière concentrique[22] et au centre duquel il place ce passage sur la nourriture que Dieu attribue au bétail et aux êtres humains : "Il fait germer l'herbe, *ḥāṣîr*, pour le bétail et les plantes, *ʿéśèb*, pour l'usage de l'homme, pour qu'il fasse sortir le pain de la terre et que le vin réjouisse le cœur de l'homme, pour qu'il fasse briller son visage avec de l'huile et que le pain soutienne le cœur de l'homme", v.14-15. Comme chez P, les êtres humains partagent avec les animaux une nourriture végétale. Mais l'auteur du Ps. civ introduit une double distinction. Il distingue d'abord entre *behémāh,* le bétail, les animaux domestiques qui vivent avec les humains, et qui sont végétariens, et les animaux sauvages, *ḥaytô yaʿar*, qui sont des carnassiers et qui, la nuit, vont à la recherche d'une proie (v. 20-22). Et il distingue ensuite entre la nourriture du bétail, consistant en herbe, et celle des êtres humains, à propos de laquelle il reprend la terminologie de Gen. i 29, qui est le fruit de l'activité humaine, et dont le pain et le vin sont les produits par excellence (v. 14). Cette double distinction est importante. Elle indique que l'auteur de ce psaume ne se situe plus, comme P, au plan de l'utopie – la nourriture des êtres humains n'est pas immédiatement disponible et les animaux sauvages ne sont pas des végétariens – mais qu'il envisage, comme Zarathustra, une situation où les humains seraient effectivement végétariens, partageant une nourriture végétale avec les animaux qui les entourent tout en affirmant leur spécificité en ce qu'ils mangent autre chose qu'eux.

Dans les écrits qui se situent dans la mouvance de la Bible hébraïque, les références à l'utopie sacerdotale sont généralement peu nom-

---

[22] Au v. 11 correspond le v. 18 (= référence aux animaux sauvages), au v. 12, le v. 17 (référence aux oiseaux), au v. 13 (référence aux montagnes et à la terre) le v. 16 (référence aux arbres), qui lui est complémentaire.

breuses et fort discrètes. Le livre des Jubilés (ii 1-16), le Quatrième livre d'Esdras (vi 38-54), les *Antiquités juives* de Flavius Josèphe (I, iii, 102), qui pourtant offrent une paraphrase de Gen. i, passent tout à fait sous silence les instructions divines relatives à la nourriture végétarienne[23]. Et ce silence ne saurait simplement s'expliquer par le souci d'éviter le doublet avec les instructions sur la nourriture données en Gen. ii 16-17, texte qui ne donne pas davantage lieu à un développement sur le végétarisme. Seuls trois passages font référence au végétarisme originel tel que le conçoit P. Le livre des secrets d'Hénoch, dans son récit des mystères de la Création (II Hénoch xxiv 1-xxx 2) dit ceci : "À la terre, j'ordonnai de faire croître tout arbre et tout fruit et toute herbe à céréale et toute semence qui se sème : avant de faire des âmes vivantes, je leur avais préparé la nourriture" (II Hénoch xxx 1)[24]. Et on peut lire dans deux hymnes au Dieu créateur attribués à David : "Il couronne les montagnes des produits (de la terre), nourriture savoureuse pour tous les vivants" (11 QPs[a] xxvi 13), "Il fut ordonné au dessus de donner la pluie au temps voulu, il fut ordonné au dessous de produire la nourriture pour tous les êtres qui ont été faits" (*Livre des antiquités bibliques* lx 2).

L'utopie végétalienne ne semble pas non plus avoir débouché sur un véritable idéal végétarien. Non que le Judaïsme ignore le végétarisme. Mais, si l'on en croit la conclusion à laquelle aboutit Beckwith au terme d'une étude des différents types de végétarismes dans le Judaïsme et le Christianisme anciens, aucune des différentes formes du végétarisme connues n'a été influencée par Gen. i 29-30[25].

Le végétarisme tel qu'il est pratiqué par Daniel et ses compagnons résulte d'une nécessité. S'ils ne veulent consommer que des légumes, *zéroʿîm*/*zérʿonîm*, et ne boire que de l'eau (Dan. i 12, 16), c'est pour ne pas se souiller par les mets et le vin du roi de Babylone (Dan. i 8). Le livre de Daniel, comme le Ps. civ, distingue clairement cette nourriture de l'herbe des champs, *ʿiśbāʾ*, que mange le roi Nebukadnetsar, comme le font les bœufs, perdant son humanité et

---

[23] Jubilés vi 6, qui paraphrase Gen. ix 3, se contente de reprendre l'allusion biblique à la nourriture antédiluvienne (cf. Jubilées iii 16). Ceci à la différence du *Livre des antiquités bibliques* du Pseudo-Philon (iii 11) où celle-ci est totalement passée sous silence.

[24] Toutes les citations des écrits intertestamentaires sont faites d'après Dupont-Sommer, Philonenko (1987).

[25] R.T. Beckwith, "The Vegetarianism of the Therapeutae, and the Motives for Vegetarianism in Early Jewish and Christian Circles", *RQ* 13, n° 49-52 (1988), pp. 407-10 (voir p. 410). La présentation du présent dossier prend son point de départ dans cette étude de Beckwith.

devenant animal (Dan. iv 29-30). C'est aussi afin d'éviter la souillure que Judas Macchabée et ses partisans se retirent dans la montagne et ne mangent que des herbes (2 Macc. v 27). De même, c'est par crainte que la nourriture que lui offrirait Holopherne soit pour elle une occasion de chute que Judith décline son invitation (Judith xii 1-2) et qu'elle emporte avec elle, lorsqu'elle se rend au camp assyrien, sa propre nourriture : vin, huile, farine d'orge, gâteau de fruits secs, pains, fromage (Judith x 5 ; cf. xii 19). Et Tobit s'abstient, lui aussi, de manger de la nourriture des païens (Tobit i 10-11). Végétarisme de circonstance, donc, pour ne pas avoir à manger une nourriture qui n'aurait pas été préparée dans les conditions exigées par la Loi, ou une nourriture interdite, ou une nourriture également utilisée pour les sacrifices idolâtres[26].

L'autre type de végétarisme que connaît le Judaïsme ancien est le végétarisme par ascèse. Dans le Testament des douze patriarches, le végétarisme apparaît comme un antidote à la luxure. Ruben, à la suite de son inceste et à titre d'expiation, s'impose pendant sept ans de ne boire ni vin ni boisson enivrante et de s'abstenir de toute viande et de tout mets délicat (Testament de Ruben i 10). Juda, après son inceste avec Thamar, renonce définitivement au vin et à la viande (Testament de Juda xv 4). La raison de cette abstinence est double : le renoncement au vin tient aux circonstances dans lesquelles l'inceste a été commis (Testament de Ruben iii 13 ; Testament de Juda xii 3, xiv 6), ce qui conduit les deux patriarches à mettre en garde contre les méfaits du vin (voir notamment Testament de Juda xiv ; cf. aussi Judith xii 20-xiii 2) ; et pour expier leur péché, les deux patriarches renoncent à tout ce qui est associé à la joie, à savoir le vin mais aussi les festins de viande[27].

Il arrive néanmoins qu'au végétarisme soient associées des valeurs positives. Dans le Quatrième livre d'Esdras, Esdras reçoit de Dieu l'ordre de se préparer à la révélation qui va lui être faite et ce, non pas en jeûnant, comme il l'avait fait précédemment, en vue d'avoir une vision (v 20, vi 35), mais en consommant des fleurs des champs : "Pour toi, laisse passer sept autres jours, mais sans jeûner. Tu iras dans un champ de fleurs où l'on n'a bâti aucune maison. Tu mangeras seulement des fleurs du champ, sans manger de viande ni boire du vin : seulement des fleurs" (4 Esdras ix 23-24 ; cf. aussi ix 26 et

[26] Cf., pour le vin, Esther grec C 28.
[27] Pour ce végétarisme par repentance, cf. aussi Vie du prophète Daniel xiv.

xii 51). Comme le note Geoltrain, l'absorption de fleurs "est peut-être une technique de préparation à la vision"[28]. Mais en demandant à Esdras de se rendre dans un lieu vierge – un lieu où aucune maison n'a été bâtie – et de manger une nourriture qui est celle des bêtes, Dieu lui demande aussi de se mettre dans la situation des êtres humains au moment de la Création, lorsque la relation avec Dieu n'avait pas encore été pervertie par le péché. Le végétarisme d'Esdras est donc un végétarisme de circonstance, pratiqué temporairement en vue d'un objectif précis. Quelques textes encouragent par contre une alimentation végétarienne. Ainsi le Siracide : "Ce qui est de première nécessité pour la vie de l'homme, c'est l'eau, le feu, le fer, le sel, la fleur de farine de froment, le lait, le miel, le sang de la grappe, l'huile, le vêtement. Tout cela est un bien pour les hommes pieux, mais tourne à mal pour les pécheurs" (Siracide xxxix 26-27). Une liste reprise, en séquence inverse, dans les Oracles sibyllins qui annoncent pour les temps eschatologiques : "Et alors, Dieu accordera aux hommes une grande félicité ; la terre, les arbres, les troupeaux innombrables rendront aux hommes leur rapport véritable en vin, en miel doux, en lait blanc et en blé qui, pour les mortels est le meilleur de tous les aliments" (Oracles sibyllins iii 619-623). Les troupeaux, comme pour Zarathustra, fourniront le lait – pas la viande – les arbres, le miel – il ne s'agit pas d'un miel d'abeille mais d'un miel végétal – et la terre, le vin et les céréales, celles-ci étant considérées comme la nourriture idéale. Et, quelques pages plus loin on lit : "La terre... mère de toutes choses, donnera aux mortels en quantités infinies, le produit le meilleur du blé, du vin et de l'huile (les arbres, eux, porteront la suave liqueur du miel sucré venue du ciel et le fruit des fruitiers), les gras moutons et les bœufs, les agneaux, portée des brebis et les chevreaux, portée des chèvres. Elle fera jaillir de douces sources de lait blanc. Les villes et les grasses campagnes regorgeront de biens. Il n'y aura plus sur la terre ni épée ni guerrier tumulte et la terre bouleversée ne gémira plus profondément. Plus de guerre, plus de sécheresse désolant les guérets, plus de famine ni de grêle maltraitant les fruits ; mais une paix profonde par toute la terre" (Oracles sibyllins iii 744-755). La terre, par l'intermédiaire du bétail, produira du lait et ce sera une ère de non-violence et de paix.

C'est dans le milieu alexandrin qu'on se rapproche le plus des conceptions de P. Déjà la LXX avait souligné, par l'insertion d'un

[28] Dupont-Sommer, Philonenko (1988), p. 1440. Geoltrain pense-t-il à des plantes hallucinogènes ?

καὶ en Gen. i 30aβ, qu'une même nourriture était destinée aux êtres humains et aux animaux. Comme P, la lettre d'Aristée fait le lien entre nourriture végétarienne et non-violence. Faisant l'apologie de la Loi, le grand prêtre Éleazar justifie la distinction entre oiseaux purs et oiseaux impurs par le fait que les premiers se nourrissent exclusivement de graines et de légumes (§145) alors que parmi les oiseaux interdits et considérés comme impurs se trouvent des espèces sauvages et carnassières "qui profitent de leur force pour s'asservir les autres et qui trouvent leur nourriture en dévorant ces espèces domestiquées, au mépris de toute justice" (§146). Cette distinction entre catégories pures et impures a été faite pour montrer à ceux à qui cette législation est destinée qu'ils "doivent pratiquer la justice, sans violenter personne en se prévalant de leur force, et sans rien voler, mais en dirigeant leur vie d'après la justice, à l'exemple des volatiles domestiques..., qui consomment les plantes qui poussent toutes seules sur la terre, et n'exercent pas de violences capables d'amener la destruction de leurs congénères" (§147)[29]. Le type de nourriture que consomment les oiseaux est en réalité la traduction d'un état d'esprit, respectueux de la vie, pour ceux des oiseaux qui se nourrissent uniquement de végétaux, mais au contraire expression d'une volonté de puissance, d'une violence et du mépris de la justice, pour ceux qui s'alimentent de viande. La conséquence au plan de l'alimentation humaine est expressément tirée par Philon dans son *De providentia* (II §110-111). Manger des poissons, des oiseaux et des animaux est un acte de cruauté qui apparente ceux qui s'alimentent ainsi aux bêtes sauvages. Et c'est d'ailleurs l'existence de telles personnes qui rend nécessaire "des maîtres, des prud'hommes et des législateurs, à qui incombe le soin de réprimer le dérèglement de leurs appétits, en ne permettant pas la libre consommation de tout à tous". À l'opposé, "ceux qui attachent de la valeur à la tempérance s'abstiennent de ces viandes une fois pour toutes, et éprouvent la plus délicieuse jouissance à accompagner leur pain de légumes verts et de fruit des arbres, χλόη καὶ καρποῖς δένδρων" (II §111)[30], une allusion transparente aux deux catégories d'aliments attribuées aux humains en Gen. i 29. Mais lorsque Philon louera les Thérapeutes de ce qu'ils ne mangent que du pain et ne boivent que de l'eau, ce sera pour souligner non leur végétarisme mais leur sobriété et leur ascèse (*De vita contemplativa* §37).

À défaut d'un véritable idéal végétarien, on en trouve un certain

---

[29] Citations d'après A. Pelletier, *Lettre d'Aristée à Philocrate* (Paris, 1962).
[30] Citations d'après M. Hadas-Lebel, *De providentia* (Paris, 1973).

nombre d'amorces. Et même si d'autres influences ont joué un rôle, celle de Gen. i est bien moins négligeable que ne le pense Beckwith.

2. *La place des offrandes végétales dans le culte*

C'est dans le domaine cultuel que la marque de P est la plus aisément perceptible.

Il faut évidemment se garder de surestimer cette influence et de lui attribuer toutes les références aux offrandes végétales. Et il est clair qu'on ne saurait parler d'influence que là où la mention des offrandes végétales ne peut s'expliquer par la tradition cultuelle antérieure à P. Ainsi, la mention de l'offrande végétale en Dan. iii 38^{lxx}, à côté de l'holocauste, du sacrifice de communion et de l'offrande d'encens ne résulte pas forcément de l'influence de P et peut très bien s'expliquer par celle de Jer. xvii 26. Par contre, la désignation en 2 Macc. i 8 ; Siracide xxxv 2, xxxviii 11 ; Dan. xiv 3^{lxx} de l'offrande végétale par le terme σεμίδαλις, fleur de farine, caractéristique de P, est sans doute davantage à porter au crédit de son influence.

En dehors de la Bible hébraïque, l'influence de P se manifeste avec le plus de netteté dans ceux des écrits qui portent le plus clairement la marque de l'essénisme. Il suffit de comparer la liste des sacrifices ou les descriptions de sacrifices par exemple dans les Oracles sibyllins (iii 573-579), II Hénoch (lxvii 4, lxviii 8-16, lxix 21-23), le *Livre des antiquités bibliques* (iii 8, iv 5, xi 15 et passim) aux rituels sacrificiels tels que les décrivent les Jubilés ou encore le Rouleau du Temple[31]. Alors que les premiers ne font aucune référence aux offrandes végétales – ce qui, au demeurant, montre que l'autorité de P/de la Tora en matière de culte est beaucoup moins contraignante qu'on pourrait le penser – les seconds non seulement lui accordent toute la place que lui avait attribuée P mais en majorent même l'importance.

Le livre des Jubilés retrace, sous la forme d'une révélation faite par un ange de la Face à Moïse, l'histoire sainte depuis la Création jusqu'à la sortie d'Égypte. Son auteur connaît parfaitement les prescriptions sacrificielles de P telles qu'elles se trouvent en Lévitique-Nombres. Il sait ainsi que tout sacrifice, holocauste ou sacrifice de communion, doit être accompagné d'une offrande végétale et d'une libation, que par contre l'offrande végétale n'accompagne jamais un *ḥaṭṭā't* [32], que cette offrande consiste en farine pétrie dans de l'huile

[31] Pour le caractère essénien du Rouleau du Temple et des Jubilés voir respectivement A. Caquot, pp. xlvi et xlviii, et Philonenko, pp. lxxii et lxxv, in Dupont-Sommer, Philonenko (1987).

[32] Noter que, tout comme chez P, l'offrande végétale ne fait pas partie du rituel

(Jubilés xxi 7-9 ; voir aussi vi 3, vii 5) et qu'elle doit être salée (Jubilés xxi 11). De sorte que, lorsque l'auteur du livre des Jubilés raconte le déroulement d'un sacrifice, il prend grand soin de préciser qu'il comporte une offrande végétale. On voit ainsi Noé offrir à l'occasion de la nouvelle année un *ḥaṭṭā't*, suivi d'un holocauste consistant en un taurillon, un bélier et sept brebis, accompagné d'une offrande végétale ainsi que d'une libation, dont on notera qu'elle est versée sur le feu de l'autel (Jubilés vii 3-5). On nous montre Abram célébrer la fête des prémices du blé en offrant un taureau, un bélier, une brebis avec les offrandes végétales et les libations correspondantes et avec de l'encens (Jubilés xv 2). Et le sacrifice qu'il apporte chacun des sept jours de la fête des Huttes consiste en un *ḥaṭṭā't*, un holocauste fait de deux taureaux, deux béliers et sept brebis, un sacrifice de communion avec sept béliers, chevreaux, brebis et boucs, ainsi que les offrandes végétales et les libations correspondantes, plus une offrande de parfums, matin et soir (Jubilés xvi 22-24). Au cours de cette même fête, Jacob offrira quotidiennement en holocauste quatorze taureaux, vingt-huit béliers, quarante-neuf brebis, sept agneaux, vingt et un chevreaux, avec les offrandes végétales et les libations correspondantes, puis, après avoir fait brûler de l'encens, un sacrifice de communion consistant en deux taureaux, quatre béliers, autant de brebis et de boucs, deux agneaux et deux chevreaux (Jubilés xxxii 4-7, 27). L'auteur du livre des Jubilés corrige même les données bibliques. Et, là où la Genèse ne faisait état que d'un holocauste, il ajoute l'offrande végétale et la libation. Il en est ainsi pour l'holocauste de Noé (Jubilés vi 2-3 ; ceci à la différence du *Livre des antiquités bibliques* iii 8) et le rituel d'alliance décrit en Gen. xv (Jubilés xiv 9, 19 ; ceci à la différence du *Livre des antiquités bibliques* xxiii 6 et de l'Apocalypse d'Abraham ix 4, xii 5-8). L'Apocryphe de la Genèse fait un pas de plus. Là où la Genèse se contentait de mentionner la construction d'un autel, et où les Jubilés faisaient uniquement état de l'offrande d'un holocauste (Jubilés xiii 16, cf. 4, 9), l'Apocryphe de la Genèse ajoute l'offrande végétale (Ap. de la Genèse xxi 2, 20).

Mais c'est dans le Rouleau du Temple que les matières végétales jouent le rôle le plus important. Tout comme les Jubilés, le Rouleau du Temple prend la forme d'une révélation de Dieu à Moïse. Celle-ci porte ici principalement sur le Temple et le culte, et suit dans les grandes lignes le plan d'Exode-Lévitique : construction et aménage-

---

du Jour des expiations (Jubilés xxxiv 18) et que, de même, là où sont offerts un *ḥaṭṭā't* et un holocauste, l'offrande végétale n'est associée qu'à ce dernier (Jubilés vi 2-3, vii 3-5).

ment du sanctuaire, ici interrompu par le calendrier des temps sacrés avec la liste des sacrifices, lois sur la pureté, enfin ordonnances diverses. Le texte du Rouleau est malheureusement très lacunaire. Et malgré les restitutions que permettent parfois les fragments du musée Rockefeller de Jérusalem, il n'est pas toujours possible de reconstituer la liturgie sacrificielle. On peut néanmoins faire plusieurs constatations.

Le Rouleau du Temple reprend largement le système sacrificiel de P tel qu'il est décrit en Lévitique-Nombres. Il en est ainsi pour la composition de l'holocauste quotidien (xiii 9-15), de l'holocauste du sabbat (xiii 17) et de celui de la néoménie (xiv 1-8), celle des sacrifices de la néoménie du septième mois (xxv 2-9), de la fête des Azymes (xvii 10-16), du Jour de l'expiation (xxv 10-15) et de la fête des Huttes où, malgré les lacunes, on reconnaît le système dégressif décrit en Nb. xxix (R.T. xxviii 1-xxix 1). Ou encore pour la nature de l'offrande végétale, les quantités prescrites en fonction de la nature des victimes du sacrifice sanglant (voir par exemple xiii 11-12, xiv 2-5, 14-17, xviii 5-6), le fait qu'elle doive être salée (xx 13).

Cette fidélité à la tradition n'exclut pourtant ni les modifications, ni les innovations. Car, il faut le souligner, malgré l'autorité reconnue à la Tora, celle-ci n'a nullement entravé l'évolution du culte sacrificiel qui demeure une réalité vivante, évolutive, susceptible de s'adapter et d'intégrer des éléments nouveaux. Concernant les matières végétales, deux réformes sont à signaler.

D'abord une modification dans l'utilisation qui est faite de l'offrande végétale. Comme le note son éditeur[33], le Rouleau du Temple modifie sur un point essentiel l'utilisation de l'offrande végétale. Dans la tradition P, tout comme d'ailleurs dans les autres traditions de la Bible hébraïque, l'offrande végétale, comme aussi la libation, était exclusivement associée aux sacrifices d'odeur apaisante, à savoir les holocaustes et les sacrifices de communion. Cette règle était encore respectée dans le livre des Jubilés. Or, dans le Rouleau de Temple, offrande végétale et libation accompagnent tout sacrifice animal, quelle qu'en soit la nature. De sorte que, comme les autres sacrifices sanglants, le *ḥaṭṭā't* est, pour autant que l'on puisse en juger, systématiquement suivi d'une offrande végétale et d'une libation (xiv 18, xvi 18, xvii 14, xviii 4-5, xxiii 17[34], xxv 14-15, xxviii 4-5, 8-9, 11). De manière

[33] Y. Yadin, *The Temple Scroll*, t. 1 (Jerusalem, 1983), pp. 143-6.

[34] Bien que xxiii 10, 13 parle d'un holocauste, le sacrifice dont il est question est bel et bien un *ḥaṭṭā't* comme le montre la description du rituel sacrificiel. Prolongeant une tendance déjà attestée en Esd. viii 35, le Rouleau du Temple utilise *'olāh*

significative, au Jour de l'expiation, offrande végétale et libation accompagnent les victimes qui servent à l'expiation (xxvi 8).

La réforme la plus importante pour notre propos est sans conteste l'introduction de nouvelles fêtes. Comme l'avait fait Ez. xl-xlviii, et aussi le livre des Jubilés, le Rouleau du Temple célèbre tout particulièrement le premier jour du premier mois, et ce, en prescrivant un ensemble de sacrifices correspondant à ceux que P prescrivait pour marquer la néoménie du septième mois (xiv 9-xv 3). Mais, surtout, il instaure trois nouvelles fêtes qui, à intervalle de cinquante jours, viennent s'insérer entre la fête des Semaines et la fête des Huttes : la fête du Vin nouveau (xix 11-xxi 10), la fête de l'Huile fraîche (xxi 12-xxii 16) et la fête de l'Offrande du bois (xxiii 1-xxv 1)[35]. Le Rouleau du Temple connaît ainsi trois fêtes des prémices, celle des Semaines qui marque l'offrande des prémices du blé (xviii 10-xix 9), celle du Vin nouveau à l'occasion de la remise des prémices du vin, celle de l'Huile fraîche au moment de la remise des prémices de l'huile[36]. Ce n'est qu'à l'issue de ces fêtes que les Israélites pourront consommer respectivement les céréales, les produits de la vigne (xxi 6-7) et des oliviers (xxii 14-15) (xliii 4-10).

Les nombreuses lacunes du Rouleau du Temple ne permettent malheureusement pas de donner une description précise du rituel sacrificiel de chacune de ces fêtes. On peut néanmoins en esquisser une tentative de reconstitution[37].

Chacune de ces fêtes s'ouvre par l'offrande des prémices apportées par Israël : douze pains couronnes levés, selon le nombre de tribus, chacun fait avec deux dixièmes d'éphah de farine de blé, pour la fête des prémices du blé (xviii 13-15) ; douze fois un tiers de hin de vin, pour la fête du Vin nouveau (xix 14-15) ; douze fois un demi hin d'huile, pour la fête de l'Huile fraîche (xxi 14-16). Sauf pour les pains, ces différents produits sont offerts sur l'autel (voir xix 14-16, xxi 10, 16).

---

aussi bien dans son sens spécifique d'holocauste que pour désigner un *ḥaṭṭā't* (voir aussi xxv 16).

[35] On en rapprochera l'offrande de bois mentionnée en Neh. x 35 (à laquelle fait allusion Neh. xiii 5). Cf. aussi CD xi 18-20. Pour la nature de ce bois voir Jubilés xxi 12-15 ; Testament de Levi ix 12.

[36] Voir aussi xxxviii 4, xliii 3-17 (cf. Jubilés xxxii 11-12) et, pour la dîme, lx 6-11. Cf. aussi xlvii 6-7, Judith xi 13. Pour la fête des prémices du blé, cf. aussi Jubilés vi 21, xv 1-2 ; pour celle des prémices du vin et de l'huile, cf. Jubilés vii 36. Cf. aussi Testament de Lévi ix 14 ; Testament de Juda xxi 5.

[37] Cf. Yadin (1983), pp. 103-14. Pour la fête du vin nouveau, cf. J.C. Reeves, "The Feast of the First Fruits of Wine and the Ancient Canaanite Calendar", *VT 42* (1992), pp. 350-61.

Cette offrande est suivie de l'offrande d'un *ḥaṭṭā't*. L'offrande d'un *ḥaṭṭā't* n'est expressément mentionnée qu'en xx 1, à propos de la fête du Vin nouveau. Mais la référence au *kappér*, en xxii 1, indique qu'elle fait également partie des sacrifices offerts à l'occasion de la fête de l'Huile fraîche. Et on peut sans hésiter admettre que, comme en Lev. xxiii, elle fait partie des sacrifices offerts à l'occasion de la remise des prémices du blé[38] : un tel sacrifice est, en effet, prévu par le Rouleau du Temple pour l'ensemble des fêtes, y compris au jour de la présentation de la première gerbe (xviii 4-7), où Lev. xxiii n'en prescrivait pas. La victime de ce *ḥaṭṭā't* est un bouc dans le cas de la fête des prémices du vin. Par analogie avec le *ḥaṭṭā't* du jour de la présentation de la première gerbe, dont la victime est un bouc (xviii 4), on peut supposer qu'il en va de même pour celle des prémices du blé. Elle consiste par contre en un taurillon lors de la fête des prémices de l'huile, comme l'indique la quantité d'huile prescrite pour accompagner le *ḥaṭṭā't* – un demi hin (xxii 1)[39]. Le texte souligne que c'est avec l'huile apportée en prémices qu'est faite cette offrande végétale. Le *ḥaṭṭā't* a pour fonction le *kappér*. À la différence de ce que prescrivait P, et comme aussi dans le livre des Jubilés, ce *ḥaṭṭā't* est ici offert en premier, préalablement aux autres sacrifices[40].

À ce *ḥaṭṭā't* initial fait suite un holocauste. Comme il est de règle pour les holocaustes des néoménies et des fêtes (à l'exception de l'holocauste qui accompagne la présentation de la première gerbe), cet holocauste consiste en trois catégories de victimes – des taurillons, des béliers et des agneaux – avec l'offrande végétale et la libation correspondantes. La composition de cet holocauste n'est donnée, dans l'état actuel du texte, qu'à propos de la fête du Vin nouveau (xix 16-xx 1). Curieusement, la liste des victimes sacrificielles n'est pas dressée ici selon l'ordre d'importance des victimes mais de manière à mettre en relief l'offrande des béliers, dont le nombre est fixé à douze et qui sont mentionnés en premier, avant les deux taurillons et les sept agneaux. Or on observe, dans le même temps, que la quantité de vin destinée à l'offrande des prémices – douze fois un tiers de hin (xix 14-15) – est fixée de telle façon à ce qu'elle corresponde aux quantités prévues en Nb. xv 6-7 pour la libation qui accompagne le sacrifice de douze béliers. Cette mise en valeur des béliers est d'autant moins fortuite que l'on peut constater que pour l'holocauste de la

[38] En xix 2, *'olāh* désigne vraisemblablement le *ḥaṭṭā't*.

[39] J. Milgrom, "Further Studies in the Temple Scroll", *JQR* 71 (1980), pp. 1-17 (voir p. 7).

[40] Voir aussi Yadin (1983), pp. 146-8.

présentation de la première gerbe, le Rouleau du Temple a remplacé l'agneau prescrit en Lev. xxiii 12 par un bélier (R.T. xviii 2, 9). Le même type d'holocauste que celui prescrit au moment de l'offrande des prémices du vin peut être postulé pour la fête des prémices du blé. Seule nous est conservée une indication de quantité : douze (R.T. xix 3). Celle-ci se rapporte selon toute probabilité au nombre de béliers destinés à l'holocauste. On constate en effet que, comme lors de la fête des prémices du vin, une corrélation est établie entre la quantité des prémices – douze pains, chacun fait avec deux dixièmes d'éphah de farine (R.T. xviii 14-15) – et le nombre de béliers, pour lesquels le barème de Nb. xv 6 prescrit une offrande végétale de deux dixièmes d'éphah de farine par bélier. Selon toute probabilité, c'est afin de souligner cette corrélation qu'a été mise en relief l'offrande du bélier. À supposer, comme il est vraisemblable, que ce même principe ait été observé pour l'holocauste de la fête de l'Huile fraîche, l'holocauste débuterait ici par le sacrifice non plus de douze béliers mais de douze taurillons, la quantité d'huile apportée en prémices étant de douze fois un demi hin (R.T. xxi 15), ce qui correspond à la quantité d'huile prescrite en Nb. xv 9 pour l'accompagnement de taurillons.

Chacune de ces trois fêtes se conclut par un repas sacré, ce qui constitue une caractéristique distinctive de ces fêtes. La matière de ce repas et la nature des participants varient selon les fêtes. Lors de la fête qui marque la remise des prémices du blé, seuls les prêtres semblent avoir part à ce repas dont la matière est vraisemblablement constituée par les douze pains des prémices (R.T. xix 4-6) : la référence à un rite d'élévation, en R.T. xix 4, ne peut s'appliquer qu'aux pains des prémices (cf. Lev. xxiii 17, 20) ; et le lieu du repas – le parvis intérieur (R.T. xix 5-6) – est celui où les prêtres consomment habituellement la matière sacrificielle (voir R.T. xx 11-12). À la différence de Lev. xxiii 19-20, il ne semble pas qu'il s'y ajoute la consommation de la viande d'un sacrifice de communion. Un tel sacrifice, avec l'offrande végétale et la libation correspondantes, est par contre prescrit en conclusion des deux autres fêtes des prémices (R.T. xx 1-xxi 3, xxii 2-14). Dans l'un et l'autre cas, il consiste en quatorze béliers et en quatorze agneaux (xx 15, xxii 3-4) répartis comme suit : un animal de chaque catégorie pour les prêtres, un de chaque pour les lévites, un de chaque pour chacune des douze tribus (xxi 1-2, xxii 11-13). La viande de ce sacrifice est répartie entre les prêtres, les lévites et les chefs des milliers. Aux prêtres sont attribués non seulement le gigot droit et la poitrine (Lev. vii 31-34), mais aussi les joues et la panse (Deut. xviii 3) (R.T. xx 14-xxi 1, xxii 8-10). À quoi s'ajoute la part habituelle des offrandes végétales, préparée sous la forme de pains azymes (xx 11-13). Les prêtres consommeront ce repas le jour même dans le parvis intérieur (xx 12-13). Aux lévites revient l'épaule (xxi 1, xxii 10-11). Aux chefs des milliers est attribué le reste de la viande, qu'ils devront consommer le même jour dans le parvis extérieur (xxi 3, xxii 13-14). Enfin, la fête des prémices du vin se conclut par une absorption rituelle du vin, d'abord par les prêtres, puis par les lévites, ensuite par les chefs des milliers, enfin par l'ensemble du peuple (xxi 4-6).

Les différentes fêtes des prémices sont ainsi agencées de manière à réaliser une gradation. La fête des prémices du vin est associée à la fête des prémices du pain, avec laquelle elle partage le même type de *ḥaṭṭā't* et le même type d'holocauste. Mais cette fête du Vin nouveau est elle-même rapprochée de la fête des prémices de l'huile, les prémices étant dans les deux cas offertes sur l'autel et chacune de ces deux fêtes se concluant par le même type de sacrifice de communion. Enfin, la fête des prémices de l'huile est, de son côté, clairement mise à part des autres fêtes, la victime du *ḥaṭṭā't* et la victime caractéristique de l'holocauste étant non plus un bélier mais un taurillon. On observera cette même gradation dans l'utilisation de la matière des prémices : tandis que les pains des prémices sont consommés par les seuls prêtres, que le vin des prémices est intégralement répandu sur l'autel, mais est accompagné de vin qui est partagé entre les prêtres, les lévites, les chefs des milliers et le peuple, l'huile des prémices est offerte à Dieu sans que soit associé à cette offrande un partage d'huile. L'auteur du Rouleau du Temple a ainsi clairement établi une hiérarchie entre ces différentes prémices. Il a associé le pain et le vin, dont l'offrande évoquait l'hommage rendu à Dieu par les représentants des douze tribus d'Israël. De là, la mise en valeur de l'offrande du bélier, victime qui symbolise les chefs des tribus[41]. Et il en a isolé et a placé au sommet de la hiérarchie l'huile, laquelle évoquait pour lui le sacerdoce, comme le montre l'importance accordée au taurillon.

En réalité, à y regarder de plus près, on constate que ce que célèbrent ces fêtes, ce n'est pas une simple offrande de prémices. De fait, la matière de ces prémices n'est pas constituée, comme il est de règle, de produits bruts, apportés dans l'état où ils sont récoltés, mais de produits déjà transformés. Et ces produits qui normalement sont

[41] Dans l'« Apocalypse au bestiaire », Saül, David et Salomon sont symbolisés par un bélier (I Hénoch lxxxix 42-48).

destinés aux prêtres forment ici, sauf pour ce qui est des pains, la matière d'un sacrifice et sont offerts sur l'autel. Ce qu'en réalité ces différentes fêtes célèbrent, c'est la matière de l'offrande végétale et de la libation, sous leur forme la plus élevée. De là, sans doute, les précisions données sur la nature de ces produits. En indiquant que les pains des prémices sont à base de farine de blé, *ḥiṭṭāh* (R.T. xviii 14), l'auteur du Rouleau du Temple aura probablement voulu évoquer les pains servant à la consécration des prêtres (Ex. xxix 2 ; cf. R.T. xv 3). Et en soulignant que l'huile offerte en prémices est de l'huile vierge, *šèmèn kātît* (R.T. xxi 15) il aura vraisemblablement pensé non seulement à l'huile destinée au chandelier (R.T. xxii 1 ; cf. Ex. xxvii 20 // Lev. xxiv 2) mais aussi à celle utilisée pour l'offrande végétale du sacrifice quotidien (R.T. xiii 12 ; cf.Ex. xxix 40 // Nb. xxviii 5). Mais pourquoi des prémices de pains, et non de farine, et pourquoi des pains levés ? Sans doute à cause du poids de la tradition de Lev. xxiii qui prescrivait d'apporter des pains, ceux-ci devant être levés afin de les distinguer des pains consommés pendant la fête des Azymes ; mais aussi parce que, comme le vin et l'huile, le produit présenté à Dieu l'est sous une forme directement consommable, conforme à ce qui est sa destination finale.

Le Rouleau du Temple associe ainsi, à travers ces trois fêtes, deux fonctions distinctes : la désacralisation des différents produits issus de la culture des céréales, de la vigne et de l'olivier en vue d'en permettre l'usage profane, produits qui constituent la principale richesse d'Israël et la base de sa nourriture ; et la célébration de ceux des produits qui entrent dans la composition de l'offrande végétale et de la libation, par lesquels Israël rend hommage à Dieu et lui exprime sa soumission, et qui servent aussi, pour ce qui est des pains et de l'huile, à la consécration des prêtres. En liant les deux fonctions, le Rouleau du Temple a ainsi fait de ces fêtes le centre de gravité d'où part et vers lequel converge toute l'existence d'Israël. Mais, pas plus que le Code sacerdotal, il n'ira au terme de cette logique en prescrivant un culte sacrificiel exclusivement végétal.

Comme aussi à Éléphantine, ce sont des facteurs externes qui imposeront de franchir une nouvelle étape dans l'évolution. En effet, la rupture des Esséniens d'avec le Temple, et donc d'avec le culte sacrificiel[42], conduira à une double transformation.

S'inscrivant dans un courant déjà amorcé dans la Bible[43] cette

---

[42] Voir CD vi 11-13 ; Philon, *Quod omnis probus liber sit* §75.

[43] Voir Hermisson (1965).

rupture conduira à une spiritualisation du culte sacrificiel, à ce que le Testament de Levi appelle un λογικὴν καὶ ἀναίμακτον θυσίαν, un sacrifice en parole et non sanglant (Test. de Levi iii 6). Comme l'écrit Philonenko au terme d'une étude de ce phénomène "le culte sacrificiel a fait place à l'« offrande des lèvres » et le sacrifice est devenu louange"[44].

Mais cette rupture aboutira aussi à une utilisation sacramentelle de la matière de l'offrande végétale et de la libation, celle-ci devenant la matière d'un repas sacré.

Les écrits esséniens qui font référence à ce repas sont malheureusement assez laconiques. Tant la Règle de la Communauté (vi 3-5) que la Règle annexe (ii 17-22) supposent ce repas connu et se préoccupent essentiellement de questions de protocole. On y apprend toutefois que ce repas rassemble un minimum de dix personnes, qu'il est obligatoirement présidé par un prêtre, qu'il consiste en pain, *lèḥèm*, et en vin, *tîrôš*, que préalablement à leur consommation ces éléments sont bénis par le prêtre puis par l'ensemble des convives, enfin qu'au cours de ce repas on médite la Tora (11 Q Ps[a] xviii 11-12). Qu'il ne s'agit pas là d'un repas ordinaire est clairement démontré par le fait que seuls y participent les membres de plein droit de la communauté : la Règle de la Communauté précise que les novices n'y sont admis qu'à l'issue de la seconde année de leur noviciat (vi 20-21) et que ceux qui ont été exclus pour un temps de la communauté ne pourront prendre part à ce repas qu'au bout de deux ans de probation (vii 20-21)[45].

Ces indications peuvent fort heureusement être complétées par le témoignage de Flavius Josèphe. Dans la *Guerre Juive*, celui-ci précise qu'avant de se rendre au repas les convives ceignent leurs reins d'une bande de lin, qu'ils se lavent tout le corps, que le lieu de ce repas est considéré comme une enceinte sacrée dans laquelle nul profane ne doit pénétrer, qu'une prière l'introduit et le conclut, et qu'à l'issue de ce repas les convives se dépouillent des vêtements qu'ils avaient revêtus pour l'occasion (II viii 129-133). Ces précisions sont importantes. Elles montrent que les Esséniens ont transposé sur ce repas les exigences que la Bible hébraïque impose à la consommation du repas sacrificiel : pureté des participants (voir par exemple Lev. vii 19-21), bénédiction du sacrifice (1 Sam. ix 13), consommation en un lieu pur

---

[44] M. Philonenko, "Culte sacrificiel et « offrande des lèvres » dans le Judaïsme essénien", *Prière, mystique et Judaïsme* (Paris, 1987), pp. 9-19 (voir p. 19).

[45] Pour ce repas de pain et de vin voir aussi Bel et le dragon 33[lxx] (mais non Théodotion), Jubilés xlv 5, Joseph et Aséneth xv 14.

(voir par exemple Lev. x 14, à propos des prêtres et de leurs familles ; cf. aussi Deut. xii 7)[46].

Un passage du Testament de Levi montre l'importance que revêt ce repas. Au cours d'une vision Levi se voit recevoir l'investiture sacerdotale (Test. de Levi viii). Sept "hommes en blanc" lui remettent successivement les insignes de son sacerdoce. Le premier l'oint d'huile sainte et lui remet le sceptre du jugement. Le deuxième le lave d'une eau pure, lui donne à manger du pain et du vin, puis le revêt d'une robe sainte et glorieuse. Ensuite lui sont remis successivement les autres attributs sacerdotaux : vêtement de lin semblable à un éphod, ceinture, rameau d'olivier, couronne, le dernier de ces anges lui remettant le diadème et remplissant sa main d'encens. On aura reconnu dans cette énumération les principaux éléments de la phase initiale du rituel de consécration du grand prêtre telle qu'elle est décrite en Ex. xxix 4-7 // Lev. viii 6-9, 12. L'auteur du Testament reprend pour l'essentiel la liste biblique en l'adaptant – il remplace ainsi le turban par une couronne – en la complétant – il ajoute la remise d'un sceptre, d'un rameau d'olivier et d'encens – et en modifiant la séquence de façon à mettre en relief le rite d'onction dont il fait le rite initial. Par contre, il ne fait aucune référence aux deux autres phases du rituel biblique – les phases sacrificielles – et en particulier à la troisième phase, celle qui réalise la consécration par le moyen du sang des *millu'îm* et le partage de la chair de la victime et des pains. Plus précisément, il ne conserve de cette troisième phase que la consommation du pain auquel il ajoute le vin, qualifiant ces matières d'"aliments suprêmement saints" (Test. de Levi viii 5) – un qualificatif que la Bible applique aux sacrifices expiatoires et aux offrandes végétales – ; et il fait précéder ce repas d'une ablution, comme pour un repas sacrificiel. Ce n'est donc plus, comme dans la Bible, le partage de la matière sacrificielle avec Dieu qui réalise la consécration, mais le fait même de consommer ces aliments sacrosaints que sont le pain et le vin, la dimension sacrificielle faisant ainsi place à une dimension sacramentelle. Ce repas de pain et de vin que l'auteur du Testament lie étroitement au sacerdoce, les Esséniens

[46] Le Code sacerdotal s'intéresse surtout à l'aspect sacrificiel et ne donne que peu d'indications sur les conditions dans lesquelles se déroule le repas sacrificiel. Purification et changement de vêtement sont des préalables au pèlerinage (Gen. xxxv 2) ; sanctification et lavage des vêtements sont exigés en vue de la théophanie (Ex. xix 10, 14). Cf. aussi 1 Sam. xvi 5 pour la sanctification des participants au sacrifice. Soph. i 8b fait sans doute référence à des vêtements spéciaux revêtus pour la circonstance (cf. aussi, mais dans le cadre du culte de Baal, 2 Rois x 22).

en feront le repas sacré auquel auront part tous les membres de la communauté.

Le roman de Joseph et Aséneth permet de préciser ce qu'est la fonction de ce repas. Dans un discours qu'il adresse à Aséneth, Joseph se présente en effet comme "un homme pieux, qui bénit de sa bouche le Dieu vivant, et qui mange le pain bénit de la vie, et qui boit la coupe bénite d'immortalité, et qui est oint de l'onction bénite d'incorruptibilité" (viii 5), opposant à ce repas le repas sacrificiel des idolâtres. La continuité avec le Testament de Levi est remarquable : pain et vin sont la matière du repas, l'huile sert à l'onction. Mais, comme pour le repas essénien, ce sont ici tous les hommes pieux et non les seuls prêtres qui en bénéficient. Ce repas a pour fonction de conférer l'immortalité. Rejoignant les promesses faites à ceux qui marchent dans l'esprit de vérité (QS iv 6-8), c'est ce qu'explicite la bénédiction que Joseph prononce sur Aséneth en conclusion de son discours (viii 11), et que reprend l'archange Michel : "Voici, à partir d'aujourd'hui, tu seras renouvelée, reformée et revivifiée, et tu mangeras le pain de vie, et tu boiras la coupe d'immortalité, et tu seras ointe de l'onction d'incorruptibilité"(xv 4). Le repas sacré de pain et de vin donne ainsi aux initiés les arrhes de la vie éternelle[47]. Sa fonction rejoint la fonction qu'Ignace d'Antioche attribue à la cène chrétienne dans sa *Lettre à Éphèse* en qualifiant le pain de médicament d'immortalité, d'antidote contre la mort et de vie éternelle en Jésus-Christ (*Lettre à Éphèse* xx 2)[48].

L'évolution arrive ici à son terme : du tribut d'hommage au repas sacrificiel végétarien qui réalise la communion la plus parfaite avec Dieu ; du repas sacrificiel végétarien, qui renoue avec l'utopie originelle et qui est signe de la non-violence et du respect de la vie, au repas sacré végétarien qui anticipe le repas eschatologique et qui confère la vie.

---

[47] Cf. aussi I Hénoch xxv 4-5 ; Testament de Levi xviii 11 ; Vie grecque D'Adam et d'Eve xxviii 4 ; Apocalypse d'Élie iii 60 ; Apocalypse de Jean ii 7 (cf. II Hénoch viii 4-ix 1).

[48] P.Th. Camelot, *Ignace d'Antioche : Lettres*. 4e édition (Paris, 1969).

CONCLUSION

L'ancien Israël connaît principalement deux sortes d'offrandes végétales. L'une, appelée *minḥāh*, présent d'hommage, consiste en une offrande de farine à laquelle est parfois ajoutée, selon les traditions, de l'huile. Elle est associée de manière privilégiée à l'holocauste et constitue le présent d'hommage par lequel on honore l'hôte divin à l'issue du repas. L'autre sorte d'offrande végétale n'est pas désignée par un qualificatif. Elle consiste en pains, généralement azymes, qui accompagnent le repas de viande et est, de ce fait, associée par prédilection au sacrifice de communion.

La place faite aux offrandes végétales varie toutefois selon les traditions.

Le Jahwiste considère que seul le sacrifice sanglant constitue pour Dieu une *minḥāh*, un présent d'hommage et, en conséquence, il ne fait aucune place dans son système sacrificiel à la *minḥāh* de farine. Il semble suivi sur ce point par Osée, le Deutéronome, Ez. i-xxxix qui ne mentionnent jamais les offrandes végétales.

À l'inverse, le Code sacerdotal attribue aux offrandes végétales une place fondamentale. L'intérêt qu'il leur porte se traduit par le fait qu'il prévoit pas moins d'une quinzaine de variétés différentes. Mais surtout, il donne à ces offrandes végétales une importance de tout premier plan : il prescrit d'adjoindre une telle offrande à tout holocauste et à tout sacrifice de communion voués ou spontanés ; il construit tout son système du culte régulier autour de la *minḥāh* ; il associe étroitement l'offrande de pains au sacerdoce et à la consécration en en faisant le point culminant du rituel de consécration des prêtres et le sommet du culte quotidien où elle constitue le sacrifice apporté à Dieu par le grand prêtre lui-même au nom des prêtres. Pour P, l'offrande végétale est l'unique sacrifice d'odeur apaisante à pouvoir être offert seul, indépendamment de tout autre sacrifice. Elle constitue aussi le point culminant et la synthèse de l'ensemble de son système sacrificiel : elle est à la fois sacrifice d'odeur apaisante, comme l'holocauste et le sacrifice de communion, et sacrifice sacro-saint comme le *ḥaṭṭā't* et le sacrifice de réparation. Et son rituel est susceptible de prendre la forme de chacun des sacrifices. Comme aussi chez P, les offrandes végétales occupent une place importante chez Ez. xl-xlviii, du moins sous la forme de la *minḥāh,* et chez le Chroniste.

Ces deux attitudes s'expliquent par des références idéologiques différentes.

Pour de multiples raisons, les exégètes du sacrifice israélite ont suivi le Jahwiste dans leur description et leur interprétation des sacrifices d'odeur apaisante et ont, de ce fait, largement évacué les offrandes végétales. Ils ont, consciemment ou inconsciemment, privilégié la fraîcheur, la simplicité, la spontanéité du culte des origines "l'arbre vert façonné par la nature" au détriment "du bois d'œuvre, façonné au compas et à l'équerre", du système abstrait, artificiel, stéréotypé, ritualiste de l'époque post-exilique[1]. Il en est résulté une vision unilatérale qui a totalement négligé la contribution originale de P.

Le présent travail a permis de mettre en évidence la pluralité des systèmes sacrificiels et, parmi ceux-ci, la singularité du système de P. Toute théorie du sacrifice israélite devra nécessairement prendre en compte cette pluralité et substituer à une approche nivelante une approche sachant mettre en valeur la spécificité des différents systèmes.

---

[1] J. Wellhausen, *Geschichte Israels*. t. 1 (Berlin, 1878), p. 84

LISTE DES ABREVIATIONS

AB	The Anchor Bible
ATD	Das Alte Testament Deutsch
AOAT	Alter Orient und Altes Testament
ACEB	*Amsterdamse cahiers voor exegese on bijbelse theologie*
BA	*The Biblical Archaeologist*
BASOR	*Bulletin of the American Schools of Oriental Research*
BB	Biblische Beiträge
BBB	Bonner Biblische Beiträge
Bib	*Biblica*
Bijdr	*Bijdragen*
BiOr	*Bibliotheca Orientalis*
BK.AT	Biblischer Kommentar. Altes Testament
BN	*Biblische Notizen*
BTB	*Biblical Theology Bulletin*
BZ	*Biblische Zeitschrift*
BZAW	Beihefte zur Zeitschrift für die alttestamentliche Wissenschaft
CAT	Commentaire de l'Ancien Testament
CBQ	*Catholic Biblical Quarterly*
CRB	Cahiers de la Revue Biblique
DJD	Discoveries in the Judean Desert
ET	*Expository Times*
FAT	Forschungen zum Alten Testament
FRLANT	Forschungen zur Religion und Literatur des Alten und Neuen Testaments
HAT	Handbuch zum Alten Testament
HSM	Harvard Semitic Monographs
HSS	Harvard Semitic Studies
HTR	*Harvard Theological Review*
HUCA	*Hebrew Union College Annual*
JAOS	*Journal of the American Oriental Society*
JBL	*Journal of Biblical Literature*
JNES	*Journal of Near Eastern Studies*
JQR	*The Jewish Quarterly Review*
JSOT SS	Journal for the Study of the Old Testament. Supplement Series
JSS	*Journal of Semitic Studies*
JTS	*Journal of Theological Studies*
KAT	Kommentar zum Alten Testament
KeDo	*Kerygma und Dogma*
LAPO	Littératures anciennes du Proche-Orient
NEB	Die Neue Echter Bibel
NICO	The New International Commentary on the Old Testament
OBO	Orbis biblicus et orientalis
ÖBS	Österreichische Biblische Studien
OLA	Orientalia Lovaniensia Analecta
PEQ	*Palestine Exploration Quarterly*
RB	*Revue Biblique*
RQ	*Revue de Qumran*
SB	Sources bibliques
SC	Sources chrétiennes
ScotJT	*Scottisch Journal of Theology*

SEÅ	*Svensk Exegetisk Årsbok*
SJLA	Studies in Judaism in Late Antiquity
ST	*Studia Theologica*
SVT	Supplements to Vetus Testamentum
TLZ	*Theologische Literaturzeitung*
TPhil	*Theologie und Philosophie*
TWAT	*Theologisches Wörterbuch zum Alten Testament*
TZ	*Theologische Zeitschrift*
VT	*Vetus Testamentum*
WBC	World Biblical Commentary
WTJ	*Westminster Theological Journal*
WMANT	Wissenschaftliche Monographien zum Alten und Neuen Testament
ZA	*Zeitschrift für Assyriologie*
ZAW	*Zeitschrift für die alttestamentliche Wissenschaft*
ZBK.AT	Zürcher Bibelkommentare. Altes Testament

BIBLIOGRAPHIE

Ahlström, G.W. *Joel and the Temple Cult of Jerusalem.* SVT 21. Leiden, 1971.

Amsler, S. "Les documents de la loi et la formation du Pentateuque", in A. de Pury (éd.), *Le Pentateuque en question.* Le Monde de la Bible. Genève, 1989, pp. 235-57.

Andersen, F.I., Freedman, D.N. *Amos.* AB 24A. New-York, 1989.

Anderson, G.A. *Sacrifices and Offerings in Ancient Israel. Studies in their Social and Political Importance.* HSM 41. Atlanta, 1987.

Auvray, P. *Isaïe, 1-39.* SB 3/1. Paris, 1972.

Bähr, K.Chr.W.E. *Symbolik des mosaischen Cultus.* Heidelberg, 1839.

Baillet, M. *Qumrân grotte 4.* III. DJD 7. Oxford, 1982.

Barthélemy, D. *Critique textuelle de l'Ancien Testament.* t. 1. OBO 50/1. Fribourg, Göttingen, 1982.

Beckwith, R.T. "The Vegetarianism of the Therapeutae, and the Motives for Vegetarianism in Early Jewish and Christian Circles", *RQ* 13, n° 49-52 (1988), pp. 407-10.

Blome, F. *Die Opfermaterie in Babylonien und Israel.* Sacra scriptura antiquitatibus orientalibus illustrata 4. Roma, 1934.

Blum, E. *Studien zur Komposition des Pentateuch.* BZAW 189. Berlin, New York, 1990.

De Boer, P.A.H. "An Aspect of Sacrifice", *Studies in the Religion of Ancient Israel.* SVT 23. Leiden, 1972, pp. 27-47.

Borowski, O. *Agriculture in Iron Age Israel.* Eisenbraus, 1987.

Boyce, M. *A History of Zoroastrianism.* I. *The Early Period.* Handbuch der Orientalistik 1. Abteilung. Der Nahe und der Mittlere Osten 8. 2e édition. Leiden, 1989.

———. *A History of Zoroastrianism.* II. *Under the Achaemenians.* Handbuch der Orientalistik 1. Abteilung. Der Nahe und der Mittlere Osten 8. Leiden, 1982.

Briant, P. *Rois, tributs et paysans.* Annales littéraires de l'Université de Besançon 269. Paris, 1982.

Brichto, H.C. "The Case of the *Śôṭā* and a Reconsideration of Biblical 'Law'", *HUCA* 46 (1975), pp. 55-70.

———."On Slaughter and Sacrifice, Blood and Atonement", *HUCA* 47 (1976), pp. 19-55.

Briquel-Chatonnet, F. *Les relations entre les cités de la côte phénicienne et les royaumes d'Israël et de Juda.* OLA 46. Studia Phoenicia 12. Leuven, 1992.

Buber, M. "Die Erzählung von Sauls Königswahl", *VT* 6 (1956), pp. 113-73.

Camelot, P.Th., *Ignace d'Antioche : Lettres.* SC 10. 4e édition (Paris, 1969).

Caquot, A. "*debaš*", *TWAT* II. Stuttgart, 1977, col. 135-9.

Charbel, A. "Offerta di prodotti vegetali nei sacrifice *šelāmîm*", *Euntes Docete* 26 (1974), pp. 398-403.

Chary, Th. *Les prophètes et le culte à partir de l'Exil.* Bibliothèque de Théologie Série III. Théologie biblique 3. Tournai, 1955.

Cowley, A.E. *Aramaic Papyri of the Fifth Century B.C.* Oxford, 1923.

Dalman, G. *Arbeit und Sitte in Palästina.* t. 3. *Von der Ernte zum Mehl.* Hildesheim, 1933.

———. *Arbeit und Sitte in Palästina.* t. 4. *Brot, Öl und Wein.* Hildesheim, 1935.

Daniel, S. *Recherches sur le vocabulaire du culte dans la Septante.* Etudes et commentaires 61. Paris, 1966.

Davies, D. "An Interpretation of Sacrifice in Leviticus", *ZAW* 89 (1977), pp. 387-99.

Delcor, M. "Le culte de la 'Reine du Ciel' selon Jer 7,18 ; 44,17-19,25 et ses survivances. Aspects de la religion populaire féminine aux alentours de l'Exil en Juda et dans les communautés juives d'Égypte", in W.C. Delsman e.a. (éd.), *Von Kanaan bis Kerala, Festschrift für Prof. Mag. Dr. J.P.M. van der Ploeg O.P.* AOAT 211.

Neukirchen-Vluyn, 1982, pp. 101-22 (= *Environnement et tradition de l'Ancien Testament*. AOAT 228. Neukirchen-Vluyn, 1990, pp. 138-59).
Dequeker, L. "« Green Herbage and Trees Bearing Fruit » (Gen. 1:28-30 ; 9:1-3). Vegetarianism or Predominance of Man over the Animals ?", *Bijdr* 38 (1977), pp. 118-27.
Deurloo, K.A. "Leven voor mens en dier. De narratieve betekenis van Genesis 1: 29, 30", *ACEB* 8 (1987), pp. 53-63.
Dommershausen, W. "*jajin*", *TWAT* III. Stuttgart, 1982, col. 614-20.
———. "*lœ ḥœ m*", *TWAT* IV. Stuttgart, 1984, col. 538-47.
Duchesne-Guillemin, J. *Zoroastre*. Paris, 1948.
Dupont-Sommer, A., Philonenko, M. (éd.) *La Bible. Écrits Intertestamentaires*. Bibliothèque de la Pléiade. Paris, 1987.
Edelman, D. "The Meaning of *qiṭṭér*", *VT* 35 (1985), pp. 395-404.
Eerdmans, B.D. *Alttestamentliche Studien*. iv. *Das Buch Leviticus*. Giessen, 1912.
Eising, H. "*zākar*", *TWAT* III. Stuttgart, 1977, col. 589-91.
Eissfeldt, O. *Erstlinge und Zehnten im Alten Testament*. Leipzig, 1917.
Éliade, M. *Traité d'histoire des religions*. Paris, 1964.
Elliger, K., *Das Buch der zwölf kleinen Propheten*. ATD 25. 5e éd. Göttingen, 1964.
———. *Leviticus*. HAT 4. Tübingen, 1966.
Emerton, J.A., "The Riddle of Genesis xiv", *VT* 21 (1971), pp. 403-39.
———. "The Site of Salem, the City of Melchizedek (Genesis xiv 18)", in J.A. Emerton (éd.), *Studies in the Pentateuch*. SVT 41 (Leiden, 1990), pp. 45-71.
———. "Some Problems in Genesis xiv", in J.A. Emerton (éd.), *Studies in the Pentateuch*. SVT 41 (Leiden, 1990), pp. 73-102.
Eslinger, L.M. *Kingship of God in Crisis. A Close Reading of 1 Samuel 1-12*. Bible and Literature series 10. Sheffield, 1985.
Fabry, H.-J. et Weinfeld, M. "*minḥāh*", *TWAT* III. Stuttgart, 1984, col. 987-1001.
———, Wright, D.P., Milgrom, J. "*sāmak*", *TWAT* IV. Stuttgart, 1986, col. 880-9.
Fishbane, M. "Accusations of Adultery : A Study of Law and Scribal Practice in Numbers 5 :11-31", *HUCA* 45 (1974), pp. 24-45.
———. *Biblical Interpretation in Ancient Israel*. Oxford, 1985.
Frank, K.S. "Maleachi 1, 10ff. in der frühen Väterdeutung. Ein Beitrag zur Opferterminologie und Opferverständnis in der alten Kirche", *TPhil* 53 (1978), pp. 70-8.
Frymer-Kensky, T. "The Strange Case of the Suspected Sotah (Numbers v 11-31)", *VT* 34 (1984), pp. 11-26.
Füglister, N. "Sühne durch Blut – Zur Bedeutung von Leviticus 17, 11", in G. Braulik (éd.), *Studien zum Pentateuch. Walter Kornfeld zum 60. Geburtstag*. Wien, Freiburg, Basel, 1977, pp. 143-62.
Gane, R. "« Bread of the Presence » and Creator-in-residence", *VT* 42 (1992), pp. 172-203.
Geller, M.J. "The Šurpu Incantations and Lev. v. 1-5", *JSS* 25 (1980), pp. 181-92.
Gershevitch, I. "Zoroaster's Own Contribution", *JNES* 23 (1964), pp. 12-38.
Gese, H. *Zur biblischen Theologie*. Beiträge zur evangelischen Theologie 78. München, 1977.
Geva, Sh. "Archaeological Evidence for the Trade Between Israel and Tyre ?", *BASOR* 248 (1982), pp. 69-72.
Ginsberg, H.L. "The Grain Harvest Laws of Leviticus 23 : 9-22 and Numbers 28 : 26-31", *Proceedings of the American Academy for Jewish Research* 46-47 (1979-80), pp. 141-153.
Girard, R. *La violence et le sacré*. Nouvelle édition. Paris, 1981.
Glassner, J.J. "L'hospitalité en Mésopotamie ancienne : aspect de la question de l'étranger", *ZA* 80 (1990), pp. 60-75.
Gnoli, G. "Zarathushtra", *Encylopedia of Religion* xv. New York, London, 1987, pp. 556-9.

Gorman, F.H. *The Ideology of Ritual. Space, Time and Status in the Priestly Theology.* JSOT SS 91. Sheffield, 1990.
Gottlieb, H. "Den jerusalemitiske tempelkult iflg. Jesaja 1, 10-17", *Religionsvidenskabeligt Tidsskrift* 5 (1984), pp. 57-75.
Gray, G.B. *Sacrifice in the Old Testament. Its Theory and Practice.* Oxford, 1925.
Grelot, P. *Documents araméens d'Égypte.* LAPO 5. Paris, 1972.
Grünwaldt, K. "Wozu wir essen. Überlegungen zu Genesis 1, 29-30a", *BN* 49 (1989), pp. 25-38.
Hadas-Lebel, M. *De Providentia.* Oeuvres complètes de Philon d'Alexandrie 35 (Paris, 1973).
Halbe, J. *Das Privilegrecht Jahwes Ex 34, 10-26.* FRLANT 114. Göttingen, 1975.
Hallock, R.T. *Persepolis Fortification Tablets.* Chicago, 1969.
Haran, M. "The Uses of Incense in the Ancient Israelite Ritual", *VT* 10 (1960), pp. 113-29.
———. *Temples and Temple-Service in Ancient Israel. An Inquiry into the Character of Cult Phenomena and the Historical Setting of the Priestly School.* Oxford, 1978.
Hedsby, K. "Handpaläggningsrit och försoningsoffer", *SEÅ* 49 (1984), pp. 58-65.
Heller, J. "Die Symbolik des Fettes im Alten Testament", *VT* 20 (1970), pp. 106-8.
Hermisson, H.-J., *Sprache und Ritus im altisraelitischen Kult.* WMANT 19. Neukirchen-Vluyn, 1965.
Herner, S. *Vegetabilisches Erstlingsopfer im Pentateuch.* Lund, 1918.
Hertzberg, H.W. *Die Samuelbücher.* 2e édition. ATD 10. Göttingen, 1960.
Hoftijzer, J. "Das sogenannte Feueropfer", in B. Hartmann, e.a. (éd.), *Hebräische Wortforschung. Festschrift zum 80. Geburtstag von Walter Baumgartner.* SVT 16. Leiden, 1967, pp. 114-34.
van Hoonacker, A. "La date de l'introduction de l'encens dans le culte de Jahvé", *RB* 11 (1914), pp. 161-87.
Hulse, E.V. "The Nature of Biblical 'Leprosy' and the Use of Alternative Medical Terms in Modern Translations of the Bible", *PEQ* 107 (1975), pp. 87-105.
Hurvitz, A. *A Linguistic Study of the Relationship between the Priestly Source and the Book of Ezekiel. A New Approach to an Old Problem.* CRB 2O. Paris, 1982.
In der Smitten, W.Th. "Vordeuteronomischer Jahwismus in Elephantine ?", *BiOr* 28 (1971), pp. 173-4.
Jacob, Ed. "Appréciation positive et négative de la ville dans les anciennes traditions d'Israël", *Ktema* 2 (1977), pp. 17-23.
———. *Esaïe 1-12.* CAT 8a. Genève, 1987.
Janowski, B. *Sühne als Heilsgeschehen. Studien zur Sühnetheologie der Priesterschrift und zur Wurzel KPR im Alten Orient und im Alten Testament.* WMANT 55. Neukirchen-Vluyn, 1982.
Jones, D. "The Cessation of Sacrifice after the Destruction of the Temple in 586 B.C.", *JTS* 14 (1963), pp. 12-31.
———. "Exposition of Isaiah Chapter One Verses Ten to Seventeen", *ScotJT* 18 (1965), pp. 457-71.
Keller, C.-A. in Ed. Jacob, C.-A. Keller, S. Amsler, *Osée, Joël, Amos, Abdias, Jonas.* 2e édition. CAT 11a. Genève, 1982.
Kellermann, D. *Die Priesterschrift von Numeri 1,1 bis 10,10 literarkritisch und traditionsgeschichtlich untersucht.* BZAW 120. Berlin, 1970.
———."Bemerkungen zum Sündopfergesetz in Num. 15, 22ff.", in H. Gese, H.P. Rüger (éd.), *Wort und Geschichte. Festschrift für Karl Elliger zum 70. Geburtstag.* AOAT 18. Neukirchen-Vluyn, 1973, pp. 107-13.
———. *"ḥmṣ", TWAT* II. Stuttgart, 1977, col. 1061-8.
———. *"lebonāh", TWAT* IV. Stuttgart, 1984, col. 454-60.
———. *"maṣṣāh", TWAT* IV. Stuttgart, 1984, col. 1074-81.
Kissane, E.J. *The Book of Psalms.* Dublin, 1964.
Koch, H. *Die religiösen Verhältnisse der Dareioszeit.* Göttingen, 1977.

———. "Götter und ihre Verehrung im achämenidischen Persien", *ZA* 77 (1987), pp. 239-78.
———. "Zur Religion der Achämeniden", *ZAW* 100 (1988), pp. 393-405.
Koch, K. *Die Priesterschrift von Exodus 25 bis Leviticus 16. Eine überlieferungsgeschichtliche und literarkritische Untersuchung.* FRLANT 71. Göttingen, 1959.
Koehler, L. "Alttestamentliche Wortforschung", *TZ* 2 (1946), p. 394.
———. "Alttestamentliche Wortforschung", *TZ* 4 (1948), pp. 154-5.
Kornfeld, W. *Levitikus.* NEB. Würzburg, 1983.
Leach, E. *Culture and Communication : the logic by which symbols are connected.* Themes in the Social Sciences. Cambridge, 1976.
van Leeuwen, J.H. "The Meaning of *tupîn* in Lev 6, 14", *ZAW* 100 (1988), pp. 268-9.
Lemaire, A. *Inscriptions hébraïques. t. 1. Les ostraca.* LAPO 9. Paris, 1977.
———. "Métrologie biblique", *Dictionnaire encyclopédique de la Bible.* Maredsous, 1987, pp. 821-5.
Levin, S. "The More Savory Offering : A Key to the Problem of Gen 4: 3-5", *JBL* 98 (1979), p. 85.
Levine, B.A. "The Descriptive Tabernacle Texts of the Pentateuch", *JAOS* 85 (1965), pp. 307-18.
———. *In the Presence of the Lord. A Study of Cult and some Cultic Terms in Ancient Israel.* SJLA 5. Leiden, 1974.
Lipinski, E. *"nātan", TWAT* V. Stuttgart, 1986, col. 693-712.
Löhr, M. "Das Raücheropfer im Alten Testament. Eine archäologische Untersuchung", *Schriften der Königsberger Gelehrten Gesellschaft. Geisteswissenschaftliche Klasse* 4,4 (1927), pp. 155-91.
Mariani, B. "De sacrificio a Malachia praedicto", *Antonianum* 9 (1934), pp. 193-242, 361-82, 451-74.
Marx, A. "Sacrifice pour les péchés ou rite de passage ? Quelques réflexions sur la fonction du *ḥaṭṭā't*", *RB* 96 (1989), pp. 27-48.
———. "Familiarité et transcendance. La fonction du sacrifice d'après l'Ancien Testament", in A. Schenker (éd.), *Studien zu Opfer und Kult im Alten Testament.* FAT 3. Tübingen, 1992, pp. 1-14.
Mayer, G. *"jdh", TWAT* III. Stuttgart, 1982, col. 460-74.
McCarter, P.K. *I Samuel.* AB 8. Garden City, 1980.
McEntire, M.H. *The Function of Sacrifice in Chronicles, Ezra, and Nehemiah.* Lewiston, 1993.
McKane, W. "Poison, Trial by Ordeal and the Cup of Wrath", *VT* 30 (1980), pp. 474-92.
Metzinger, A. *Die Substitutionstheorie und das alttestamentliche Opfer mit besonderer Berücksichtigung von Lev 17, 11.* Rom, 1940.
Michaelis, J.D. *Supplementa ad lexica hebraica.* Göttingen, 1792.
Milgrom, J. "Further Studies in the Temple Scroll", *JQR* 71 (1980), pp. 1-17, 89-106.
———."The Case of the Suspected Adulteress, Num. 5: 11-31 : Redaction and Meaning", in R.E. Friedman (éd.), *The Creation of Sacred Literature.* Berkeley, 1981, pp. 69-75.
———. "The Graduated *Ḥaṭṭā't* of Leviticus 5: 1-13", *JAOS* 103 (1983), pp. 249-54.
———."The Two Pericopes on the Purification Offering", in C.L. Meyers, M. O'Connor (éd.), *The Word of the Lord shall go Forth. Essays in Honor of D.N. Freedman.* Winona Lake, 1983, pp. 211-5.
———. "On the Suspected Adulteress (Numbers v 11-31)", *VT* 35 (1985), pp. 368-9.
———. "The 'Chieftains' Gift : Numbers, chapter 7", *HTR* 9 (1986), pp. 221-6.
———. *Leviticus 1-16.* AB 3A. New York, 1991.
———. "The Consecration of the Priests. A Literary Comparison of Leviticus 8 and Exodus 29", in D.R. Daniels, U. Glessner, M. Rösel (éd.), *Ernten, was man sät.* Neukirchen-Vluyn, 1991, pp. 273-86.

Nicholson, E.W. "The Covenant Ritual in Exodus xxix 3-8", *VT* 32 (1982), pp. 74-86.

Nielsen, K. *Incense in Ancient Israel.* SVT 38. Leiden, 1986.

Noth, M. *Das zweite Buch Mose. Exodus.* ATD 5. Göttingen, 1959.

Oesterley, W.O.E. *Sacrifices in Ancient Israel. Their Origin, Purposes and Development.* London, 1937.

Paran, M. "Two Types of « Laying Hands Upon » in the Priestly Sources", *Beer-Sheva* 2 (1985), pp. 115-9 (hébreu).

Pelletier, A. *Lettre d'Aristée à Philocrate.* SC 89. Paris, 1962.

Péter-Contesse, R. *Lévitique 1-16.* CAT 3a. Genève, 1993.

Philonenko, M. "Culte sacrificiel et « offrande des lèvres » dans le Judaïsme essénien", *Prière, mystique et Judaïsme.* Paris, 1987, pp. 9-19.

Pilch, J.J. "Biblical Leprosy and Body Symbolism", *BTB* 11 (1981), pp. 108-13.

Porten, B. *Archives from Elephantine : The Life of an Ancient Jewish Military Colony.* Berkeley, 1968.

———. "Aramaic Papyri and Parchments : A New Look", *BA* 42 (1979), pp. 74-104.

———, A. Yardeni, *Textbook of Aramaic Documents from Ancient Egypt, Newly Copied, Edited and Translated into Hebrew and English.* I. *Letters* (Jerusalem, 1986).

Rachi, *Le commentaire de Rachi sur le Pentateuque.* Trad. I. Salzer. Paris, 1957.

Von Rad, G. *Das erste Buch Mose. Genesis.* 6e édition. ATD 2-4. Göttingen, 1961.

Rast, W.E., "Cakes for the Queen of Heaven", in A.L. Merrill, T.W. Overholt (éd.), *Scripture in History and Theology : Essays in Honor of J.C. Rylaarsdam.* Pittsburgh, 1977, pp. 167-80.

Ratner, R. "Three Bulls or One ? : A Reappraisal of 1 Samuel 1, 24", *Bib* 68 (1987), pp. 98-102.

Reeves, J.C. "The Feast of the First Fruits of Wine and the Ancient Canaanite Calendar", *VT* 42 (1992), pp. 350-61.

Rehm, M. "Das Opfer der Völker nach Mal 1, 11", in H. Gross, F. Mussner (éd.), *Lex tua veritas. Festschrift für Hubert Junker.* Trier, 1961, pp. 193-208.

Rendtorff, R. "Genesis 8, 21 und die Urgeschichte des Jahwisten", *KeDo* 7 (1961), pp. 69-78.

———. *Studien zur Geschichte des Opfers im Alten Israel.* WMANT 24. Neukirchen-Vluyn, 1967.

———. *Leviticus.* BKAT 3. Neukirchen-Vluyn, 1990.

Rignell, L.G. "Isaiah Chapter I", *ST* 11 (1957), pp. 140-58.

Ringgren, H. *Sacrifice in the Bible.* World Christian Books 42. London, 1962.

Rogerson, J.W. "Sacrifice in the Old Testament : Problems of Method and Approach", in M.F.C. Bourdillon, M. Fortes (éd.), *Sacrifice.* London, 1980, pp. 45-59.

Rost, L. "Zu den Festopfervorschriften von Numeri 28 und 29", *TLZ* 83 (1958), col. 329-34.

Rudolph, W. *Haggai – Sacharja 1-8 – Sacharja 9-14 – Maleachi.* KAT 13/4. Gütersloh, 1976.

Sansom, M.C. "Laying on of Hands in the Old Testament", *ET* 94 (1982/3), pp. 323-9.

Sasson, J.M., "Numbers 5 and the 'Waters of Judgment'", *BZ* 16 (1972), pp. 249-51.

Schatz, W. *Genèse 14. Une recherche.* Bern, 1972.

Schenker, A. *Versöhnung und Sühne. Wege gewaltfreier Konfliktlösung im Alten Testament.* BB 15. Freiburg, 1981.

———. "*Koper* et expiation", *Bib* 63 (1982), pp. 32-46.

———. "Der Unterschied zwischen Sündopfer *chattat* und Schuldopfer *ascham* im Licht von Lv 5, 17-19 und 5, 1-6", in C. Brekelmans, J. Lust (éd.), *Pentateuchal and Deuteronomic Studies.* Louvain, 1990, pp. 115-23.

Schoors, A. "Tribut", *Dictionnaire encyclopédique de la Bible.* Maredsous, 1987, p. 1281.

Schottroff, W. *"Gedenken" im Alten Orient und im Alten Testament. Die Wurzel zākar im semitischen Sprachkreis.* WMANT 15. Neukirchen-Vluyn, 1964.
Schuller, E.M. *Non-Canonical Psalms from Qumran. A Pseudepigraphic Collection.* HSS 28. Atlanta 1986.
Smith, R.H. "Abram and Melchizedek (Gen 14 18-20)", *ZAW* 77 (1965), pp. 129-53.
Snaith, N.H. "Sacrifices in the Old Testament", *VT* 7 (1957), pp. 314-6.
Soler, J. "Sémiotique de la nourriture dans la Bible", *Annales* 28 (1973), pp. 943-55.
Spina, F.A. "The « Ground » for Cain's Rejection (Gen 4) : *ʾadāmāh* in the Context of Gen 1 – 11", *ZAW* 104 (1992), pp. 319-32.
Stager, L.E. "The Finest Olive Oil in Samaria", *JSS* 28 (1983), pp. 241-5.
Stoebe, H.-J. *Das erste Buch Samuelis.* KAT 8/1. Gütersloh, 1973.
Stolz, Fr. *Das erste und zweite Buch Samuel.* ZBK.AT 9. Zürich, 1981.
Struppe, U. *Die Herrlichkeit Jahwes in der Priesterschrift.* ÖBS 9. Klosterneuburg, 1988.
Swetnam, J. "Malachi 1, 11 : An Interpretation", *CBQ* 31 (1969), pp. 200-9.
De Tarragon, J.-M. *Le culte à Ugarit d'après les textes de la pratique en cunéiformes alphabétiques.* CRB 19. Paris, 1980.
Thalhofer, V. *Die unblutigen Opfer des mosaischen Cultes : Ihre Liturgie, ihre symbolisch-typische und dogmatische Bedeutung.* Regensburg, 1848.
Tsevat, M. "Studies in the Book of Samuel", *HUCA* 33 (1962), pp. 107-18.
Tsumura, D.T. "*Ḥamôr leḥem* (1 Samuel xvi 20)", *VT* 42 (1992), pp. 412-4.
De Vaux, R. *Les institutions de l'Ancien Testament.* t. 2. Paris, 1960.
______. *Les sacrifices de l'Ancien Testament.* CRB 1. Paris, 1964.
Währen, M. *Brot im Leben und Glauben der alten Ägypter.* Bern, 1963.
______. *Brot und Gebäck im Leben und Glauben des Alten Orient.* Bern, 1967.
Walkenhorst, K.-H. *Der Sinai im liturgischen Verständnis der deuteronomistichen und priesterlichen Tradition.* BBB 33. Bonn, 1969.
Waltke, B.K. "Cain and His Offering", *WTJ* 48 (1986), pp. 363-72.
Watts, J.D.W. *Isaiah 1 – 33.* WBC 24. Waco, 1985.
Weiser, A. *Die Psalmen.* 6e édition. ATD 14-15. Göttingen, 1963.
Wellhausen, J. *Geschichte Israels.* t. 1. Berlin, 1878.
Wendel, A. *Das Opfer in der altisraelitischen Religion.* Leipzig, 1927.
Wenham, G.J. *The Book of Leviticus.* NICO 3. Grand Rapids, 1979.
______. *Genesis 1-15.* WBC 1. Waco, 1987.
Westermann, Cl. *Genesis.* BKAT 1/1. Neukirchen-Vluyn, 1981.
Wildberger, H. *Jesaja 1-12.* BKAT 10/1. Neukirchen-Vluyn, 1972.
Wilkinson, L. "Leprosy and Leviticus : The Problem of Description and Identification", *ScotJT* 30 (1977), pp. 153-69.
Winter, U. *Frau und Göttin. Exegetische und ikonographische Studien zum weiblichen Gottesbild im Alten Israel und in dessen Umwelt.* 2e édition. OBO 53. Fribourg, Göttingen, 1987.
Wright, D.P. "The Gesture of Hand Placement in the Hebrew Bible and in Hittite Literature", *JAOS* 106 (1986), pp. 433-46.
Yadin, Y. *The Temple Scroll.* t. 1. Jerusalem, 1983.
Zimmerli, W. *1 Mose 12 – 25 :Abraham.* ZBK.AT 1/2. Zürich, 1976.
Zobel, H.-J. "Der frühe Jahwe-Glaube in der Spannung von Wüste und Kulturland", *ZAW* 101 (1989), pp. 342-65.
Zwickel, W. *Raücherkult und Raüchergeräte. Exegetische und archäologische Studien zum Räucheropfer im Alten Testament.* OBO 97. Freiburg, Göttingen, 1990.

INDEX DES TEXTES

1. *Textes bibliques*

2. *Écrits intertestamentaires*

3. *Auteurs juifs et chrétiens*

4. *Autres*